例えば九州を代表する大阿蘇の中核、高岳。
地震により初級者用の
登山ルートの一部が失われたため
今回は残念ながら掲載を見送りました。

その代わり、
現時点で最も安心して楽しめる58コースを
立ち寄りスポットなどとともにご紹介しています。

今度のお休みの日の朝、晴れていたら
あの山に出かけてみませんか。
山を登る楽し人にしかわからない
極上の達成感満ち溢れていますから。

もくじ

※本書は2018年発行の『九州　山歩きガイド　ゆったり楽しむ』を元に情報更新・一部必要な修正を行い、「改訂版」として新たに発売したものです。

生きている山との出会い

住宅街から見えるぽっこりとかわいらしい山。
空と大地を縫うように連なる壮大な連山。
九州の山たちは、さまざまな顔を持っています。

登山を愛する人々は、
大地から慈愛に満ちた力を授かる一方で、
時に恐ろしい牙をむいた姿に対峙することも。

楽しむために一番大切なのは、安全であること。
この本を編集するにあたり最も重視したのは、
山を愛するあなたが、危険な想いをしないこと。
素晴らしい景観や、
冒険心をくすぐるルートを持っていても、
「もしや」という懸念が残るコースは
載せませんでした。

九州 ゆったり楽しむ 山歩きガイド 改訂版

「月刊九州王国」編集部 著

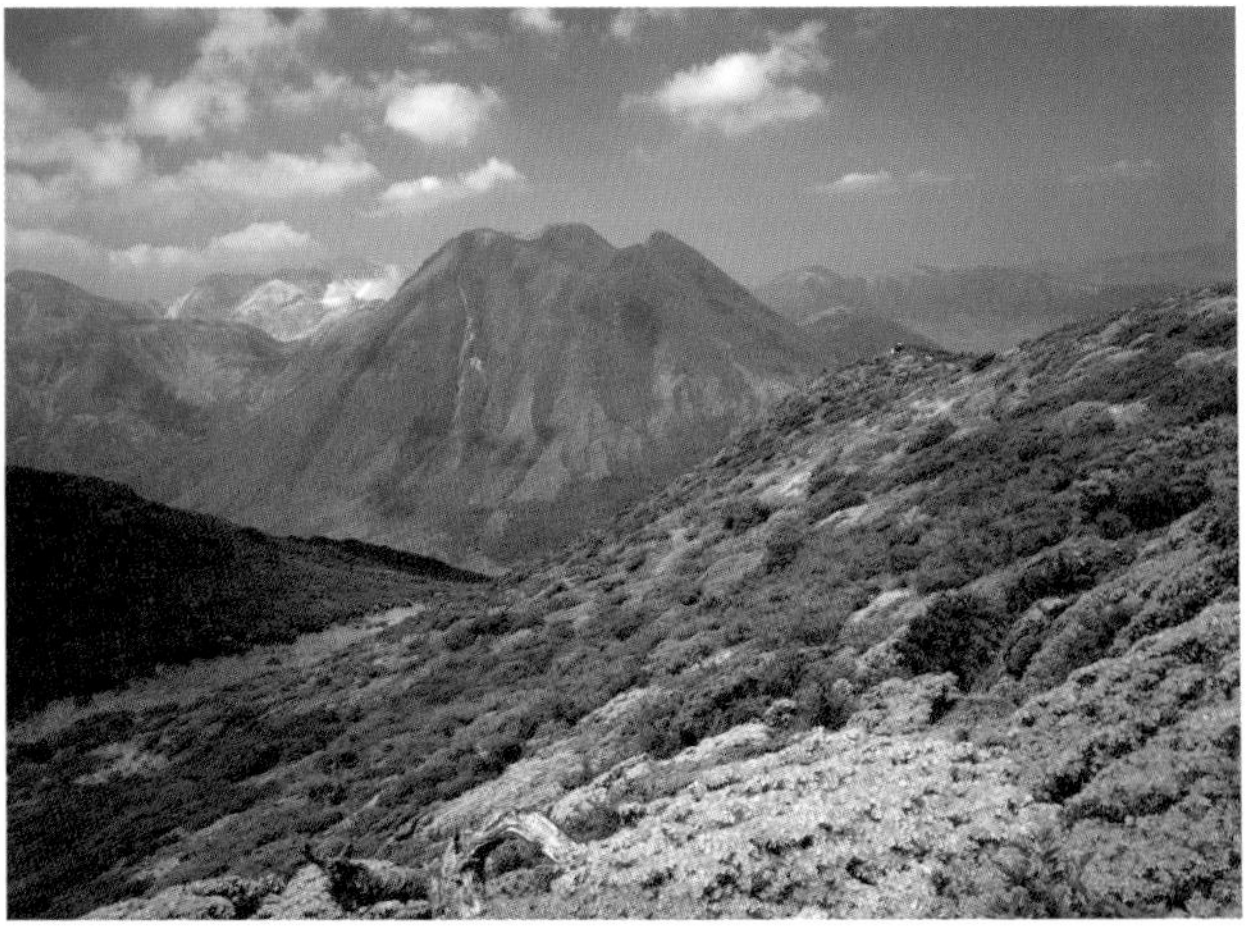

Mates-Publishing

本書の読み方

❶山名…紹介するエリアの代表的な山の名前、またはエリアの名前を載せています。
❷体力度…体力&技術のレベルを5段階で示しています。
❸日程…日帰りまたは泊数。
❹歩行時間…実際に歩く時間です。休憩時間は含まれていません。標準よりも少しゆとりのある設定にしています。
❺歩行距離…移動する距離の概算を記載しています。
❻累計標高差…累計の登りの数値を記載しています。
❼標高…山頂の標高の数値を記載しています。
❽本文…コースの特徴とポイントを説明しています。
❾コースMAP…コースの概略図です。実際に山を訪れる場合は国土地理院発行の2万5000分の1地形図を併せてご使用ください。
❿コースガイド…コースの断面図です。高低差の確認の参考にしてください。
⓫ワンポイントアドバイス…別ルートやコースの留意点などをアドバイス。また、みどころもチェックしております。

⓬DATA…おすすめシーズン、トイレ状況、駐車場状況、アクセスについて記載しています。

⓭四季の魅力…植物や生き物、風景など、そのスポットならではの四季の魅力をご紹介しています。

⓮立ち寄りスポット…周辺の温泉地、施設、観光地など、おすすめスポットをご紹介しています。

⓯お問合せ…情報の問合せ先の電話番号を記載しています。

⓰カテゴリ…紹介コースの起点となる場所名です。

●本書に掲載されているデータは2021年5月時点のものです。交通、道路、その他各種情報は変更されている場合があります。必ず最新の情報をご確認ください。またコースガイドについても、気象や地形の変化、土木工事などにより変わっている場合があります。標高は計算に国土地理院の50mメッシュ標高データを使用していますので実際の数値とは誤差がある場合があります。

●山名の読み方は自治体で使用している呼称などを参考に最も一般的であると思われるものを編集部で決定しました。

【月刊九州王国について】

「九州の振興と発展に寄与する」を編集方針として、歴史・文化・食・観光・環境・健康・貿易など、九州に存在する豊富な『資源』を積極的に取り上げて、九州全体を盛り上げる一冊。目はアジアへも向き、九州・アジア間の文化的・経済的交流も取り上げています。

[月刊九州王国編集部 お問い合わせ]
〒810-0001 福岡市中央区天神4-1-11 8F
TEL 092-771-1023　FAX 092-761-0974

福岡
くじゅう
阿蘇
佐賀・長崎
大分
屋久島
ワンポイントアドバイス
コースMAP
コースガイド
貫山DATA
立ち寄りスポット
四季の魅力
貫山
平尾台の羊群原を歩き広々とした山頂へ

●本書に掲載したコース断面図の作成および累積標高差の計算等に、DAN杉本氏作成の「カシミール3D」を利用させていただきました、お礼申し上げます。

＊本書に掲載した地図の作成にあたっては、国土地理院長の承認を得て、同院発行の、数値地図25000（地図画像）及び数値地図50mメッシュ（標高）を使用したものである
（承認番号平24情使、第888号）

column 1

山歩きの準備と持ち物

日本全土には代表的な「日本百名山」を含め、約２５０００以上もの山があります。それぞれの山は異なる多彩な特徴や風景を持っているので、山好きの興味が尽きることはないでしょう。登る山や歩くトレイルを決めたら、できるだけその場所についての情報を集め、まず計画を練ります。初心者なら単独行は避け、経験者と同行することで、自身が想定できない危険リスクを回避できます。

いきなり難しい山へ挑戦するのでなく、余裕を持って登れる里山から経験を積んで、徐々にステップアップすることが大切です。

装備と持ち物については、計画に基づき難易度、季節に応じて対応する必要があるので、リストを作成した上で準備することをおすすめします。気候が急激に変わることが予想される場合は、経験者や専門店のスタッフに助言を仰ぐと良いでしょう。

持っていく衣類、食料はザックに背負っていくので、重量次第で体力の消耗度に影響します。よく考えて選択を。また、履いていく靴は新しいものでなく事前に履き慣らしておき、靴下も一度洗ってソフトにしクッション性を持たせておけばマメを作ることをかなり回避できます。マメができると、かばう動きが生じ、足を捻るなどその後の行動に影響するばかりか美しい景色の感動も薄れます。

さて、持っていくものが決まったら食料関係、衣類、行動中に使う地図コンパス、救急用品などそれぞれを袋に用途別に分けパッキング。こうしておくと必要品をすぐ取り出せます。加えて、ザックには軽い衣類を底に、重い水などは身体に近い上部へ、固く角のあるカメラや双眼鏡は衣類に包んで保護しておけば重量のバランスがよく、身体にも当たらず、移動が楽になります。

パックの中身が出しやすい、25Lの日帰り用バックパック

日帰り登山携行品リスト ☑check!!

★★★★重要

□財布（お金）
□運転免許証
□登山靴・トレッキングシューズ
□ザック（バックパック）
□水筒（ペットボトル）
□薬（持病用）

★★★必要

□携帯電話
□充電器
□ヘッドランプ（マグライト）
□予備電池
□コンパス
□地形図・登山用地図
□レインウェア
（セパレートタイプ）
□防寒着
□手袋・軍手
□山行計画書
□腕時計（防水）
□多機能ナイフ・ライター
□タオル・バンダナ
□ロールペーパー
（水溶性ティッシュ）
□健康保険証
□ビニール袋
□帽子

☆**番外**　□お酒

★★あれば便利

□レスキューシート
□カップまたはシェラカップ
□熊対策グッズ（鈴、笛、スプレーなど）
□防虫スプレー
□ザックカバー
□スパッツ ストック
□折り畳み傘
□サングラス
□行動食（おやつ）
□非常食

★余裕があれば

□軽アイゼン
（季節によっては★★★）
□筆記用具
□救急セット
□カメラ
□ウェットティッシュ
□日焼け止め・リップクリーム
□ラジオ
□ストーブ
□燃料
□コッヘル
□箸・スプーン
□食材・ドライフーズ
□塩
□携帯GPS機器
□双眼鏡
□ポケット図鑑

知っておきたい危険動植物

日本の山野は突然襲ってくる生き物が多いわけではなく、おおむね安全で平和な自然に恵まれています。日本に住む猛獣といえば、北海道のヒグマはどう猛なグリズリーベアーなので危険な存在。それ以外にも本州の中部以北にはツキノワグマが多いので、注意が必要です。また、毒ヘビは奄美群島と沖縄にはハブがいて本州にはマムシがいます。勿論噛まれると致死性があるので、疑わしいヘビを見たらいたずらに刺激せず避けることが望ましい。

そして何よりも怖いのはスズメバチ。実は、毒ヘビで死ぬ人数より数倍も多いので一番気をつけなくてはならない生物です。山歩きの際はハチを刺激する匂いのする香水や化粧品を避け、黒色の衣類を身につけないことがハチの攻撃を予防することになります（黒い色を狙う習性があるのです）。ほかには感染症で死者が出てニュースになった極小のダニがいますが、もし噛まれて熱などが出た場合は医師の診断を受けて下さい。

植物では食べると中毒になるものがありますが、山歩きの際に注意が必要なのは接触すると皮膚かぶれを起こす人がいるウルシです。葉の形などを知っておくと良いでしょう。

ツタウルシの葉

九州の地図

福岡の山
エリア
P12～37
祖母・傾と
大分の山エリア
P76～97
佐賀・長崎の山
エリア
P60～75
くじゅうの山
エリア
P38～53
阿蘇の山
エリア
P54～59
熊本・宮崎・鹿児島
の山エリア
P98～121
屋久島の山
エリア
P122～129

福岡の山

大都市圏と山間部がともにある福岡
人気の山を厳選した

福岡の山
MAP
皿倉山
P34
立花山・
三日月山
P26
貫山
P36
若杉山
P24
福智山
P32
金山
P30
古処山
P16
犬ヶ岳
P18
宝満山
P22
脊振山
P28
英彦山
P14
佐賀
大分
釈迦岳
P20
長崎
熊本
宮崎
鹿児島

▲福岡県内でも一、二の人気を誇る山。四季折々の魅力に溢れる

信仰を集める修験の山

英彦山《ひこさん》

体力度
★★★☆☆

日程
日帰り

歩行時間
3時間40分

歩行距離
7km

累計標高差
778m

標高
1199m
(南岳)

御祭神が天照大神の御子、アメノオシホミミであることから「日の子の山」即ち「日子山」と呼ばれ、現在の山名となったと言われる。福岡県内でも一、二の人気を誇る山で、紹介する表登山道は子連れでも大丈夫だが、初心者や体力に自信が無い方にはこのルートの往復をお薦めする。南岳から鬼杉へと下るルートは途中鎖場が連続する箇所がある。

銅鳥居❶から英彦山神宮への参道をウォーミングアップを兼ねてゆっくり登ると20分ほどで奉幣殿❷に着く。並行してスロープカーも走っている。階段上の道を登ると40分ほどで中宮❸に到着。ここからはなだらかな道を進み、水場がある産霊(むすび)神社からは山頂への登りとなる。

中岳山頂の上宮❹から少し下ると広場があり、ここでお弁当を広げる人が多い。中岳から南岳❺へは稜線を10分強。南岳は英彦山最高峰となるが眺望は木々に妨げられる。

ここからは岩場にめぐらされた鎖場を経て材木岩、県内最大の杉・鬼杉❻へ。

町道❼への道をショートカットして英彦山大権現❽へと下る。

ワンポイントアドバイス

▲かつて日本を代表する修験の山として栄えた英彦山。最盛期には800の宿坊があったと言う。体力に自信があれば鬼杉から大南神社、玉屋神社などを巡って奉幣殿へ戻るルートもお薦め。北岳方面からの登山道も展望が良いが、かなりの急登となる
※上宮は立入制限・迂回ルートあり

▲中宮の鳥居

▲岩場にめぐらされた鎖

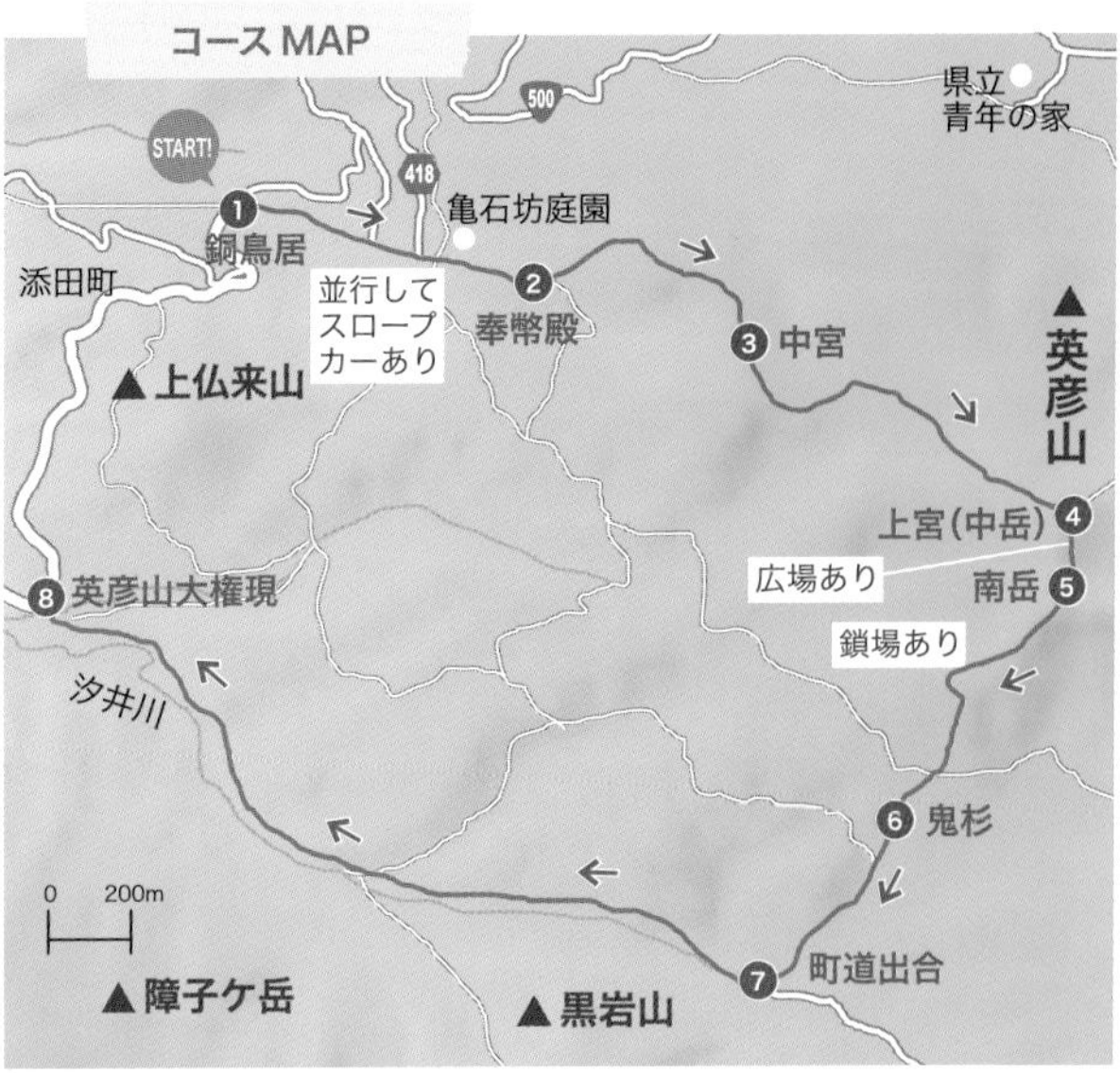

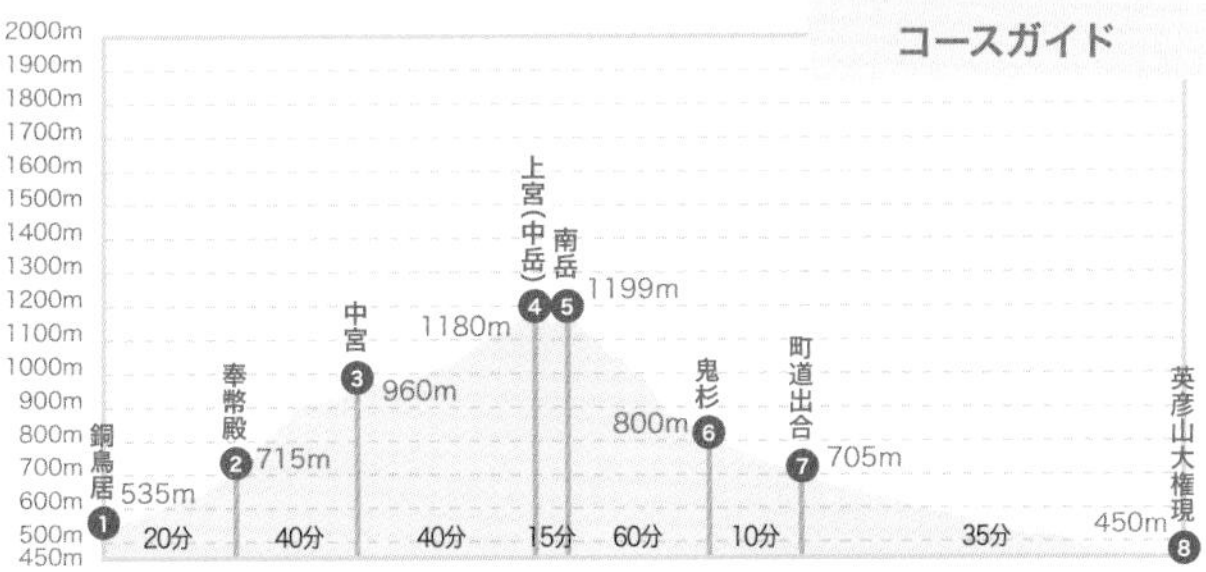

立ち寄りスポット

▼道の駅歓遊舎ひこさん（福岡県田川郡添田町大字野田1113-1、TEL0947-47-7039、9:00～18:00）英彦山の麓にある道の駅で、添田町の新鮮な旬の野菜や米など特産品が並ぶ。日中韓の料理が楽しめる3つのレストランはメニュー豊富。近くに大型遊具や河川公園も

四季の魅力

▲福岡県内でも有数の紅葉スポットとして知られ、11月の紅葉シーズンには多くの観光客で賑わう。登山口の「英彦山花公園」には添田町の花「シャクナゲ」5,000本、その他にも高山植物を中心に70種類以上、3万2000本以上の花木が植樹されている

●お問合せ 添田町役場 TEL0947-82-1231
花公園電車運行部 TEL0947-85-0375

英彦山DATA

●おすすめ登山シーズン
3月～11月
●トイレ
奉幣殿、別所駐車場など
●駐車場
別所駐車場50台（無料）
●アクセス
JR日田彦山線彦山駅から添田町バス約15分銅鳥居下車

▲逆三角形の杉林の左上が古処山山頂だ。かつては山城が置かれた。江戸時代、福岡藩の支藩である秋月藩は麓に城を置き、天守閣は造らなかった。今も残る黒門は山城から移築したとの説もある

小京都秋月からツゲ原始林と展望の山頂へ

古処山《こしょさん》

体力度
★★☆☆☆

日程
日帰り

歩行時間
4時間10分

歩行距離
6.5km

累計標高差
556m

標高
859.5m

筑前の小京都とも言われる秋月。福岡藩の支藩城下町として栄えたが、戦国時代まで山城が築かれていたのが古処山だ。

一般的な登山道は黄色で記した九州自然歩道だが、近年の大雨等の災害により登山道に荒れているところがある。地元の朝倉市などで情報を確認いただきたい。

今回は古処林道からのルートを紹介しよう。国道322号線から林道を登っていく❶。50分ほどで五合目の駐車場❷に着く。

傾斜が増し、ジグザグに林の中を進む。20～30分で水舟❸に到着。湧き水があり、昔山城があった頃には利用されていたのだろうか？ここから山頂❹までは一息。頂上は展望が良く、その奥には「奥ノ院」「大将隠し」と呼ばれる岩場がある。周辺には天然記念物に指定されたツゲの原始林がある。

下りは稜線を八丁越方面へ行く。車道❺に出たらしばらく下り標識から再び自然歩道❻へ。だんご庵❼には茶屋もある。5分ほどでバス停だ（夏季のみ運行）。

ワンポイントアドバイス

▲五合目駐車場までは車で行くこともできる。その場合は山頂への往復となる。黄色ルートの自然歩道の場合登山口から五合目まで一時間程度の行程。登山口に駐車場有

▲湧き水がある水舟

▲山頂の岩場からは甘木方面や江川ダムが望める

コースMAP

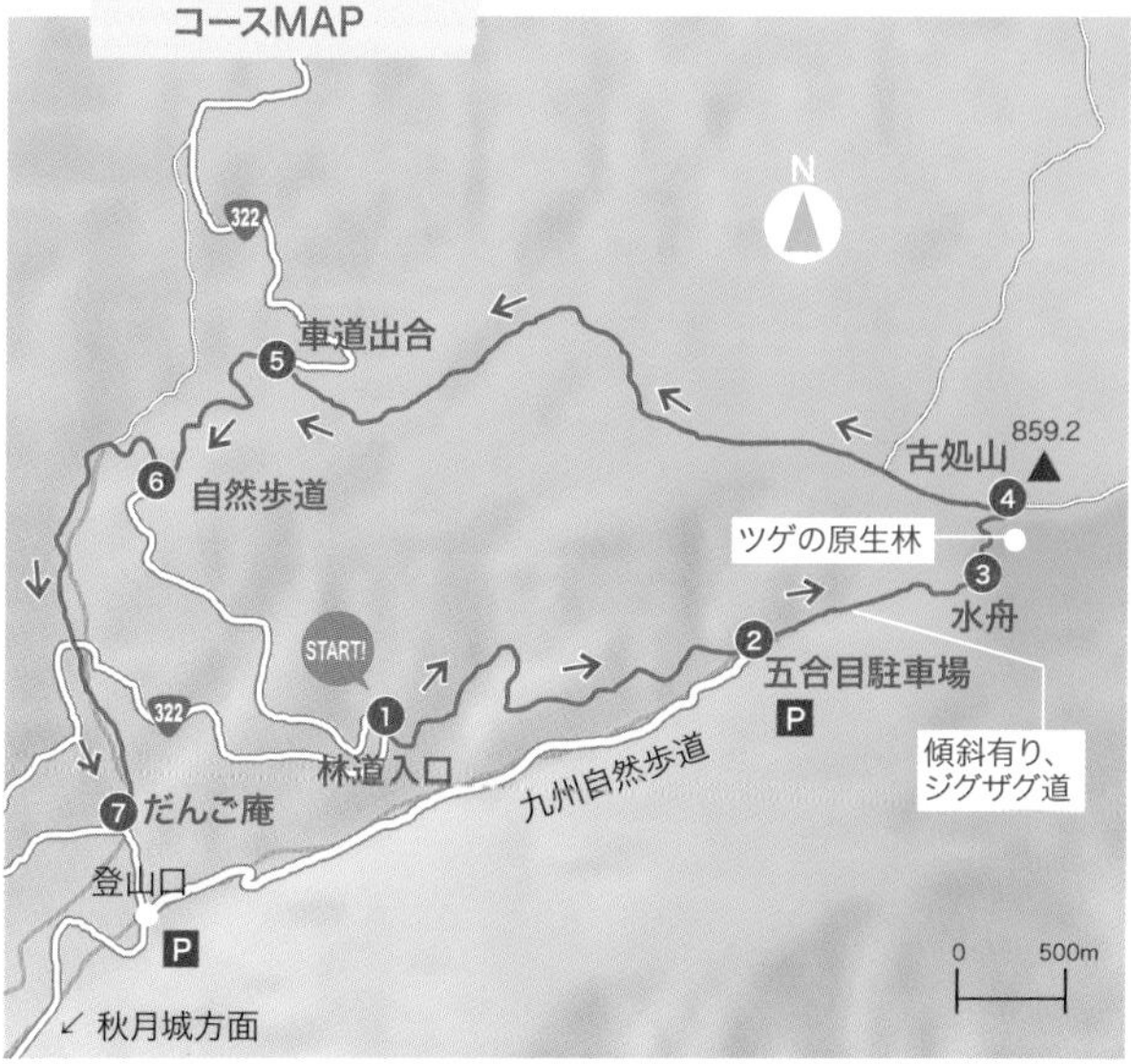
N
322
車道出合
5
6 自然歩道
古処山
859.2
4
ツゲの原生林
3 水舟
2 五合目駐車場
P
傾斜有り、ジグザグ道
START!
1 林道入口
322
九州自然歩道
7 だんご庵
登山口
P
秋月城方面
0 500m

コースガイド

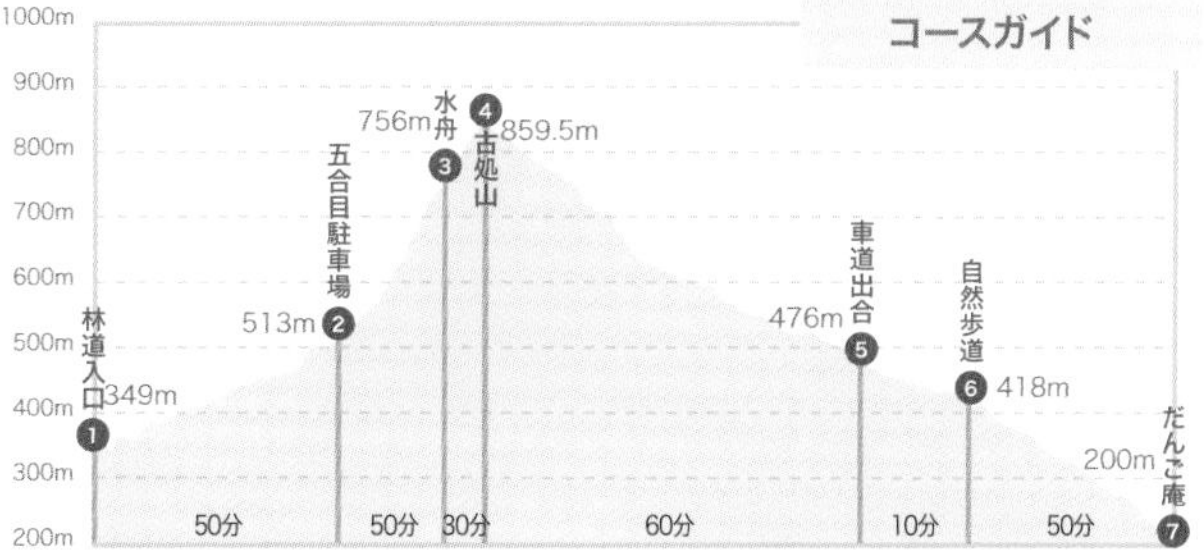
1000m
900m
800m
700m
600m
500m
400m
300m
200m
1 林道入口 349m
2 五合目駐車場 513m
3 水舟 756m
4 古処山 859.5m
5 車道出合 476m
6 自然歩道 418m
7 だんご庵 200m
50分
50分
30分
60分
10分
50分

立ち寄りスポット

▼古処山登山の際はぜひ秋月城下を訪ねたい。風情のある町並みが心を癒やしてくれることだろう。また九合目には地元出身の歌人・花田比露思の歌碑がある

四季の魅力

▲盂蘭盆の頃咲くオオキツネノカミソリ。水舟付近での撮影。山頂付近のツゲは春先に黄色い花をつける。麓の秋月は春の桜、秋の紅葉の頃は観光客がひときわ多くなる

古処山DATA

●おすすめ登山シーズン
3月～11月
●トイレ
なし※だんご庵を利用すれば店舗に有り
●駐車場
登山口、五合目
●アクセス
甘木鉄道甘木駅より甘木観光バス利用。車の場合大分自動車道甘木ICより車で約15分

●お問合せ　朝倉市商工観光課 TEL0946-52-1428

▲求菩提山の南側に位置し、耶馬日田英彦山国定公園の一角となる。犬ヶ岳は一ノ岳、二ノ岳、笈吊岩と続くピークの総称でもある

ツクシシャクナゲのプロムナード

犬ヶ岳《いぬがたけ》

体力度
★★★★☆

日程
日帰り

歩行時間
5時間45分

歩行距離
7.5km

累計標高差
858m

標高
1130.8m

犬ヶ岳は豊前連山の最高峰となる。

求菩提資料館から約1キロ先に犬ヶ岳公共駐車場❶がある。左手の登山道からうぐいす谷を進むと標高５００メートル付近で登山道が分かれ、右へ進みしばらくすると左手に炭焼き跡が見え、川の中に船石❷が見える場所に出る。さらに進み登山道終点からは林道へ❸。

経読林道に出るので右（西）へとしばらく歩き、笈吊峠（おいづるとうげ）登山口❹から沢を渡り急な傾斜を登り笈吊峠❺へ。峠にはベンチとテーブルがある。

ここからは尾根道となるが、ツクシシャクナゲの大群生があり、5月中旬にはピンクの花が無数に咲き誇る天蓋のプロムナードとなる。途中鎖場（笈吊岩）があるが、右に巻き道がある。釈迦岳を越え、犬ヶ岳頂上❻に到着。三ノ岳、かめの尾とも呼ばれる。

帰りは往路を戻るが、急傾斜は特に注意を。また西へ一ノ岳へと進めば展望が良い。そこから求菩提山へと縦走するルートもある。一ノ岳までは1時間。そこから求菩提山へ約3時間。

ワンポイントアドバイス

▲一ノ岳手前の大竿峠から、夫婦淵、恐ヶ淵を経て出発点へ戻る下山路もある。途中鎖場を含む急な岩場の箇所があり、ある程度の経験が必要

▲ブナの原生林の中は清々しい

▲犬ヶ岳山頂

コースMAP

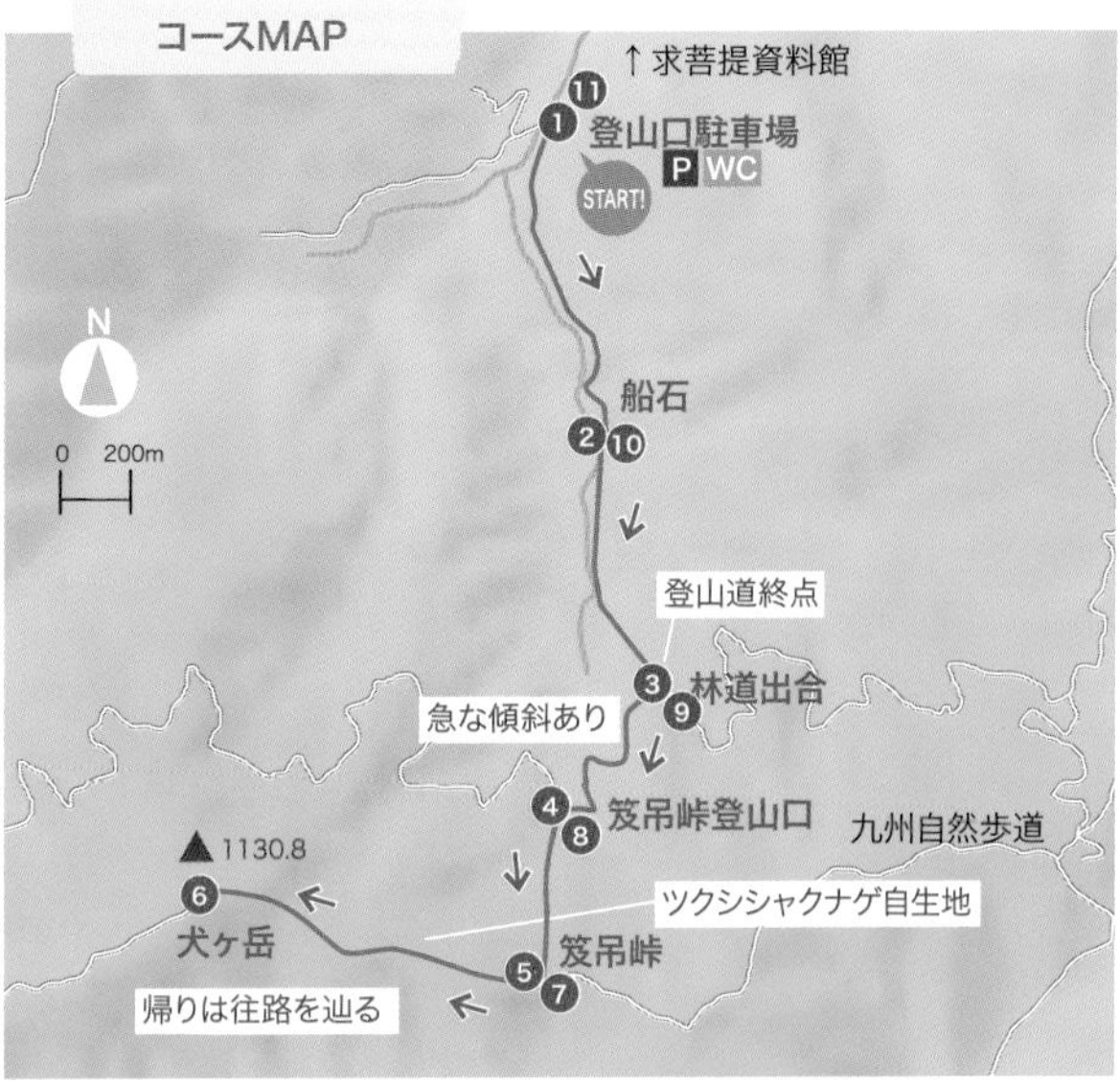
↑求菩提資料館
登山口駐車場
P WC
START!
N
0 200m
船石
登山道終点
林道出合
急な傾斜あり
笈吊峠登山口
九州自然歩道
1130.8
犬ヶ岳
ツクシシャクナゲ自生地
笈吊峠
帰りは往路を辿る

コースガイド

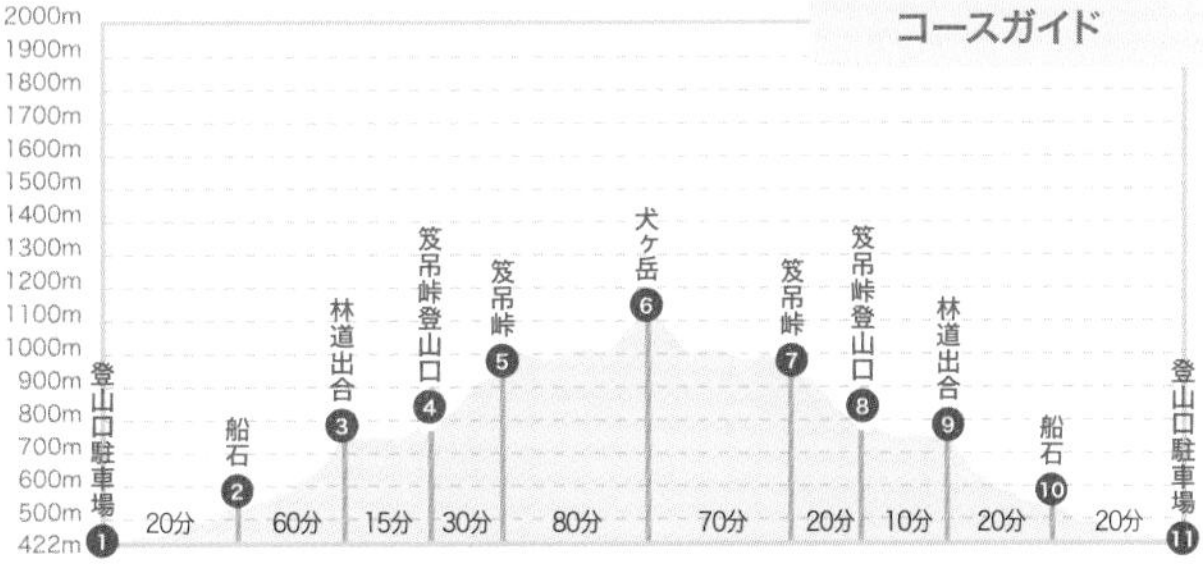
2000m
1900m
1800m
1700m
1600m
1500m
1400m
1300m
1200m
1100m
1000m
900m
800m
700m
600m
500m
422m
登山口駐車場
船石
林道出合
笈吊峠登山口
笈吊峠
犬ヶ岳
笈吊峠
笈吊峠登山口
林道出合
船石
登山口駐車場
20分
60分
15分
30分
80分
70分
20分
10分
20分
20分

立ち寄りスポット

▼食事処「鷹勝」やお土産売場、喫茶などが併設されている「求菩提温泉卜仙の郷」。宿泊の他立ち寄り入浴も可能。大浴場で登山の汗を流そう

問／福岡県豊前市大字篠瀬57-2

TEL0979-84-5000

四季の魅力

▲ツクシシャクナゲの自生地は約30haに達する。見頃は5月上旬。国の天然記念物に指定されている。それ以外にも春のドウダンツツジ、夏はツバキ、秋は紅葉と一年を通じて登山者の目を楽しませてくれる

犬ヶ岳DATA

●おすすめ登山シーズン

4月～11月

●トイレ

登山口駐車場

●駐車場

登山口駐車場（無料）

●アクセス

国道10号線より車で約30分。JR日豊本線宇島駅より約18km。宇島駅下車、豊前市バス「八屋」もしくは「宇島駅前」バス停より「求菩提資料館行」バスに乗車、約40分

●お問合せ　豊前市役所商工観光課観光振興係 TEL0979-82-8085
（一社）豊前市観光協会 TEL0979-53-6660

▲釈迦ヶ岳、釈迦ガ岳などとも表記される。福岡県と大分県の県境にある

御前岳から福岡県最高峰の釈迦岳へ

釈迦岳《しゃかだけ》

体力度
★★★☆☆

日程
日帰り

歩行時間
4時間35分

歩行距離
7.5km

累計標高差
766m

標高
1230.8m

釈迦岳の福岡県側ピーク（本釈迦）の標高は1229・5メートルで福岡県最高。わずかに大分県側にあるピーク（普賢岳／1230・8メートル）が最高地点となる。

旧矢部村（現・八女市）にある杣の里登山口❶が出発地。10台程度の駐車が可能。右脇に勢至菩薩が祀られているのを見ながら進むと鎖場が一カ所ある。

しばらく谷を進み、その後植林の中を登ると林道❷に。尾根筋を御前岳❸へと登る。ジグザグの急登で鎖場や木梯子も。御前岳（権現岳／1209メートル）山頂からは福岡、大分の山脈を見渡すことができる。

山頂から東の釈迦岳へと向かう。急下降し、すぐに前津江方面への分岐に出るが右側を下って行く。稜線沿いに進んでいくと前方に釈迦岳山頂❹付近の電波塔が垣間見えてくる。釈迦岳の基部稜線は痩せていて、鎖やロープの道も。一気に展望が開けると祠がありそこが山頂だ。

尾根を峰越林道へ❻下りスタート地点❼へ周回する。

ワンポイントアドバイス

▲釈迦岳山頂付近の電波塔までは車道が通じ車で来ることも可能。峰越は釈迦岳登山口となり、奥日田スーパー林道から少し入った場所となる。ここを出発点として往復や逆ルートも可能

▲原生のシャクナゲ。この山は九州最大の河川・筑後川の源流のひとつでもある

コースMAP

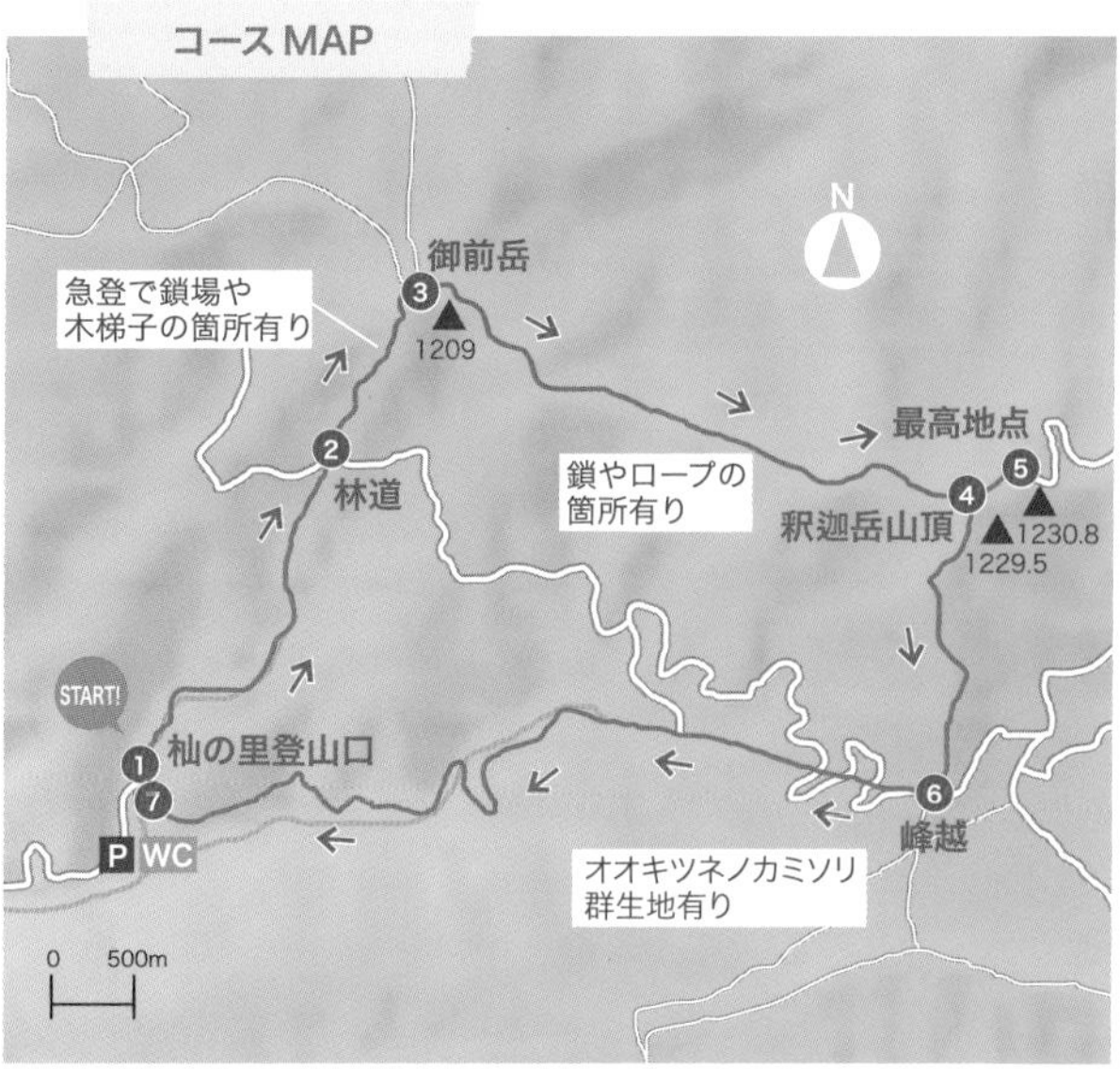
N
御前岳
急登で鎖場や木梯子の箇所有り
1209
最高地点
鎖やロープの箇所有り
釈迦岳山頂
1230.8
1229.5
林道
START!
杣の里登山口
P WC
峰越
オオキツネノカミソリ群生地有り
0 500m

コースガイド

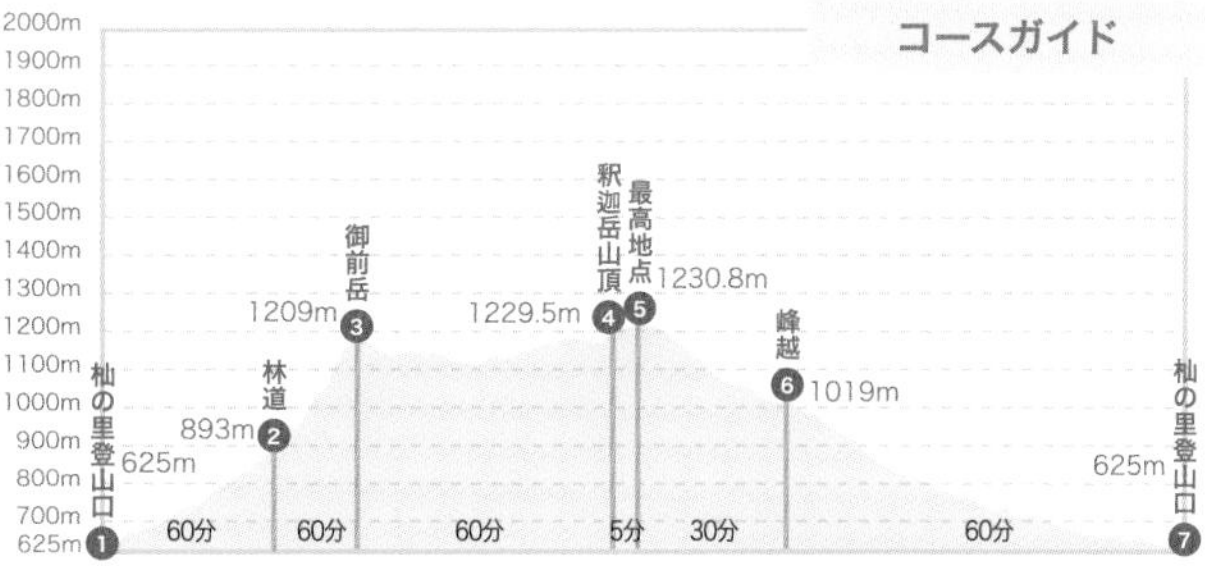
2000m
1900m
1800m
1700m
1600m
1500m
1400m
1300m
1200m
1100m
1000m
900m
800m
700m
625m
杣の里登山口 625m
林道 893m
御前岳 1209m
釈迦岳山頂 1229.5m
最高地点 1230.8m
峰越 1019m
杣の里登山口 625m
60分
60分
60分
5分
30分
60分

立ち寄りスポット

▼秘境杣（そま）の里渓流公園。スリル満点の「杣の大吊橋」がある。登山時の休憩、トイレ休憩の利用可
問／福岡県八女市北矢部6707-7
TEL0943-47-3000

四季の魅力

▲峰越の近くにオオキツネノカミソリ群生地がある。オオキツネノカミソリはヒガンバナ科の多年生草本球根植物。梅雨明け後7月中旬に開花する

●お問合せ　八女市役所矢部支所
TEL0943-47-3111

釈迦岳DATA

●おすすめ登山シーズン
3月〜5月、9月〜11月
●トイレ
杣の里渓流公園
●駐車場
杣の里登山口
●アクセス
九州自動車道八女ICより国道442号矢部中村より杣の里方面へ。約50分

▲宝満山山頂よりの眺め。毎日の早朝登山からペット連れ、本格的な山行トレーニングと、実に多彩な人々が登っている山だ

福岡都市圏近郊で人気ナンバーワン

宝満山《ほうまんざん》

体力度
★★★☆☆

日程
日帰り

歩行時間
3時間45分

歩行距離
7.7km

累計標高差
755m

標高
829m

竈門神社❶からの正面登山口はよく整備され最も登山者が多い。太宰府天満宮境内から徒歩でも30分程度なので準備運動を兼ねて歩いても良い。舗装された林道を横切りながらまず一の鳥居を目指す。内山林道終点❷からすぐに石の鳥居がある。樹林の中の本格的な登山道を休堂跡へ。水場がありここが三合目となる。

「百段ガンギ」と呼ばれる石の階段を登ると中宮跡❸に着く。一の鳥居からここまで約1時間だが、登りが続くので無理せず休みながら登りたい。

尾根道を進むと、女道（山腹を巻いてキャンプ場へ）の分岐に出る。正面へ進み、巨岩の間を縫って登ると視界が開け上宮の祠が建つ山頂❹へ到着。四方に展望が広がりすばらしい眺めだ。山頂下のキャンプ場にはバイオトイレがある。宝満山山頂から鎖場を下り尾根道へ。仏頂山❺（868m）山頂まで15分ほど。

さらに10分で宇美町への下山ルート分岐❻に出る。谷を下るが、やや道が分かりにくい。赤いテープを頼りに、やがて一本松公園（昭和の森）に到着。林道を下り❼西鉄障子岳バス停❽へ。

ワンポイントアドバイス

▲正面登山道の他に、太宰府側からだけでも猫谷コース、堤谷コースなどがあり、踏み跡も多いので油断するとルートを誤ることがある。特に下山時は注意しよう。篠栗町の若杉山から三郡山を経ての縦走ルートは健脚向けの人気コース。トレーニングを兼ねて訪れる人も多い。山頂直下の岩場は特に慎重に

▲仏頂山の山頂には石仏が

コースMAP

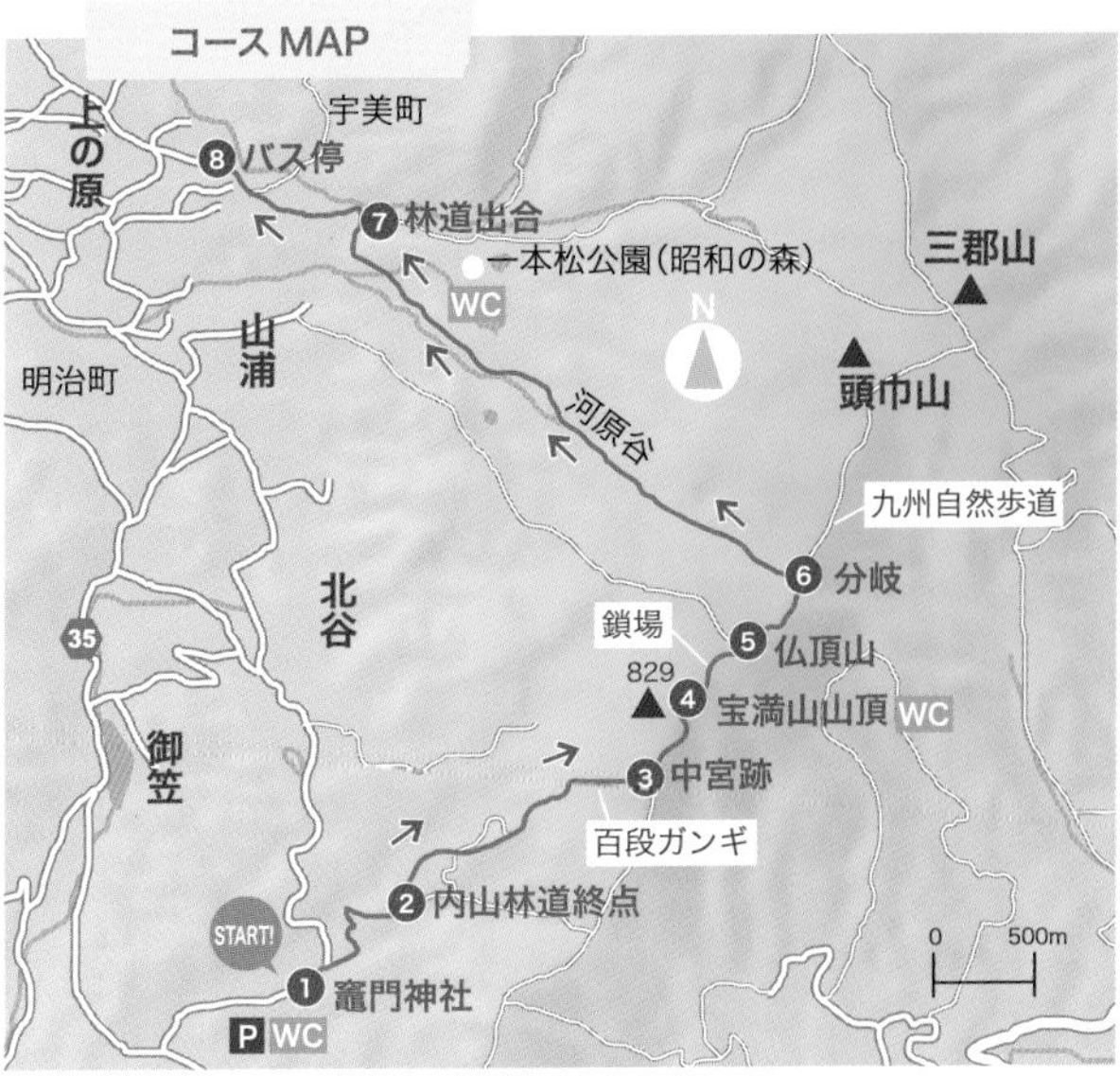
上の原
宇美町
8 バス停
7 林道出合
一本松公園(昭和の森)
WC
三郡山
山浦
明治町
N
頭巾山
河原谷
九州自然歩道
6 分岐
北谷
鎖場
5 仏頂山
829
4 宝満山山頂 WC
35
御笠
3 中宮跡
百段ガンギ
2 内山林道終点
START!
1 竈門神社
P WC
0
500m

コースガイド

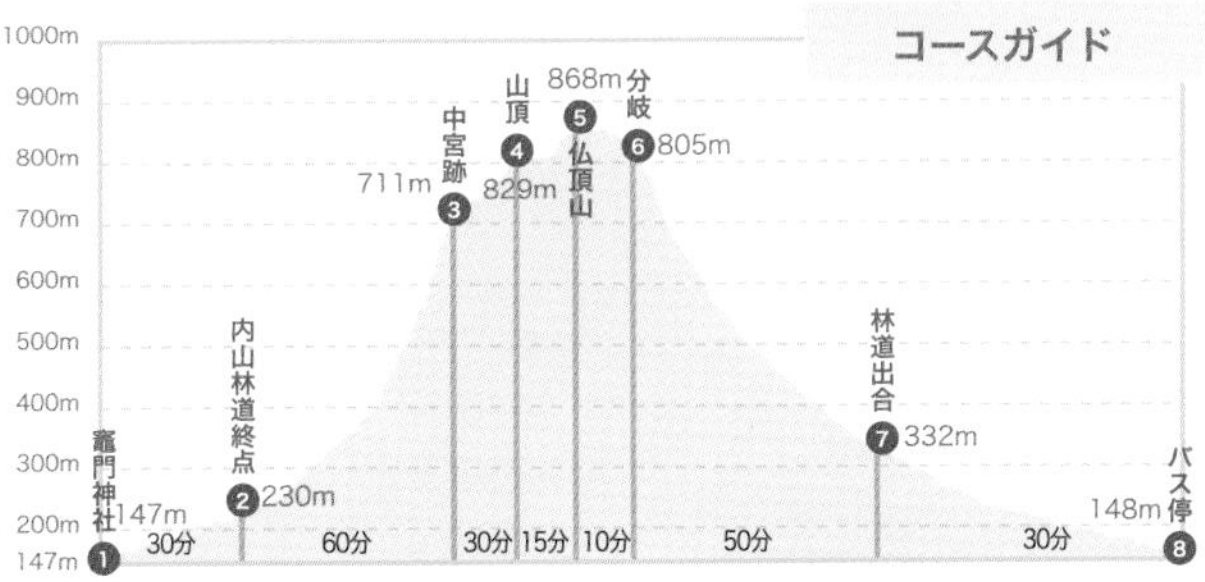
1000m
900m
800m
700m
600m
500m
400m
300m
200m
147m
1 竈門神社 147m
2 内山林道終点 230m
3 中宮跡 711m
4 山頂 829m
5 仏頂山 868m
6 分岐 805m
7 林道出合 332m
8 バス停 148m
30分
60分
30分
15分
10分
50分
30分

立ち寄りスポット

▼宝満山が人気を集める理由のひとつとして、九州屈指の観光スポットである太宰府天満宮が登山口近くにあることがあげられるかもしれない。九州国立博物館(福岡県太宰府市石坂4-7-2 TEL092-918-2807)も隣接している

四季の魅力

▲四季を通じて登山は可能だが積雪時は特に細心の注意と装備で。登山道や九州自然歩道でもある尾根道にはブナなどが並び紅葉が美しい。また宇美側下山ルート途中にある河原谷の難所ヶ滝は冬季凍結して大つららが出現し、人気を集める

宝満山DATA

●おすすめ登山シーズン
3月～11月
●トイレ
竈門神社、山頂キャンプ場、一本松公園(昭和の森)
●駐車場
竈門神社(30台)
●アクセス
西鉄太宰府駅より太宰府市コミュニティバス「まほろば号」内山行き終点下車

●お問合せ 太宰府市役所 TEL092-921-2121
宇美町役場 TEL092-932-1111

▲田園風景も残る篠栗町。福岡都市圏の人々にとっては若杉山は観天望気の重要な指標だ

ビギナーにもおすすめ。巨大杉と霊場を訪ねる

若杉山《わかすぎやま》

体力度
★★☆☆☆

日程
日帰り

歩行時間
4時間

歩行距離
8.8km

累計標高差
643m

標高
681m

篠栗四国八十八箇所の札所が多くあり、福岡市近郊にありながら自然に恵まれた山だ。

ＪＲ篠栗駅から徒歩30分弱のところに、野球場や球技場などの総合運動公園カブトの森公園❶がある。車の場合はここの第4駐車場に駐車し、川沿いの道を進んでいくと人家が絶え、自然歩道の入口がある。途中一部車道に合流するが、自然歩道を登って行くと若杉楽園キャンプ場に出る。見晴らしの良い場所だ。

水場の横から金剛頂院前の車道❷へ。そして「大和の森巨木探索路入口」の看板から、「大和の森」の中を標識に従って歩く。

「ジャレ杉」という杉の巨木付近から奥の院遥拝堂に向かい、山頂への標識に従って太祖宮上宮❹へと進む。最後の急な石段はなかなか骨が折れる。

さらに奥の院❻へと進む。途中「善人しか通れない」というはさみ岩の間をすり抜ける箇所がある。頂上❺へ往復するが、頂上の先、若杉ヶ鼻まで進むと須恵町が一望できる。

参拝道を下り、あとは往路を戻る。

ワンポイントアドバイス

▲「大和の森」は幹周り16m以上の「大和の大杉」をはじめ「トウダの二又杉」「綾杉」「ジャレ杉」「七又杉」などの巨木が立ち、ゆっくり散策すれば二時間ほどのトレッキングコースとなっている。また若杉山は砥石山から三郡山を経て宝満山へと歩く縦走ルートの起点ともなっている

▲弘法大師が杖の一撃で岩を割って、奥の院への通路を開いたと言い伝えられているはさみ岩。「善人であれば太っていても通り抜けることができる」とのこと

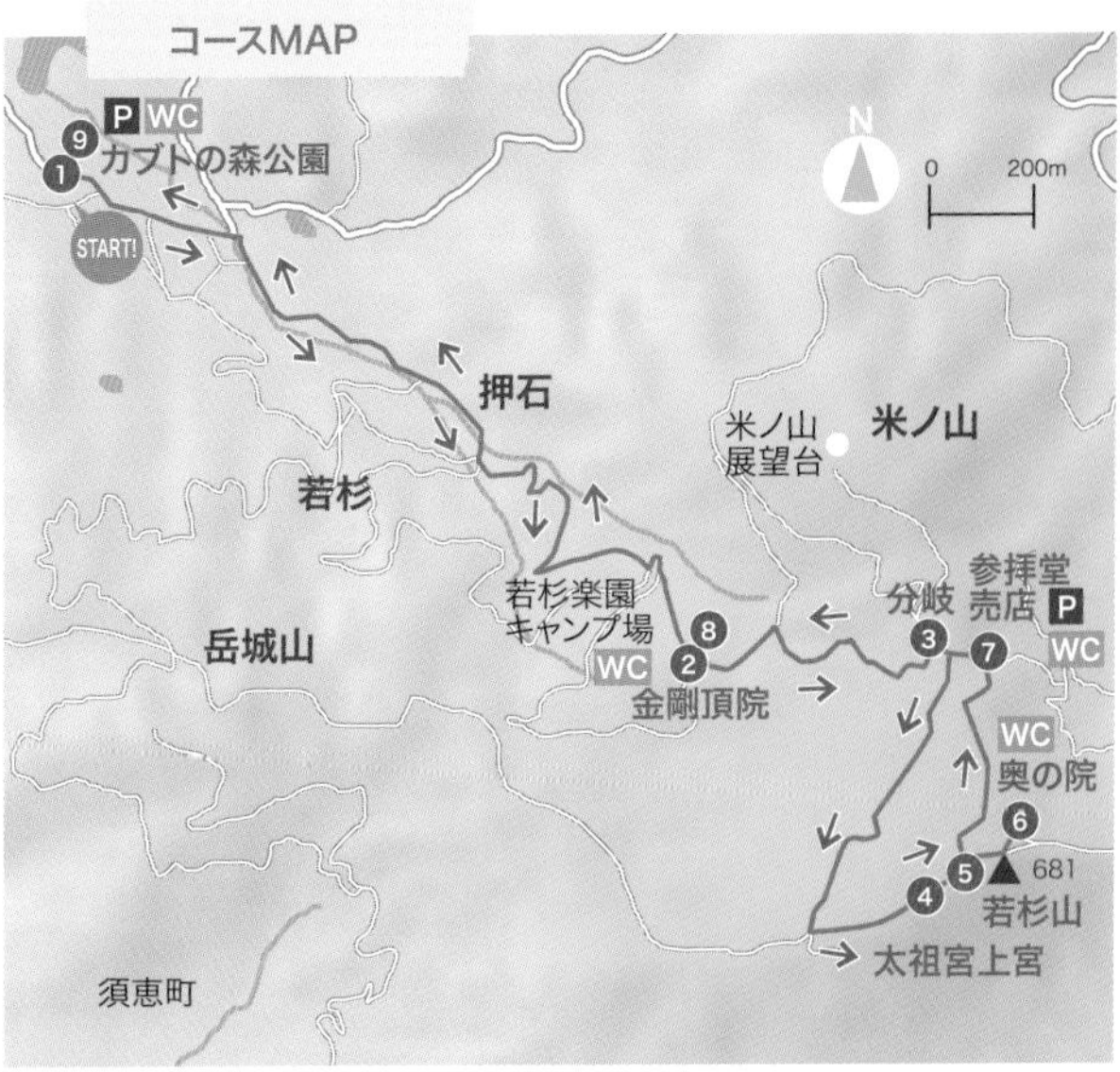

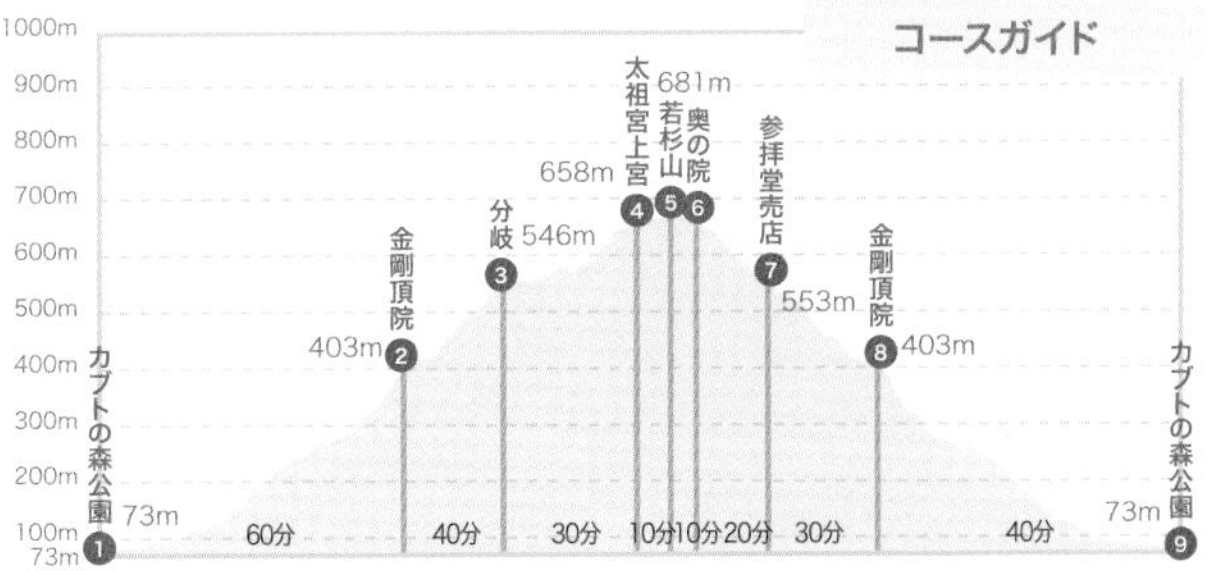

立ち寄りスポット

▼米ノ山展望台。ルートには掲載していないが、少し足を伸ばせば米ノ山の展望台がある。篠栗町の眺望が広がる絶景ポイント。車道が通じているので訪れる人も多い

四季の魅力

▲キジバトをはじめ多くの野鳥が生息する若杉山では、バードウォッチングも楽しい。麓には菜の花やレンゲの咲く畑も有り、食事処やカフェもある

若杉山DATA

●おすすめ登山シーズン
3月～11月
●トイレ
カブトの森公園、若杉楽園キャンプ場、奥の院など
●駐車場
カブトの森公園（月曜休園、祝日の場合は翌日）、参拝所売店、若杉楽園キャンプ場
●アクセス
JR福北ゆたか線篠栗駅より徒歩約30分。九州道福岡ICより約15分

●お問合せ　篠栗町産業観光課商工観光係 TEL092-947-1111

▲立花山からの眺め。立花山は古くは山城として利用され、このエリアの要衝として攻防が繰り広げられた

福岡市民の身近な里山。博多湾の眺望を楽しむ

立花山《たちばなやま》・三日月山《みかづきやま》

体力度
★★☆☆☆

日程
日帰り

歩行時間
2時間

歩行距離
5km

累計標高差
435m

標高
367m

福岡市東区、久山町、新宮町に広がる自然林の山で地域住民の里山として親しまれている。

福岡市内から23番系統のバスで下原バス停を下車するとすぐに立花山登山道入口❶の標識がある。20分ほど舗装された道を進むと左右の分岐が現れ、右が立花山登山道口❷となる。登山道に入ると右に山の神池が見える。さらに20分ほど登ると左右の分岐❸に到着。左に曲がれば15分ほどで立花山山頂❹（３６７ｍ）に。眼下には福岡市街地や博多湾、そして「金印」で有名な志賀島への風景が広がる。

立花山は古くは山城として利用され、要衝として攻防が繰り広げられた。また、クスノキの原生林が広がり、見事な大木が並んでいる。

山頂から分岐へ引き返し、三日月山への縦走路を歩く。豊かな自然林に囲まれた道で、鳥のさえずりなども楽しい。三日月山頂❼までは約40分。山頂には樹木がなくほぼ３６０度見晴らせる。

帰りは三日月山霊園へ続く道を下る。新宮町方面や久山町方面へのルートも整備されている。

ワンポイントアドバイス

▲福岡市東部に位置し、アクセスも容易なことから各方面からの登山道がある。小学生の遠足も行われる山だが侮らず楽しみたい

▲三日月山から見える夕日

▲今回紹介した登山口には駐車場がないが、近くの福岡市営三日月山霊園には約100台分の無料駐車場があり遊歩道からの登山ルートがある

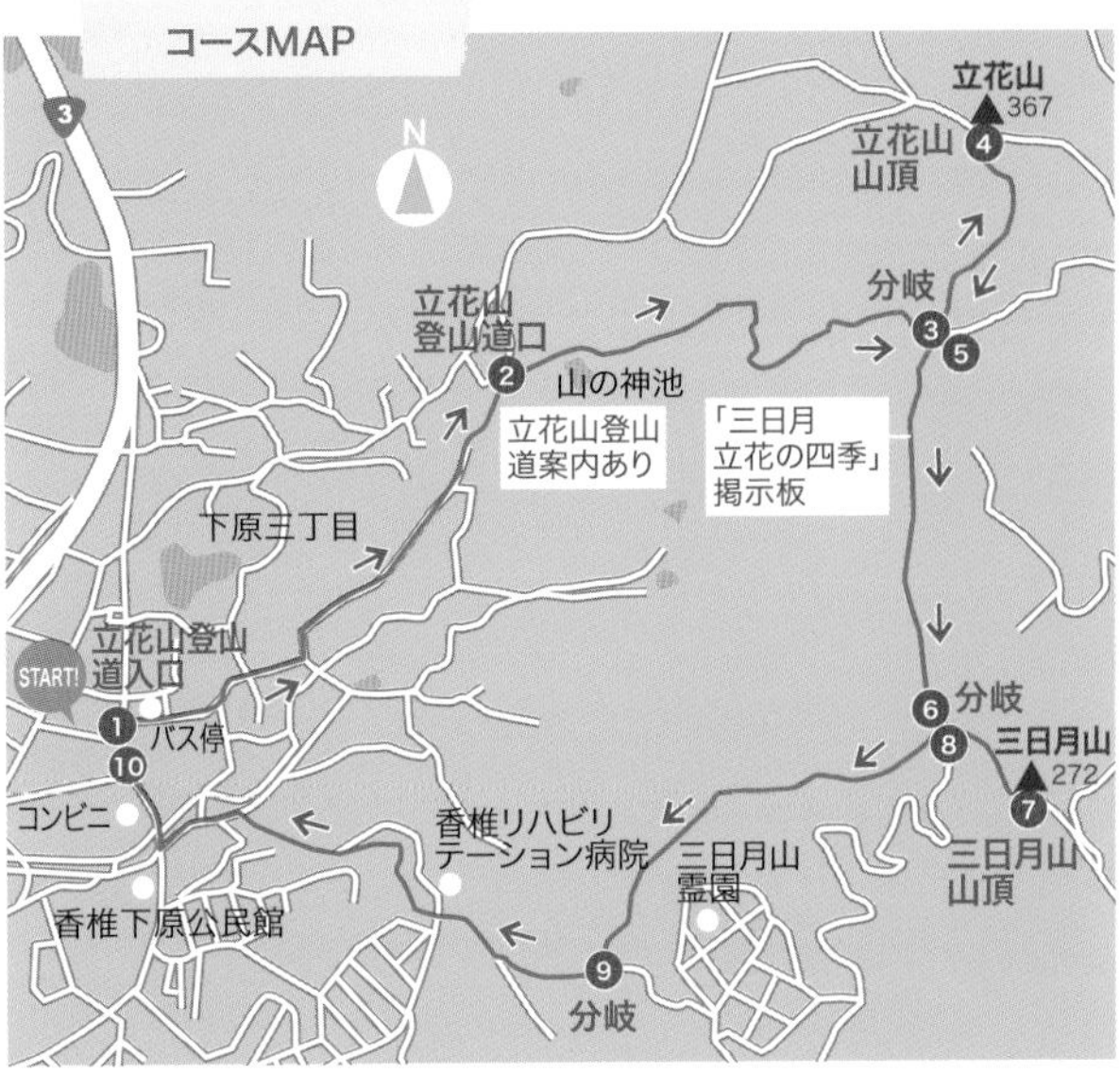

▲立花山からの眺め

立ち寄りスポット

▼麓にある香椎宮。旧官幣大社で九州でも有数の歴史を持つ。新古今集には「千早振 香椎の宮の綾杉は 神のみそぎに立てるなりけり」(よみ人知らず)の和歌が納められ、神木である綾杉が境内に建つ

提供:福岡市

四季の魅力

▲立花山山頂より新宮町の立花口登山口に下りる。六合目付近にかけ楠の原生林がある。日本における楠自生林の北限といわれ、国の特別天然記念物に指定。樹高30m程度の大楠だけでも約600本が繁る

●お問合せ 福岡市東区役所企画振興課 TEL092-645-1037

立花山DATA

●おすすめ登山シーズン
3月〜11月
●トイレ
登山口近くコンビニ、三日月山霊園
●駐車場
三日月山霊園に約100台(無料)
●アクセス
福岡市内より西鉄バス利用下原バス停下車

▲山頂のレーダーが目印。「脊振が雲に隠れたら雨」と観天望気でも親しまれている山々だ

頂上からの尾根歩きで脊振の魅力に触れる

脊振山《せふりさん》

体力度
★☆☆☆☆

日程
日帰り

歩行時間
4時間10分

歩行距離
11km

累計標高差
584m

標高
1054.6m

福岡県と佐賀県の県境をなす脊振山地は、多くの自然を残し市民の憩いの地となっている。特に九州で最も人口が集中する福岡市の西部であることから、訪れる人も多い。

福岡市早良区などから複数の登山ルートが整備されているが、ここでは初心者やファミリー向けに、頂上から展望の鬼ヶ鼻岩を往復するコースを紹介する。

脊振山山頂❶には自衛隊などのレーダーが有り、車で行ける(夜間は立入禁止)。駐車場から300メートルほどで山頂。祠が置かれ、昔は修験の山であったことを伺わせる。大パノラマをまず楽しもう。

ここから標識に従って比較的起伏の少ない尾根沿いのブナやシデ林の道を歩く。九州自然歩道として整備されているので歩きやすい。

唐人の舞❸は、昔、唐の人がここを訪れた際、眺望の良さに驚き、遠く故郷をしのんで石の上で舞ったという伝説が。

椎原峠❹からの眺望も良い。

鬼ヶ鼻岩❺は二〇人ほどがゆうに陣取れる大岩。北には福岡市早良区、南には佐賀平野と360度の展望が広がる。

帰りは往路を戻る。

ワンポイントアドバイス

▲春のミツバツツジ、シャクナゲ、初夏の新緑、そして秋の紅葉と自然に恵まれたコースだ。慣れたら椎原など麓からの登山ルートにもぜひチャレンジしよう

▲ミツバツツジやツクシシャクナゲを楽しむ春のシーズンが一番人気

コースMAP

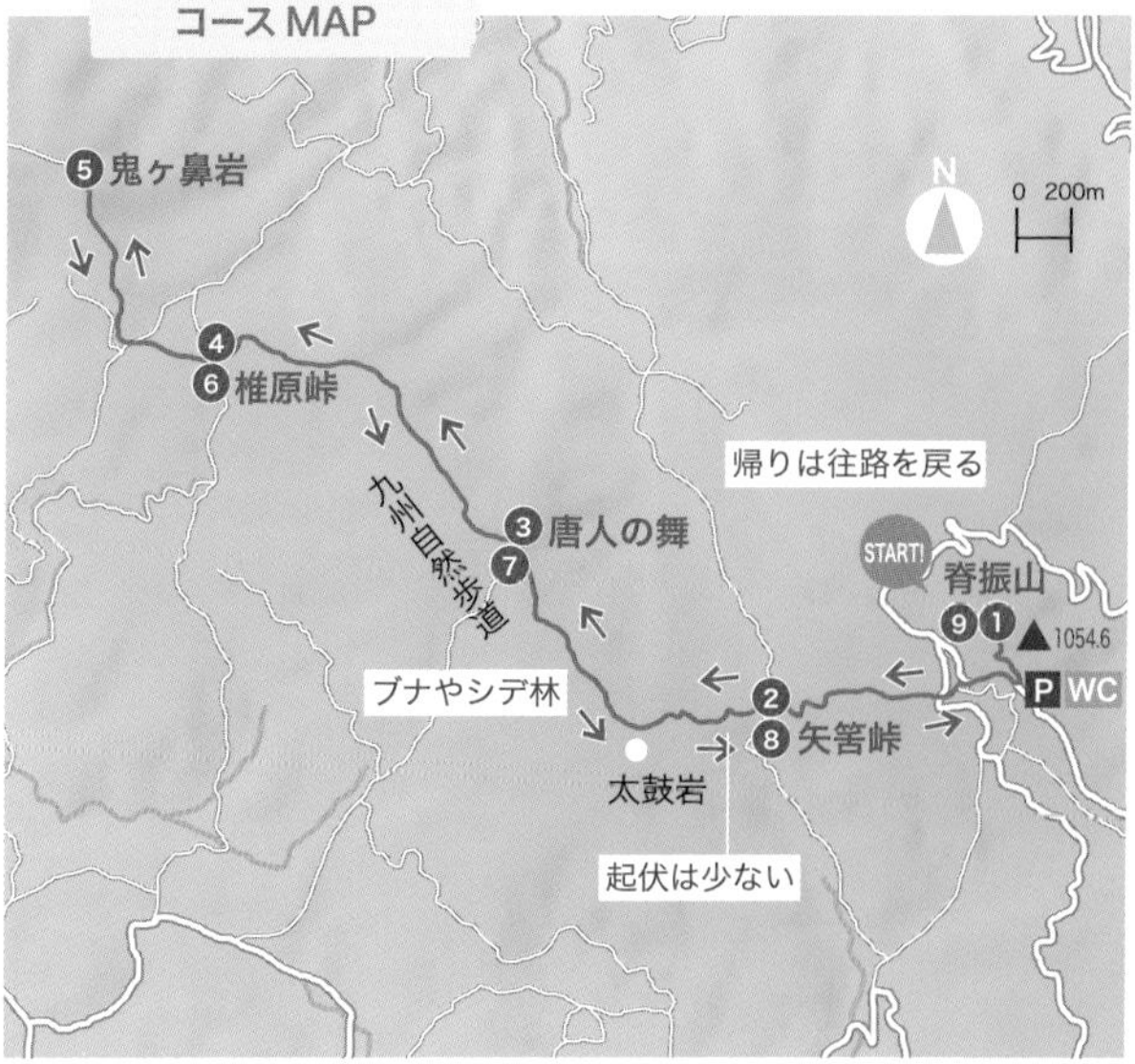
⑤鬼ヶ鼻岩
N
0 200m
④
⑥椎原峠
九州自然歩道
帰りは往路を戻る
③唐人の舞
⑦
START!
脊振山
⑨①
▲1054.6
P WC
ブナやシデ林
②
⑧矢筈峠
太鼓岩
起伏は少ない

コースガイド

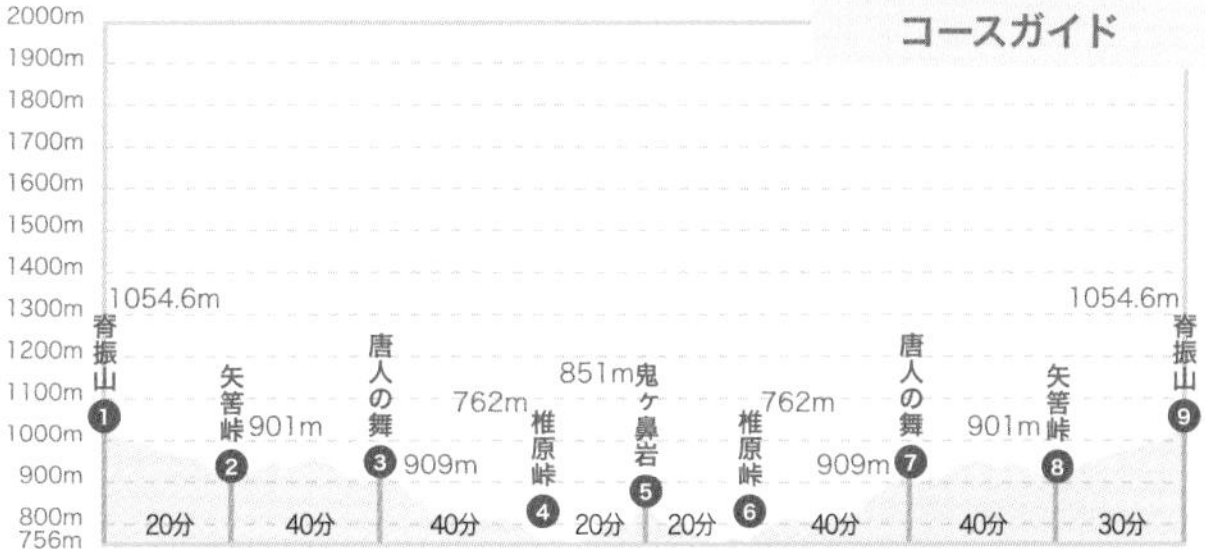
2000m
1900m
1800m
1700m
1600m
1500m
1400m
1300m
1200m
1100m
1000m
900m
800m
756m
1054.6m 脊振山 ①
矢筈峠 901m ②
唐人の舞 909m ③
762m 椎原峠 ④
851m 鬼ヶ鼻岩 ⑤
762m 椎原峠 ⑥
唐人の舞 909m ⑦
901m 矢筈峠 ⑧
1054.6m 脊振山 ⑨
20分
40分
40分
20分
20分
40分
40分
30分

立ち寄りスポット

▼福岡市立背振少年自然の家は、野外活動や自然観察などが行える研修施設。脊振登山ルートの縮小模型や脊振の自然を紹介するコーナーも。利用申込は少年とその引率者で10人以上の団体。問／092-804-6771

四季の魅力

▲冬には積雪する日も多いので、福岡市近郊にあるスノートレッキングのトレーニングコースとして訪れる人も多い。装備や準備は万全の注意で

脊振山DATA

●おすすめ登山シーズン
3月〜6月、9月〜11月
●トイレ
脊振山頂上駐車場
●駐車場
脊振山頂上駐車場
●アクセス
県道136号線を背振ダム方面へ。板屋ふるさと館より自衛隊道路を車で30分ほど

▲滝を眺め、樹林のコースを進み、開けた山頂へと至る近郊登山人気のコースだ

滝と沢と樹林のコースを満喫

金山《かなやま》

体力度
★★★☆☆

日程
日帰り

歩行時間
5時間20分

歩行距離
9.8km

累計標高差
913m

標高
967.3m

金山は福岡市早良区と佐賀県三瀬村の間に位置し、脊振山系の一角をなす。福岡市側は山の北側斜面となり、沢沿いの石には苔が付き趣深い。

西鉄バスの多々良瀬バス停❶が起点となる。「湧水　千石の郷」❷へと続く車道を上っていく。ここまで車で来て往復するルート設定も可。さらに登ると坊主ヶ滝コース登山口の案内板❸が立っている。

滝は高さ15メートル幅6メートル程度で豪快に水しぶきをあげて落ちる。やや回り道にはなるが、余裕があれば眺めてから先へ進みたい。道標に従って尾根沿いに急登を上がって行く。

金山山頂❹からは南の佐賀方面の眺望が開け、天気が良ければ天山・雲仙などを見ることができる。

ここからは比較的なだらかな稜線を西へ歩く。40分ほどで直登ルートとの分岐点の道標❺があるので、ここから右へ花乱の滝ルート❻を下る。花びらが乱れ落ちるようと言われる花乱の滝❼は落差約15メートル。水煙が涼しげだ。

水源地前バス停❽へ下る。

ワンポイントアドバイス

▲金山より東へ進めば脊振山へ、また西へ進めば三瀬峠を経て井原山、雷山への縦走ルートとなる。脊振山系のキーとなる山でもあり、福岡市内・近郊でよく親しまれている

▲福岡市民の水源の山でもある

▲標識はよく整備されている

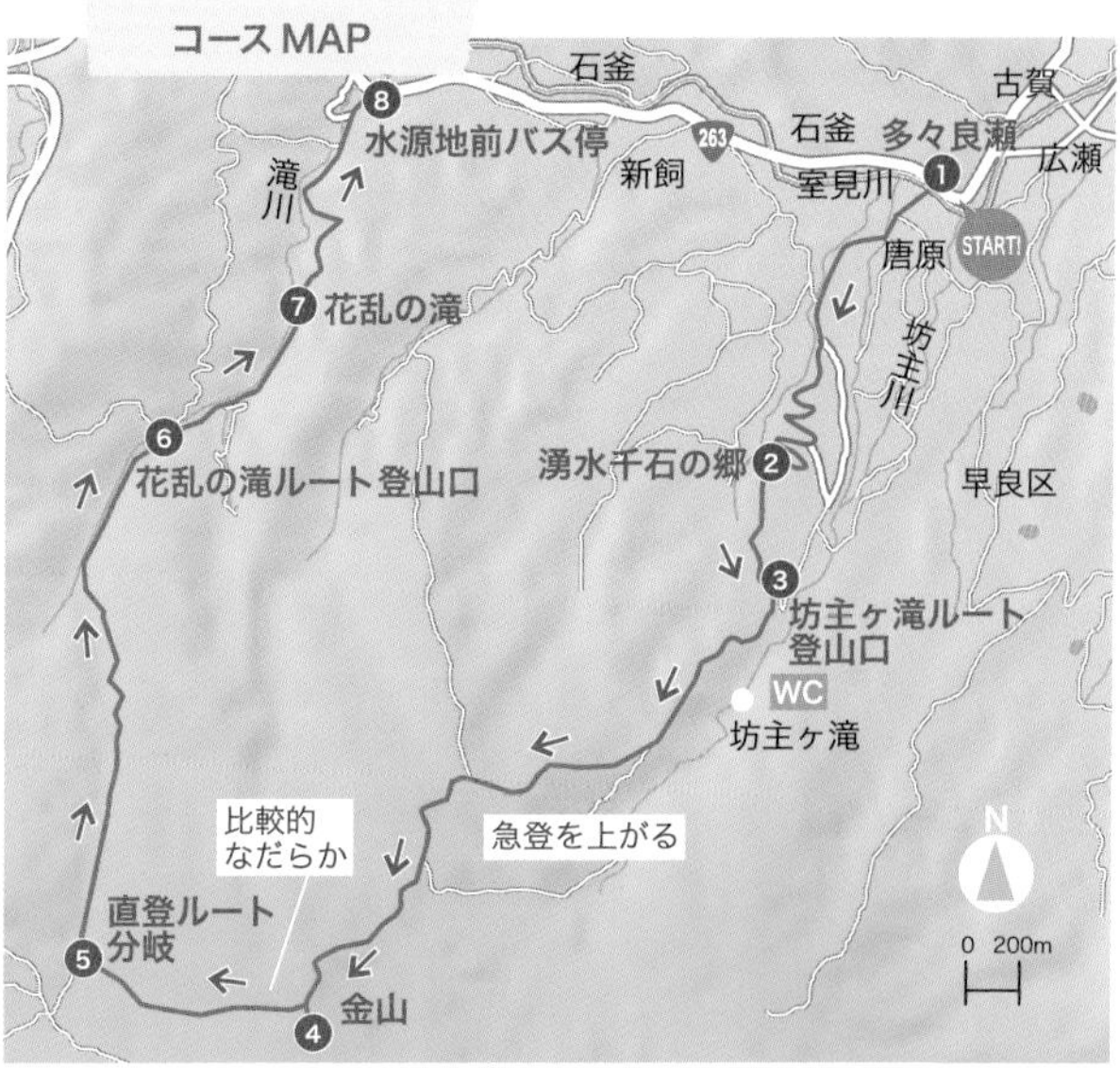
コースMAP
石釜
古賀
8 水源地前バス停
263
石釜
多々良瀬
広瀬
新飼
室見川
1
滝川
唐原
START!
7 花乱の滝
坊主川
6 花乱の滝ルート登山口
湧水千石の郷 2
早良区
3 坊主ヶ滝ルート登山口
WC
坊主ヶ滝
比較的なだらか
急登を上がる
N
0 200m
直登ルート分岐 5
4 金山

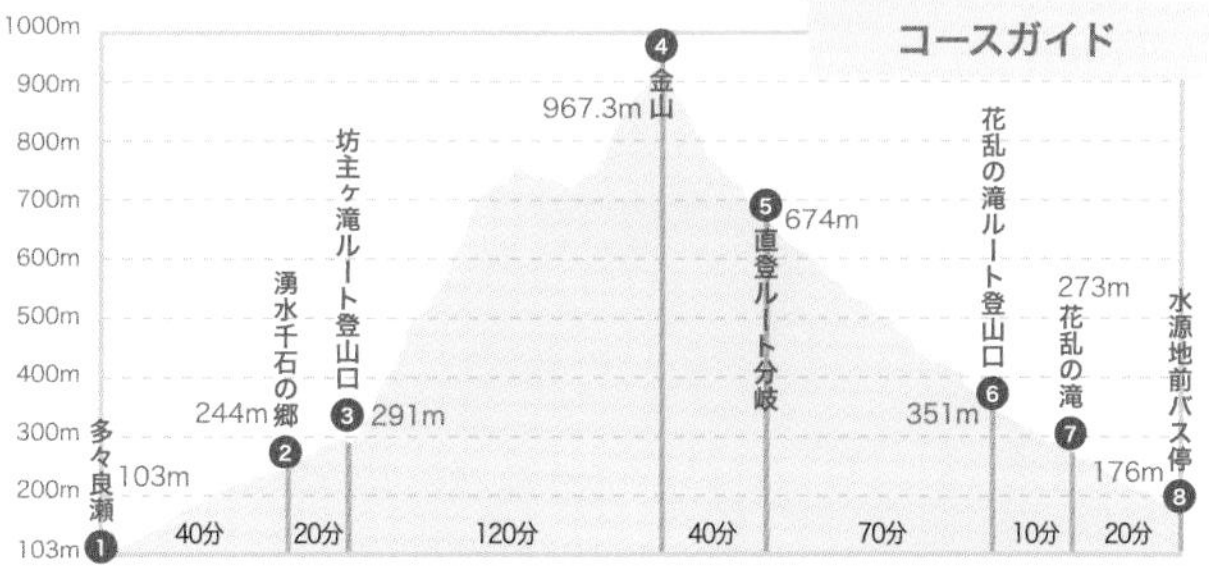
コースガイド
1000m
900m
800m
700m
600m
500m
400m
300m
200m
103m
1 多々良瀬 103m
2 湧水千石の郷 244m
3 坊主ヶ滝ルート登山口 291m
4 金山 967.3m
5 直登ルート分岐 674m
6 花乱の滝ルート登山口 351m
7 花乱の滝 273m
8 水源地前バス停 176m
40分
20分
120分
40分
70分
10分
20分

立ち寄りスポット

▼「湧水千石の郷」は、福岡市内を一望できる天然湧水の絶景大浴場と、自然食のブッフェ「五穀豊穣の恵み〜姫蛍〜」が人気。ブッフェにはランチ／ディナーの両コースがある。連絡すれば最寄りの内野陽光台バス停まで送迎してくれる。
問／福岡市早良区石釜333-2
TEL092-872-4141

四季の魅力

▲脊振山系ではミツバツツジやツクシシャクナゲの人気が高い。坊主ヶ滝、花乱の滝双方とも夏でも水しぶきで気温が下がり、涼しさを感じるスポットとして人気が高い

●お問合せ 西鉄お客様センター TEL0570-00-1010

金山DATA

●おすすめ登山シーズン
3月〜11月
●トイレ
坊主ヶ滝
●駐車場
千石の郷利用の場合同施設の駐車場
●アクセス
西鉄バス多々良瀬バス停（本数は少ない）

▲福岡県北九州エリアの最高峰。頂上付近は展望の良い草原を縫う

福智山《ふくちやま》

筑豊と北九州を見渡す山頂へのメインルート

体力度
★★☆☆☆

日程
日帰り

歩行時間
3時間50分

歩行距離
4.8km

累計標高差
690m

標高
900.6m

北九州市、直方市、田川郡福智町にまたがる福智山は、福岡県北九州エリアの最高峰となる。四方から登山ルートが開かれているが、福智町上野峡からのメインルートを紹介しよう。

　上野峡入口バス停周辺には登山者用の駐車場が三カ所設けられている。弘法岩は弘法大師が雨宿りした岩と伝えられている。

　沢沿いの道を進み、登っていく。おおつが林道との出合❷を越え、稜線の分岐❸へ。

　西の鷹取山は、戦国時代まで山城が築かれていた。ルートの途中跡が残る山上を見ることができる。

　東へ尾根道を進む。山頂に近づくにつれて徐々に見晴らしが開けてくる。

　山頂周辺はクマザサとススキの草原となっていて、歩きながらの眺望が楽しめる。

山頂❹には大岩がいくつもあり、その上からは北九州市の市街地や、田川、筑豊の山々を見渡すことができる。

　帰りはやや西よりから、白糸の滝コース（八丁越）を下る。

　登山口近くでは白糸の滝が涼を誘ってくれる。

ワンポイントアドバイス

▲帰りのルートの方が傾斜がきついので登りに利用しても良い。山頂近くにはおがくずを利用したバイオトイレがあり、100円で利用できる

▲福智山山頂からの眺め

▲黒田節のモデルとなった母里太兵衛の居城とされる鷹取城跡

コースMAP

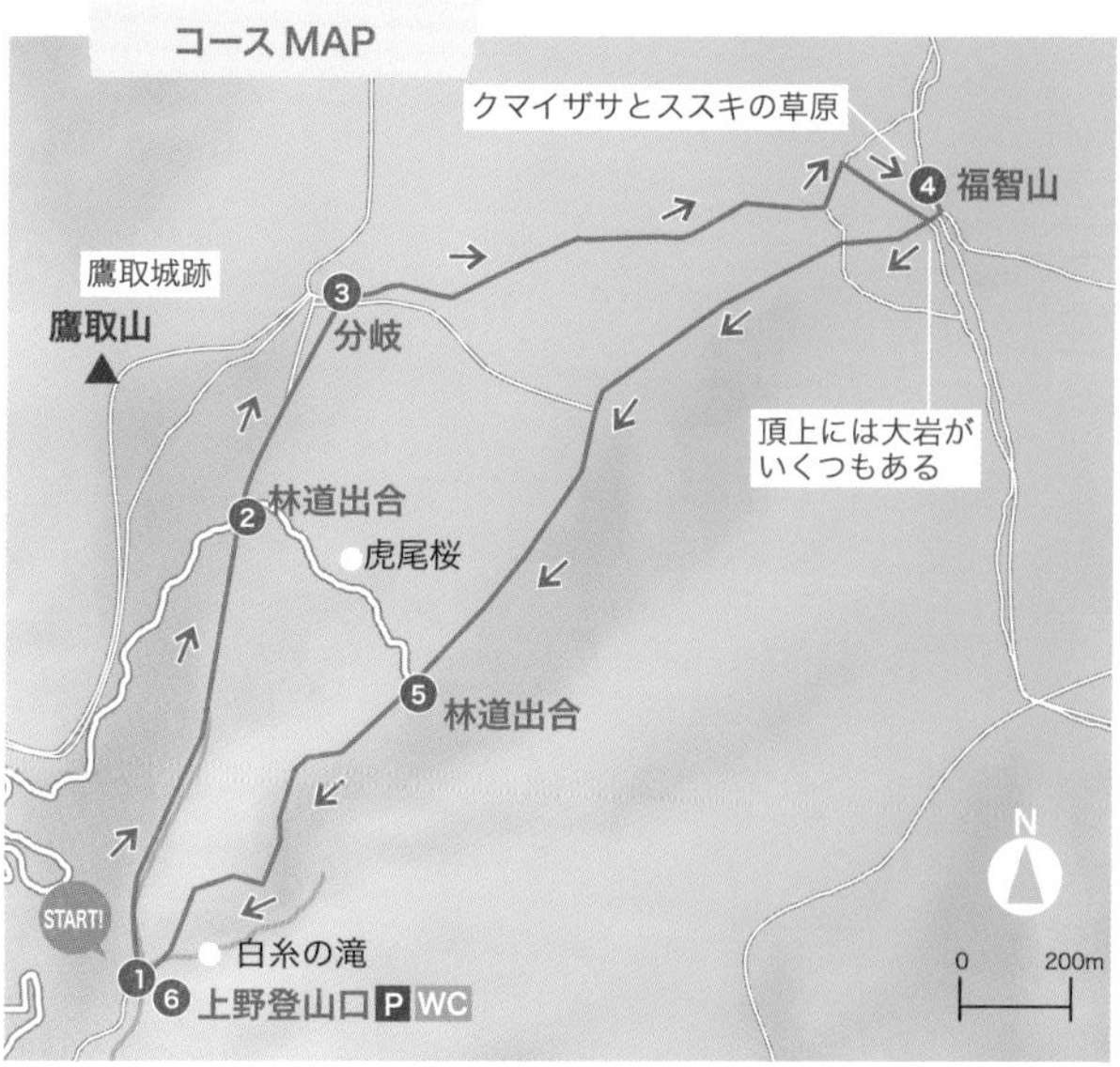
クマイザサとススキの草原
④福智山
鷹取城跡
鷹取山
③分岐
頂上には大岩がいくつもある
②林道出合
虎尾桜
⑤林道出合
START!
白糸の滝
①⑥上野登山口 P WC
N
0 200m

コースガイド

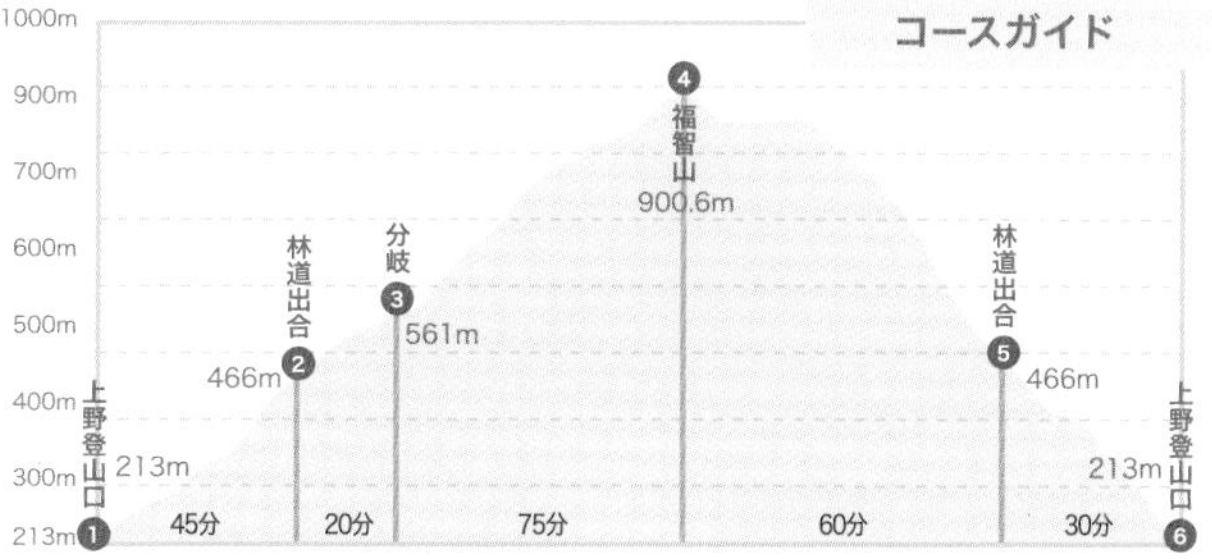
1000m
900m
700m
600m
500m
400m
300m
213m
①上野登山口 213m
②林道出合 466m
③分岐 561m
④福智山 900.6m
⑤林道出合 466m
⑥上野登山口 213m
45分
20分
75分
60分
30分

立ち寄りスポット

▼山麓にある源泉かけ流し温泉「ほうじょう温泉ふじ湯の里」では、露天風呂から福智山の姿が。
問／福岡県田川郡福智町弁城上の原1300-1
TEL0947-22-6667

四季の魅力

▲登りルートの途中、虎尾桜という一本桜がコースからやや東に入ったところにある。花種はエドヒガンという希少種。山中に屹然と咲く姿は見事だ

福智山DATA

●おすすめ登山シーズン
3月～11月
●トイレ
登山口、山頂バイオトイレ
●駐車場
有り
●アクセス
平成筑豊鉄道赤池駅よりタクシーで約15分(バス便は少ない)。九州自動車道・八幡ICより約25分

●お問合せ 福智町役場 まちづくり総合政策課 政策推進係
TEL0947-22-7766

▲山頂周辺は放送局のアンテナの他ビジターセンターや公園・遊具などがある

北九州市民憩いの山

皿倉山《さらくらやま》

体力度
★★☆☆☆

日程
日帰り

歩行時間
3時間15分

歩行距離
8.5km

累計標高差
748m

標高
622.2m

北九州市民なら遠足や行楽で一度は訪れたことがある山だろう。麓から九合目までケーブルカーがあり、山上駅からはスロープカーで山頂へ3分。山頂周辺は広々とした台地になっており、放送局のアンテナの他ビジターセンターや公園・遊具などがある。一方で植物や野鳥、昆虫など豊富な自然が残っており、各方向に伸びる散策路は地元市民の憩いの場所だ。ここでは最短ルートの「煌彩の森コース」を紹介しよう。

杉、檜、やがて照葉樹の中登山道を登り、皿倉平を経て皿倉山山頂❸へ。展望台からの景色を楽しんだら皿倉平❹へと戻り権現山❺のピークを踏む。やや後戻り、江戸時代に植えられた杉の巨木・皇后杉の方向へ。権現の辻❻から帆柱山の方向に下って行く。

分岐❼より往復20分ほどで帆柱山❽を往復する。20分ほど下ると林道に出るので標識に従い最後のピーク花尾山❿へ。古城の城址と思われる地形が残る。花尾東登山口⓫バス停へと下る。黒崎方面への便が多い。

ワンポイントアドバイス

▲皿倉平から権現周回路が有り、この道をのんびり散策するのも良い。山頂付近には北原白秋の詩碑や様々な史跡も点在する。ビジターセンターを訪れパンフレットなどで確認しよう

▲山頂周辺からは北九州市街が一望

▲皿倉山俯瞰

コースMAP

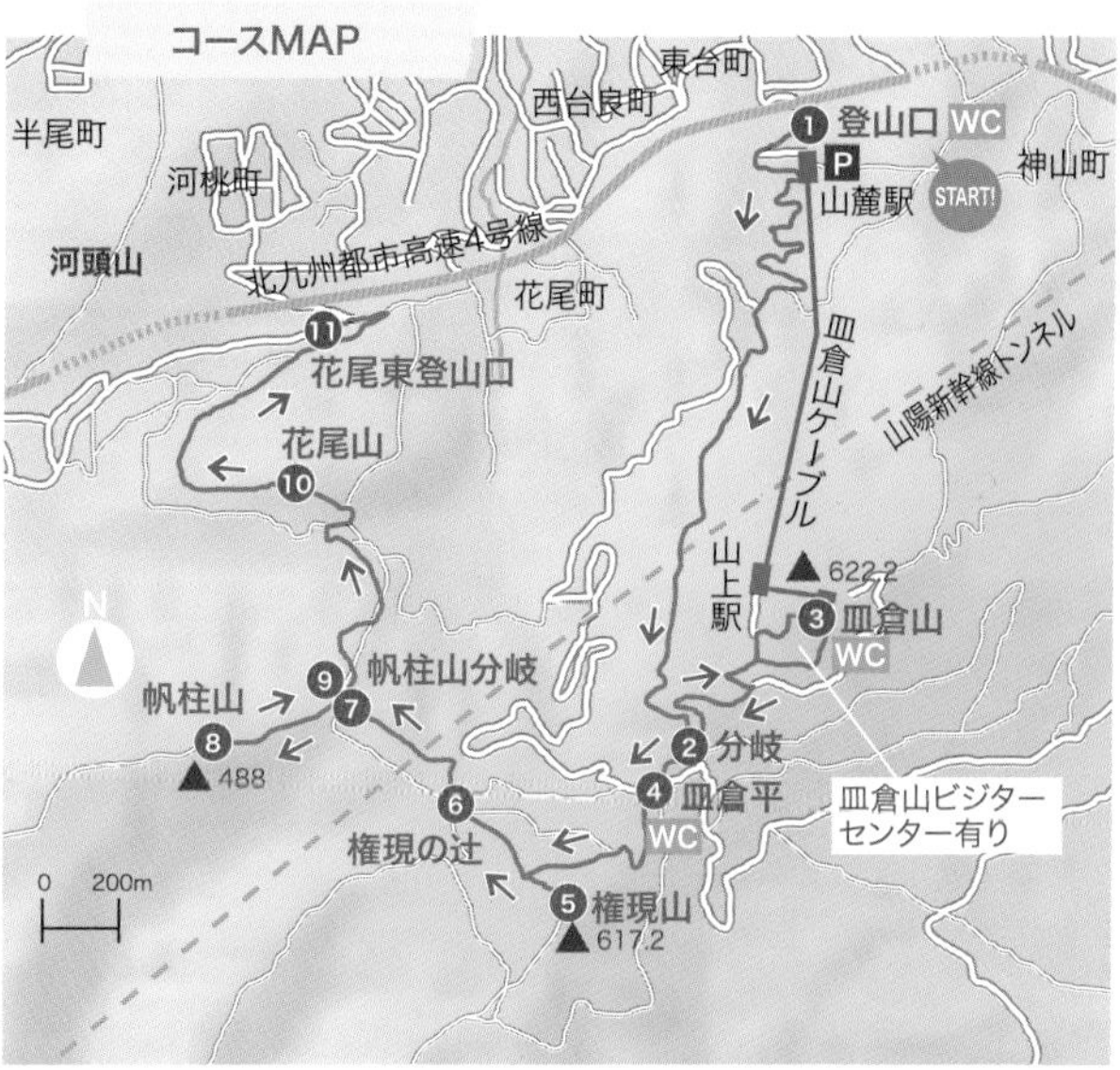
東台町
西台良町
半尾町
河桃町
河頭山
北九州都市高速4号線
花尾町
神山町
1 登山口 WC
P
山麓駅
START!
皿倉山ケーブル
山陽新幹線トンネル
11
花尾東登山口
花尾山
10
N
9
帆柱山分岐
帆柱山
7
8
488
山上駅
622.2
3 皿倉山
WC
2 分岐
4 皿倉平
WC
皿倉山ビジターセンター有り
6
権現の辻
5 権現山
617.2
0 200m

コースガイド

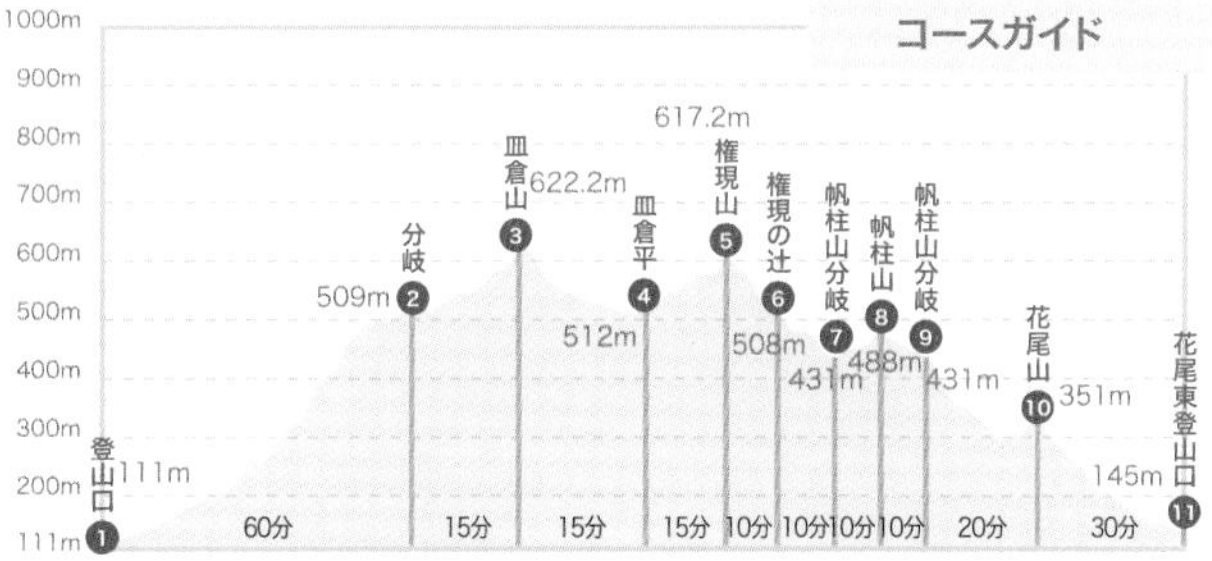
1000m
900m
800m
700m
600m
500m
400m
300m
200m
111m
登山口 111m
分岐 509m
皿倉山 622.2m
皿倉平 512m
617.2m 権現山
権現の辻 508m
帆柱山分岐 431m
帆柱山 488m
帆柱山分岐 431m
花尾山 351m
花尾東登山口 145m
60分
15分
15分
15分
10分
10分
10分
10分
20分
30分

立ち寄りスポット

▼山頂より5分のところにある皿倉山ビジターセンターでは帆柱山系の自然、歴史を案内してくれる。様々なイベントも主催。NPO法人帆柱自然公園愛護会が運営を受託している。月曜休館
問／TEL093-681-5539

四季の魅力

▲年間を通じて楽しめるが夏場は熱中症に注意。皇后杉林は江戸時代黒田藩の植林政策によって植えられ約400年の歴史がある。暑さを忘れさせてくれる

●お問合せ 皿倉山ビジターセンター TEL093-681-5539

皿倉山DATA

●おすすめ登山シーズン
3月〜6月、9月〜12月

●トイレ
登山口、皿倉山山頂、皿倉平など

●駐車場
皿倉山ケーブル山麓駅（170台）

●アクセス
JR鹿児島本線八幡駅より徒歩30分。最寄りバス停は西鉄バス帆柱登山口（日祝は黒崎方面より1時間に2本程度）。高速バス「いとうづ号」乗車後、「皿倉山ケーブルバス停」下車5分。福岡市内より約1時間

▲日本三大カルスト台地のひとつ平尾台の北側に屏風のようにそびえるのが、花崗岩でできた貫山だ

平尾台の羊群原を歩き広々とした山頂へ

貫山《ぬきさん》

体力度
★★☆☆☆

日程
日帰り

歩行時間
3時間55分

歩行距離
6.6km

累計標高差
439m

標高
711.6m

日本三大カルスト台地のひとつ平尾台は、北九州市小倉南区を中心に広がる。草原の中に大小の石灰岩が点在し、まるで羊の群れのように見えることから羊群原とも呼ばれる。その北側に屏風のようにそびえるのが、花崗岩でできた貫山だ。標高は高くはないが、その眺めは他所では味わえないものだ。

平尾台の入口となる吹上峠❶から正面の草原の中を進んでいく。40分ほどで大平山❷に到着する。南側に広がる平尾台の眺めを楽しもう。

アップダウンをしながら進み、四方台❸で中峠からの道と合流するが、左手へ。30分足らずで広々とした貫山の山頂❹に到着。東側に周防灘への眺望が広がる。

ここから引き返してカルスト台地を散策しながらスタート地点に戻っても良いが、新道を貫権現方面へと下る道を紹介する。

上宮❺で道が分岐するが左へ。林道に出たら❻やや右へ行き、案内板から細い林道へ。途中から沢沿いとなり登山口❼へと至る。上貫バス停❽は便数が少ないので下調べを。

ワンポイントアドバイス

▲吹上峠には駐車場があり、近くに平尾台自然の郷や平尾台自然観察センターなどの施設もある

▲草原に大小の石灰岩やドリーネと呼ばれる窪地が広がる。秋はススキの原となる

コースMAP

上貫バス停 8
東九州自動車道
沢沿いを歩く
小倉南区
登山口 7
案内板から
細い林道へ
0 500m
N
6 林道出合
5 上宮
水晶山
貫山 4 711.6
井手浦
塔ケ峯
アップダウン有り
四方台 3
北谷
大平山
草原
2
WC
START!
P
26
1 吹上峠
平尾台
青龍窟
本谷
山口

コースガイド

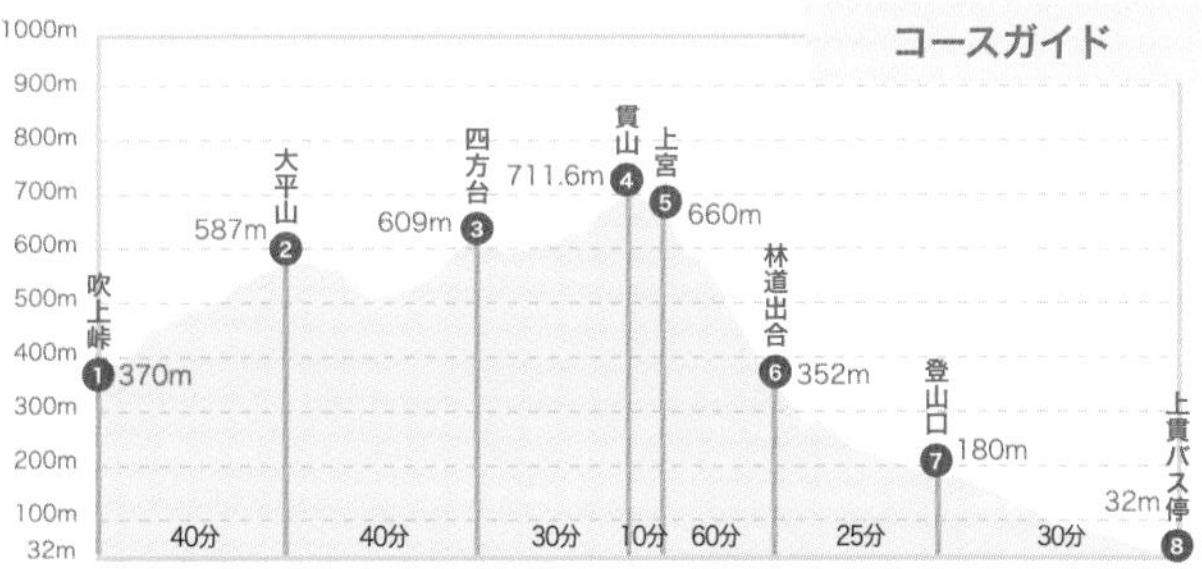
1000m
900m
800m
700m
600m
500m
400m
300m
200m
100m
32m
吹上峠 1 370m
大平山 587m 2
四方台 609m 3
貫山 711.6m 4
上宮 5 660m
林道出合 6 352m
登山口 7 180m
上貫バス停 32m 8
40分
40分
30分
10分
60分
25分
30分

立ち寄りスポット

▼ケイビングの紹介を含む様々な自然体験を楽しむことができる「平尾台自然の郷」。陶工房・食工房・木工房・花工房などの体験工房も
問／福岡県北九州市小倉南区平尾台1-1-1　TEL093-452-2715

四季の魅力

▲春先には野焼きも行われる草原には様々な植物が花をつける。暑さが厳しい夏場には洞窟を探検するケイビングが人気。ただし初心者だけでは厳禁。必ず届け出を。写真は国指定天然記念物の千仏鍾乳洞
問／TEL093-451-0368

貫山DATA

●おすすめ登山シーズン
3月～6月、9月～11月

●トイレ
吹上峠、平尾台自然の郷、平尾台自然観察センター前市営駐車場など

●駐車場
吹上峠、平尾台自然の郷、平尾台自然観察センター前市営駐車場など

●アクセス
九州道小倉南ICより20分。西鉄中谷停留所・JR日田彦山線中谷駅より乗り合いタクシーの「おでかけ交通『カルスト号』」が運行している（有限会社ひまわりタクシーTEL093-452-0302）

●お問合せ　福岡県平尾台自然観察センター TEL093-453-3737
北九州市産業経済局観光部観光課
TEL093-551-8150

くじゅうの山

九重と久住
その峰をとりまく高原の風景は
九州の山歩きの故郷だ

くじゅうの山 MAP

平治岳
P48
タデ原湿原
P50
黒岳
P46
大船山
P44
三俣山
P52
久住山(赤川コース)
P40
中岳(牧ノ戸コース)
P42
福岡
熊本
宮崎

▲赤川登山口方面から見た久住山。後方南には久住高原の草原

久住高原を眺め南から久住山頂へ

久住山（赤川コース）

くじゅうさん（あかがわ）

体力度
★★★☆☆

日程
日帰り

歩行時間
5時間30分

歩行距離
7.5km

累計標高差
759m

標高
1786.5m

やまなみハイウェイの開通後、牧ノ戸峠（42P参照）からの入山が増えたくじゅう山群だが、南側の久住高原からのルートは雄大な景色、そして南に遠望する阿蘇の山々の姿もあいまって格別な味わいだ。

赤川登山口❶には秘湯として人気の赤川荘がある。登山届箱があるので必要事項を記入していざスタート。まもなく扇ヶ鼻に向けた分岐があるが右へ。林道を横切りながら尾根へと取り付く。

行く手には久住山、後方南には久住高原の草原。景色は最高だが、ほぼ直登のコースとなるので傾斜はきつい。焦らずゆっくりと自分のペースで進んで行こう。

山頂❷が視野に入ってくればあと一息だ。中岳と拮抗する九州本土第二の峰、久住山頂の一等三角点へ到着。山頂からは東に下り、稲星山との鞍部にあたる神明水❸から南登山道を下る。展望コースから樹林帯を進むと猪鹿狼寺跡❹がある。信仰の山としての歴史を感じる。一周するように赤川登山口❶へ戻る。下山届けの提出を忘れずに。

ワンポイントアドバイス

▲赤川荘は冬季閉鎖される期間があるので確認を(問/TEL0974-76-0081)。神明水からは稲星山、中岳へのルートが分かれる
※2021年6月現在、立ち寄り湯のみの営業

▲猪鹿狼寺跡(いからじあと)。古代から近世にかけて本堂があった。現在は竹田市久住町建宮に移転している

▲久住山頂から久住高原を望む。九州を代表する山岳展望だ

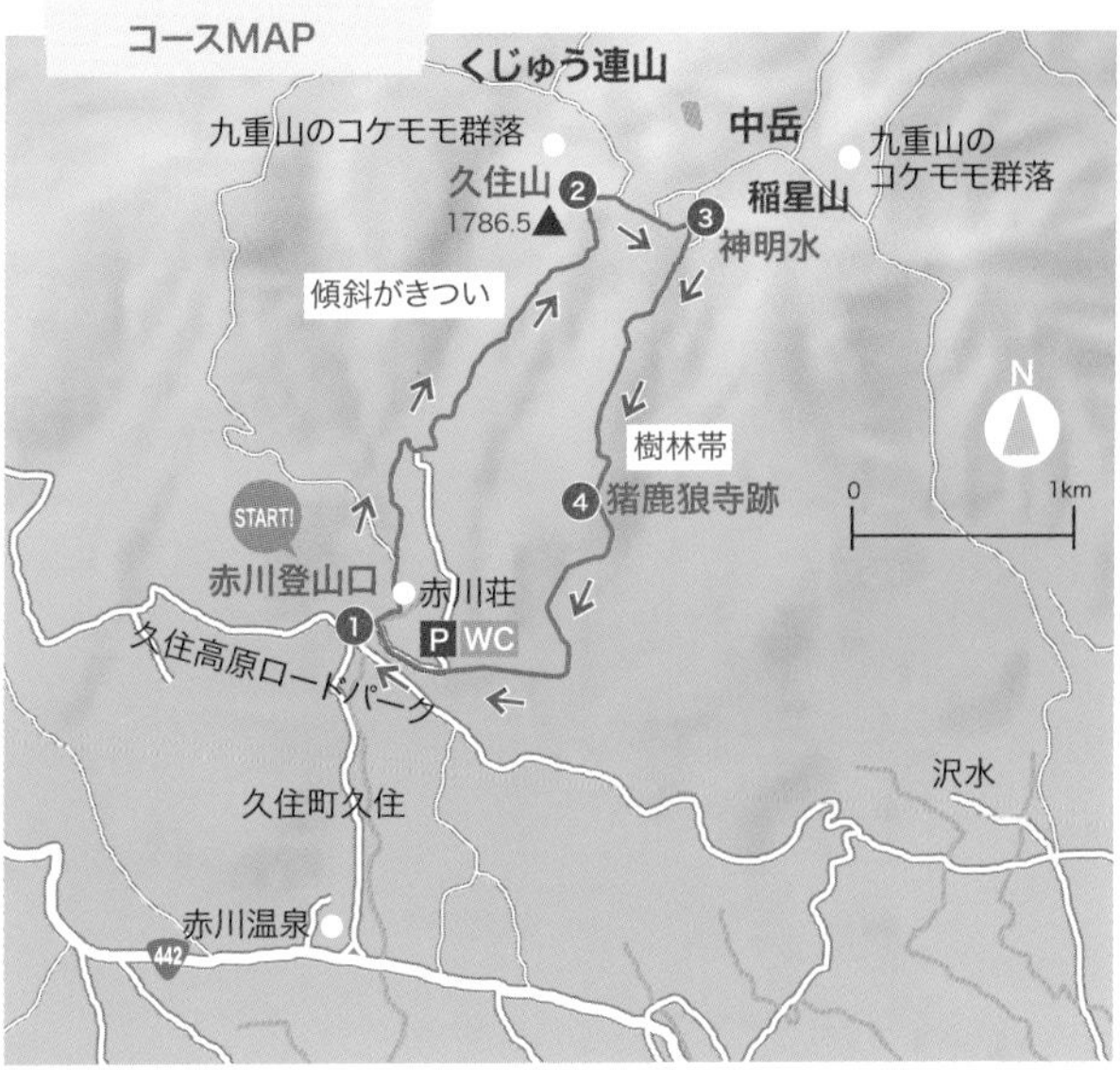
コースMAP
くじゅう連山
九重山のコケモモ群落
中岳
九重山のコケモモ群落
久住山
1786.5
稲星山
神明水
傾斜がきつい
樹林帯
N
0
1km
猪鹿狼寺跡
START!
赤川登山口
赤川荘
P WC
久住高原ロードパーク
沢水
久住町久住
赤川温泉
442

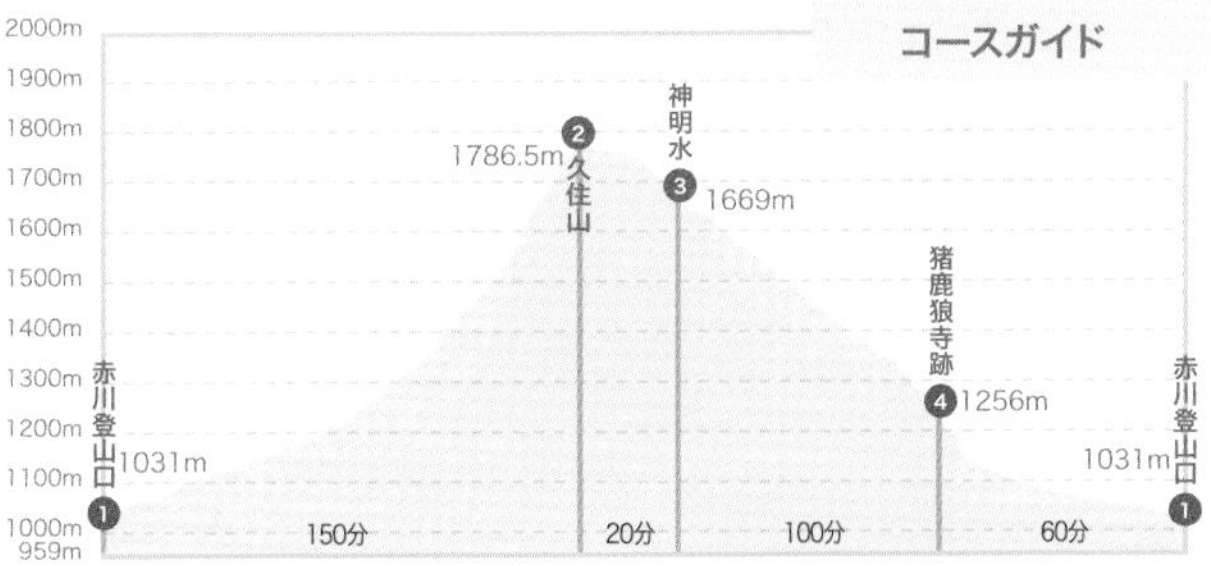
コースガイド
2000m
1900m
1800m
1700m
1600m
1500m
1400m
1300m
1200m
1100m
1000m
959m
赤川登山口 1031m
久住山 1786.5m
神明水 1669m
猪鹿狼寺跡 1256m
赤川登山口 1031m
150分
20分
100分
60分

立ち寄りスポット

▼くじゅう花公園やガンジーファームなど立ち寄りスポットには事欠かない。一軒宿の赤川荘は白濁した温泉で大人気。日帰り温泉も可
問/ガンジー牧場 大分県竹田市久住町大字久住4004-56
TEL0120-20-4092

四季の魅力

▲やはりミヤマキリシマのシーズンが一番人気だが、草原に咲く花もまた可憐だ。緑に染まる草原風景は、何度訪れても爽快な気分にさせてくれる

久住山DATA

●おすすめ登山シーズン
3月～12月
●トイレ
赤川登山口
●駐車場
登山者用駐車スペース40台
●アクセス
大分道九重ICより四季彩ロード、やまなみハイウェイ、瀬の本経由約50分。湯布院ICよりやまなみハイウェイ経由約60分

●お問合せ 竹田市久住支所 TEL0974-76-1111
写真提供:環境省くじゅう自然保護官事務所

▲やまなみハイウェイ長者原付近から見えるくじゅうの山々。この道を進むと牧ノ戸へ

牧ノ戸から九州本土最高峰中岳へ

中岳（牧ノ戸コース）《なかだけ（まきのと）》

体力度
★★★★☆

日程
日帰り

歩行時間
6時間5分

歩行距離
10km

累計標高差
670m

標高
1791m

くじゅう山群の最高峰・中岳は、九州本土の最高峰でもある。

やまなみハイウェイの最高地点・牧ノ戸峠❶にはレストハウスがあり、多くの登山客で賑わう。コンクリートの舗装道を東へ登って行く。展望台から三俣山、黒岩山などの展望を目にし、木製の階段を進んで行けば沓掛山❷だ。

ここからの登山道はのびやかな稜線。扇ヶ鼻への分岐❸を過ぎ、ケルンが並ぶ西千里ヶ浜で星生山への分岐❹がある。避難小屋とトイレのある久住分れ❺では、久住山、北千里ヶ浜からすがもり方面への道が分かれている。

ここから東へ進み天狗ヶ城❻へと登る。山頂からは御池越に稲星山が南に眺められる。北東斜面を下り、尾根道を登りきれば中岳❼の山頂。見事な眺望が広がる。

天狗ヶ城との鞍部まで戻り、池ノ小屋（避難小屋）の手前から御池の縁を進み、久住分れ❽へと戻る。後は登ってきた道を戻る。くじゅうならではの風景を目に焼き付けながら下って行こう。

ワンポイントアドバイス

▲久住分れで自分の体力を冷静にチェックしたい。参照時間をかなりオーバーしている場合は無理をせず、久住山頂を往復する選択もある。中岳への道はかなりの体力・脚力を必要とする

▲沓掛山より

▲天狗ヶ城と三俣山

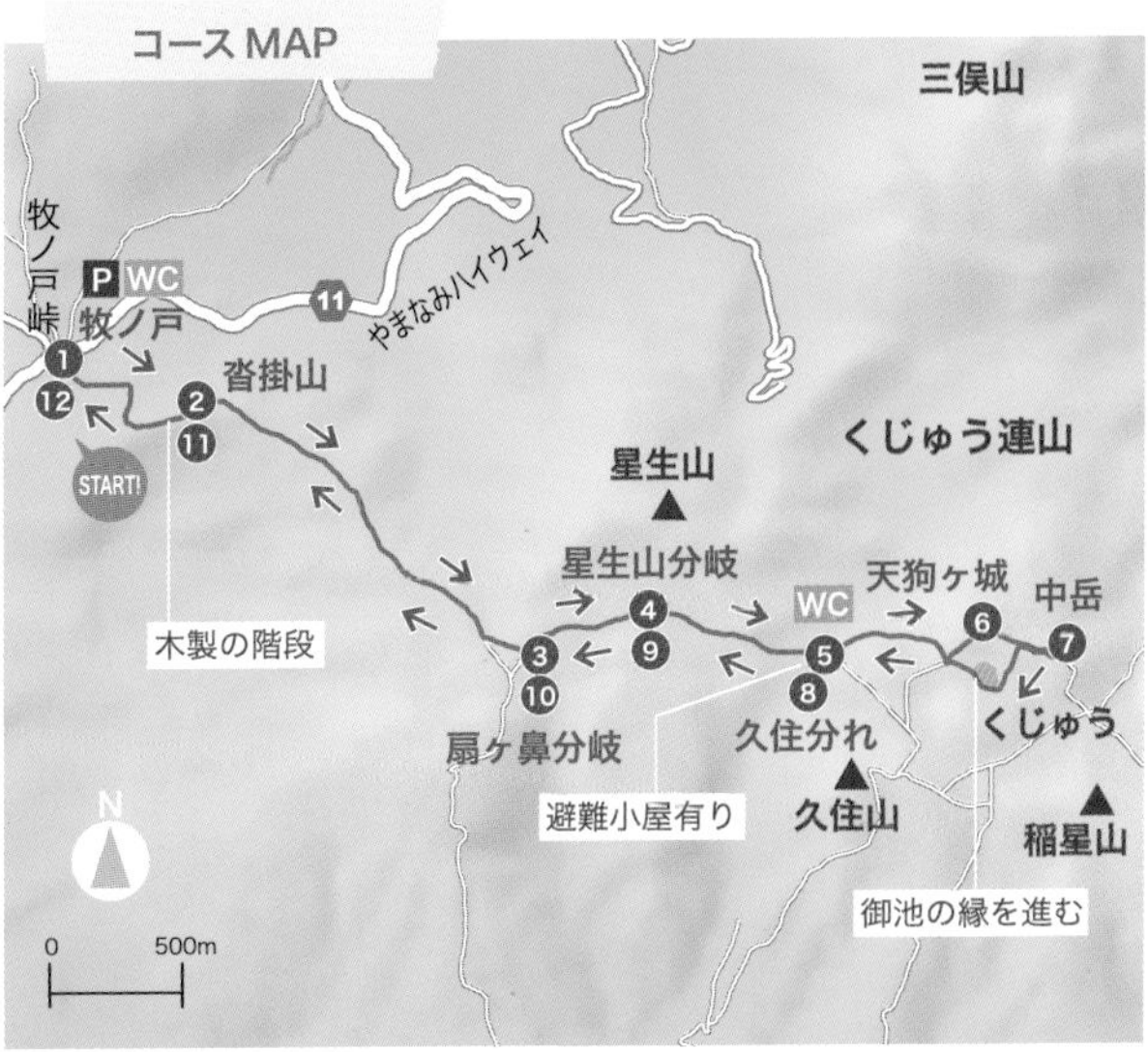
コースMAP
三俣山
牧ノ戸峠
P WC
牧ノ戸
やまなみハイウェイ
11
沓掛山
START!
星生山
くじゅう連山
星生山分岐
天狗ヶ城
中岳
WC
木製の階段
扇ヶ鼻分岐
久住分れ
くじゅう
避難小屋有り
久住山
稲星山
御池の縁を進む
N
0
500m

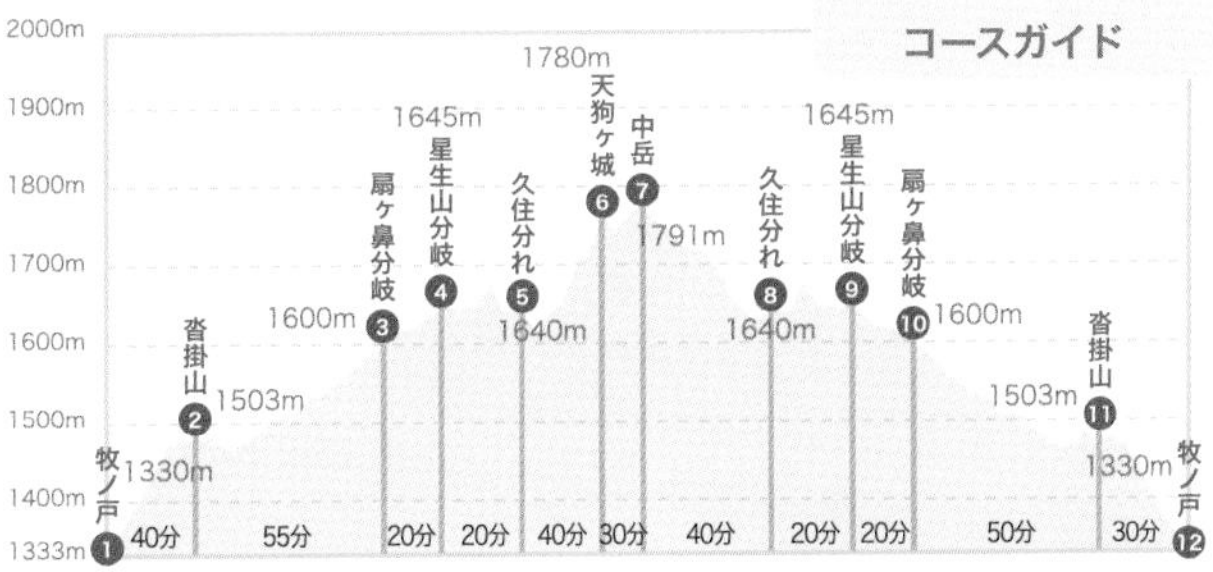
コースガイド
2000m
1900m
1800m
1700m
1600m
1500m
1400m
1333m
牧ノ戸 1330m
沓掛山 1503m
扇ヶ鼻分岐 1600m
星生山分岐 1645m
久住分れ 1640m
天狗ヶ城 1780m
中岳 1791m
久住分れ 1640m
星生山分岐 1645m
扇ヶ鼻分岐 1600m
沓掛山 1503m
牧ノ戸 1330m
40分 55分 20分 20分 40分 30分 40分 20分 20分 50分 30分

立ち寄りスポット

▼くじゅう登山の楽しみはなんといっても温泉だ。久住高原、飯田高原ともに温泉の宝庫。贅沢な温泉めぐりの楽しみが加わる。写真は九重星生ホテルの「山恵の湯」

四季の魅力

▲冬のくじゅうはベテランの領域となるが、霧氷や澄んだ空気の中での眺望はまた格別なものだ。写真は氷結した中岳の火口湖である御池（写真提供：神田美津夫さん）

中岳DATA

●おすすめ登山シーズン
3月〜12月
●トイレ
牧ノ戸峠レストハウス、久住分れ（冬期は閉鎖）
●駐車場
牧ノ戸峠（150台）
●アクセス
JR久大線豊後中村駅より九重町コミュニティバスで約1時間。九重ICより車で約50分

●お問合せ 長者原ビジターセンター TEL0973-79-2154

▲坊ガツルにはかつて鎌倉時代を開基とする九重山法華院白水寺があり、天台宗の一大霊場として栄えた

久住山と双璧の人気を持つ花と展望の山

大船山《たいせんざん》

体力度
★★★★★

日程
日帰り

歩行時間
8時間40分

歩行距離
15km

累計標高差
1030m

標高
1786.2m

長者原の九重登山口❶はくじゅう登山のメッカ。ここから指導標に従い雨ヶ池を目指して登って行く。

雨ヶ池はその名前の通り雨の後だけ出来る池で、植生も多彩。木道を進み雨ヶ池越❷を過ぎて坊ガツル❸へと下って行く。ラムサール条約にも登録された貴重な湿原だ。くじゅう山群の中の盆地となっている。川の水が美しい。

キャンプ場から大船山への登りへと進路をとる。避難小屋前で大戸越・平治岳への分岐❹がある。右へと進みミズナラなどが茂る樹林帯を登って行く。五合目を過ぎると足下に軽石が多くなってくる。注意して進もう。

段原❺からは大船山が見えてくる。この一帯はシーズンにはミヤマキリシマでピンクに染まる。くじゅうの山を代表する光景のひとつだ。

米窪火口壁に沿いながら進み、最後の急登の先が山頂❻だ。眼下に火口湖である御池があり、紅葉のシーズンは格別な美しさを見せる。

帰りは往路を戻る。

ワンポイントアドバイス

▲日帰りコースとして紹介したが、ゆっくりペースではかなり日が長い時期でないと難しい。健脚でも歩行時間7時間は要する。時間が許せば法華院温泉で一泊、あるいは坊ガツルキャンプ場でテント泊をおすすめしたい。それに値する魅力を持った山だ

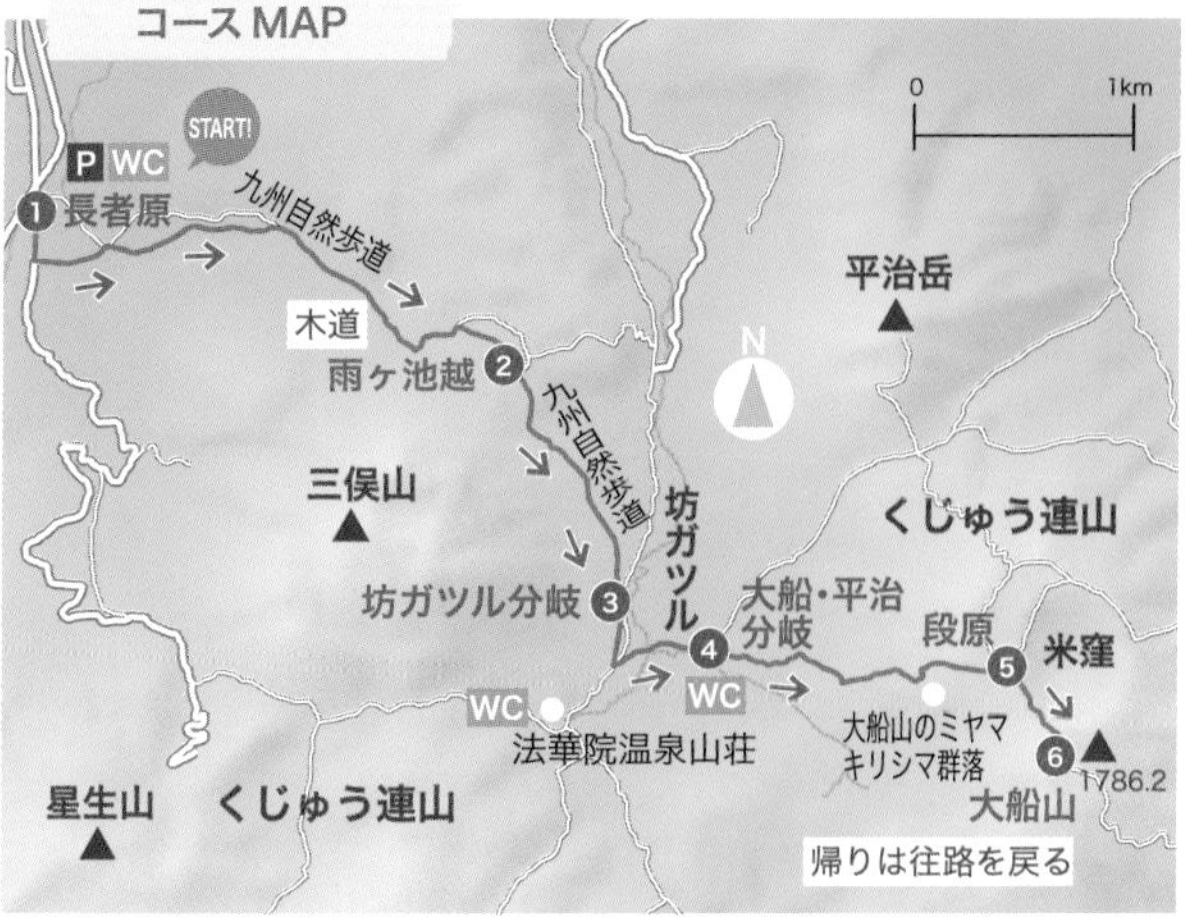
コース MAP
0
1km
START!
P
WC
1 長者原
九州自然歩道
木道
雨ヶ池越 2
九州自然歩道
N
平治岳
三俣山
坊ガツル
くじゅう連山
坊ガツル分岐 3
大船・平治分岐
4
WC
段原 5
米窪
大船山のミヤマキリシマ群落
6
1786.2
大船山
WC
法華院温泉山荘
星生山
くじゅう連山
帰りは往路を戻る

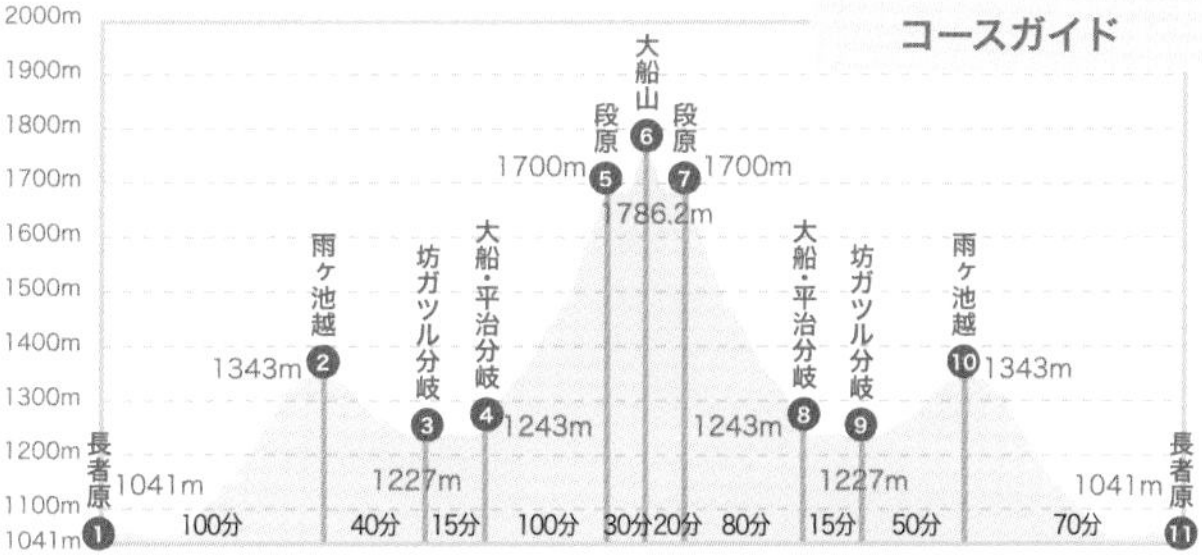
コースガイド
2000m
1900m
1800m
1700m
1600m
1500m
1400m
1300m
1200m
1100m
1041m
1 長者原 1041m
2 雨ヶ池越 1343m
3 坊ガツル分岐 1227m
4 大船・平治分岐 1243m
5 段原 1700m
6 大船山 1786.2m
7 段原 1700m
8 大船・平治分岐 1243m
9 坊ガツル分岐 1227m
10 雨ヶ池越 1343m
11 長者原 1041m
100分
40分
15分
100分
30分
20分
80分
15分
50分
70分

▲秋の大船山御池

▲段原より北大船山

立ち寄りスポット

▼温泉から正面に大船・平治・立中の三山を目にすることができる「法華院温泉山荘」。まさに九州のみならず岳人あこがれの山小屋。個室と大部屋、バンガローがある。寄り所(休憩所)も併設されている
問/TEL090-4980-2810

四季の魅力

▲大船と言えばミヤマキリシマ。ピンクの花が山肌を染める6月初旬には、多くのくじゅうファンがここを訪れる。しかし紅葉シーズン(10月初旬〜中旬)も捨てがたい

大船山DATA

●おすすめ登山シーズン
3月〜11月
●トイレ
長者原登山口、坊ガツルキャンプ場、法華院山荘
●駐車場
長者原登山口(約450台)
●アクセス
長者原へはJR久大線豊後中村駅より九重町コミュニティバス利用。車の場合、大分道九重ICより約40分

●お問合せ 長者原ビジターセンター TEL0973-79-2154

▲森に覆われているため黒く見えることから黒岳と呼ばれる。うっそうとした森の散策は心を癒やしてくれる

名水・男池から広葉樹の原生林へ

黒岳《くろだけ》

体力度
★★★★★

日程
日帰り

歩行時間
7時間55分

歩行距離
8km

累計標高差
820m

標高
1587m
（高塚山）

遠くから見るとうっそうとした森に覆われた山全体が黒ずんで見えることから黒岳と呼ばれるが、山名として黒岳というピークはない。

最高峰は標高1587メートルの高塚山。名水が湧き出る男池水源❶から入山し、炭酸泉の白水鉱泉へと下るコースを案内しよう。

橋を渡り登山口へ。登り始めて30分程度でかくし水がある。1時間ほどでソババッケ❷という窪地に到着する。右に平治岳方面、大戸越への道が分かれる。

そのまま進み、また1時間程度で風穴❸という火山活動で出来た岩の隙間に着く。右に登れば大船・米窪、そのまま進めば久住高原へと下る。

高塚山をめざし左へと登って行く。なかなか骨が折れる登りだが、ツクシシャクナゲの群生地でもある。途中、分岐から天狗（岩）❹と呼ばれるビューポイントを往復。30〜40分かかるが、阿蘇山や祖母山などの展望が開ける。

分岐に戻り、再び登ると高塚山❺。この先は上台という平坦地から前岳❻を経て、炭酸泉で有名な白水鉱泉❼へと下る。

ワンポイントアドバイス

上の台散策コース
登山口
かくし水

▲上台から先の下りはかなり急斜面の箇所が連続する。長い行程で足に疲労がある場合、下りで負担が倍増する。黒岳は原生林の森自体が魅力なので、体力に自信が無ければ必ずしもピークにこだわらない選択も

▲黒岳の原生林

▲前岳、天狗岩、高塚山などからなる鐘状の火山。竹田市側から見ると、仰向けになったおたふくの面のようにも見える

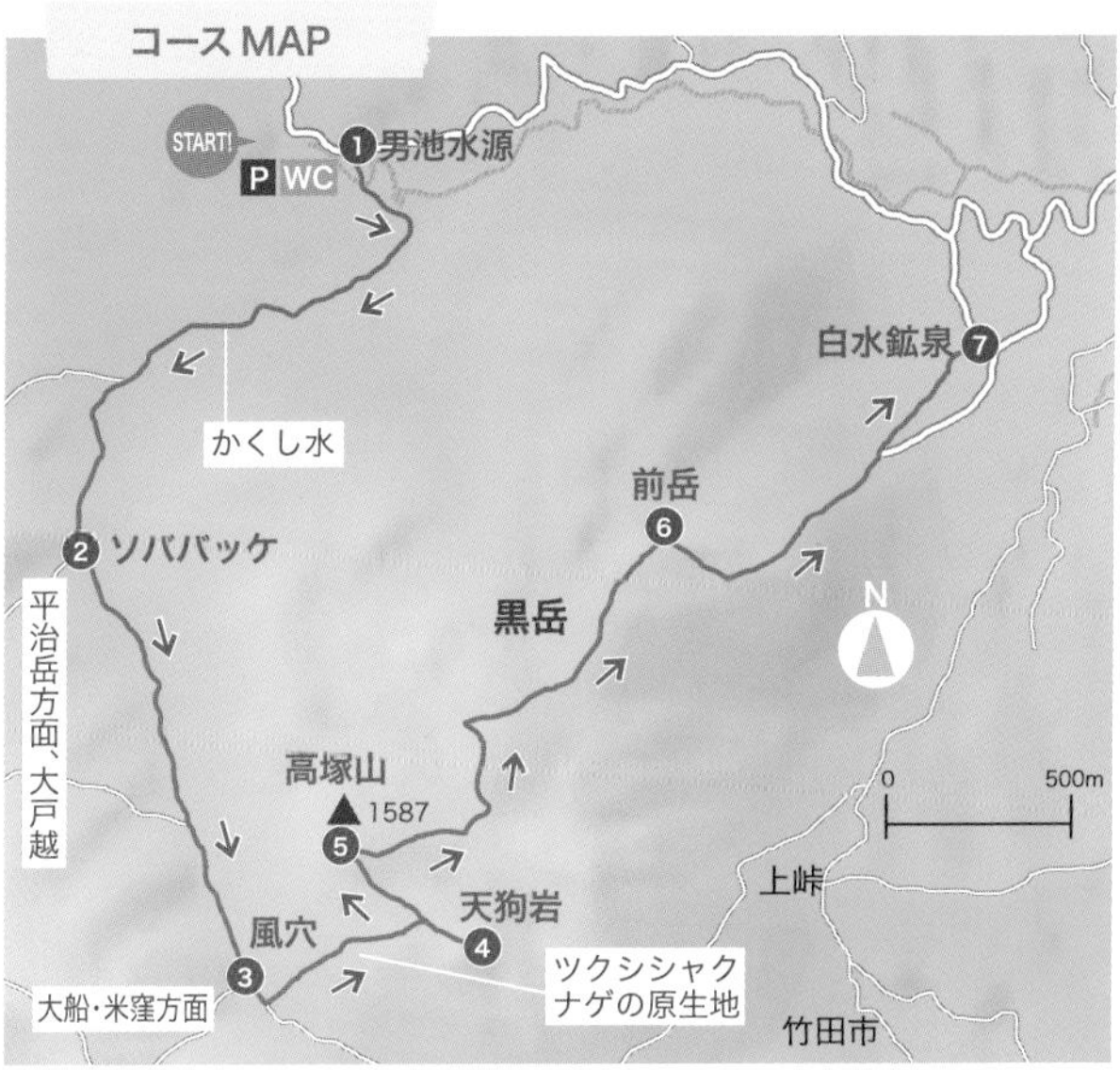
コースMAP
START!
P WC
1 男池水源
かくし水
2 ソババッケ
平治岳方面、大戸越
黒岳
6 前岳
7 白水鉱泉
高塚山
▲1587
5
4 天狗岩
3 風穴
大船・米窪方面
ツクシシャクナゲの原生地
N
0
500m
上峠
竹田市

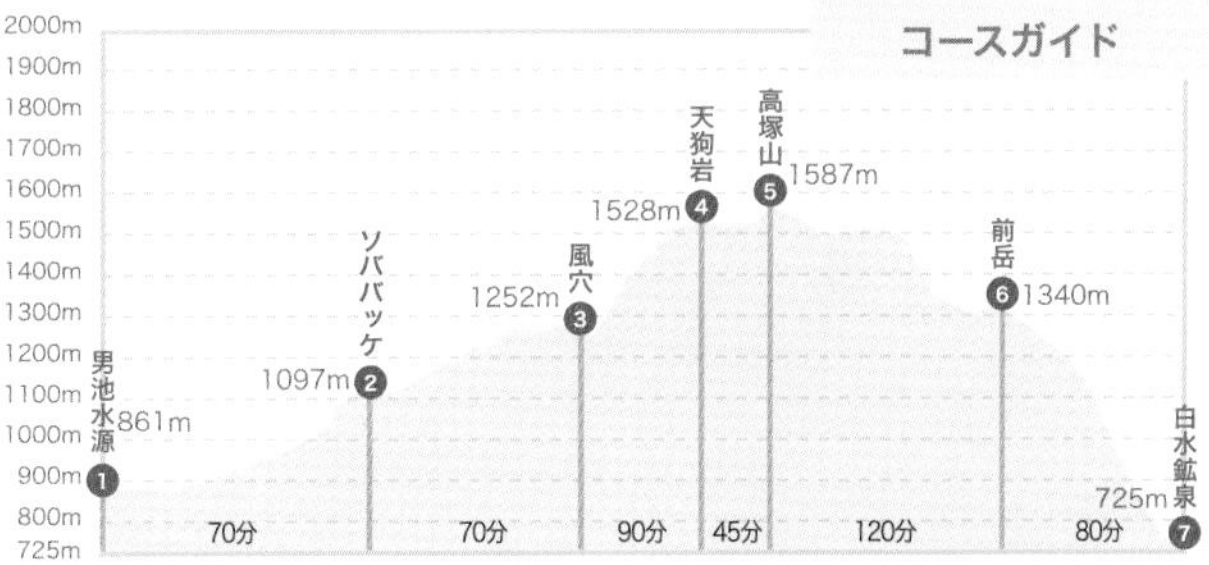
コースガイド
2000m
1900m
1800m
1700m
1600m
1500m
1400m
1300m
1200m
1100m
1000m
900m
800m
725m
1 男池水源 861m
2 ソババッケ 1097m
3 風穴 1252m
4 天狗岩 1528m
5 高塚山 1587m
6 前岳 1340m
7 白水鉱泉 725m
70分
70分
90分
45分
120分
80分

立ち寄りスポット

▼くじゅうの山々に降った雨が伏流水となり、こんこんと湧き出る男池水源。その量は毎分2トンと言われ、澄んだ泉と豊かな樹林が迎えてくれる。園地として整備され名水を汲みに訪れる人も多い

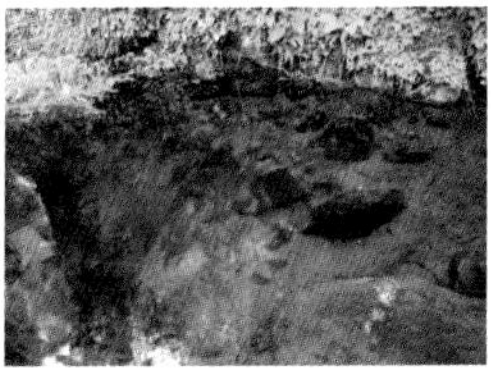

四季の魅力

▲ミヤマキリシマやツクシシャクナゲなどの高山植物とともに、広葉樹の原生林が特長で秋の紅葉はひときわ見事。冬枯れの森の散策も魅力的だ

黒岳DATA

●おすすめ登山シーズン
3月～11月

●トイレ
男池水源

●駐車場
男池水源

●アクセス
国道210号線沿い由布市役所庄内庁舎より県道田野庄内線経由で40分

●お問合せ 長者原ビジターセンター TEL0973-79-2154
由布市商工観光課 TEL097-582-1304

▲全山ピンクに染まるミヤマキリシマのシーズンはくじゅう登山のハイライト

ミヤマキリシマの人気ナンバーワン

平治岳《ひいじだけ》

体力度
★★★☆☆

日程
日帰り

歩行時間
7時間10分

歩行距離
13.5km

累計標高差
804m

標高
1642.8m

くじゅう山開き(6月第一日曜日)を前後して開花するミヤマキリシマは、くじゅう山群の代名詞でもある。多くの登山客がピンクの花に染まる景色を楽しみに訪れるが、その中でもひときわ人気が高いのが平治岳だ。

坊ガツルの北東に位置する。標高で劣るためか普段は大船山(44P参照)が人気を集める。しかしミヤマキリシマの時期は別だ。むろん、それ以外の時期も静かな山行に浸ることができる。

吉部登山口❶から坊ガツルを目指す。マイカーの場合は有料駐車場の利用となる。

杉林の中を進む。途中暮雨の滝❷があり、往復には10分程度の寄り道。大船山林道(一般車両は入れない)との分岐❸を過ぎ、平治岳を左手に見ながら坊ガツルへ。雨ヶ池越への分岐❹を過ぎ少し先を左へ。キャンプ場の先の分岐❺からさらに左へ大戸越❻へと向かう。

大戸越からは、大船山、三俣山、そして坊ガツルなどの眺めがすばらしい。

ここから手前の南峰を越え、右へ巻くように平治岳❼の本峰へ。帰りは往路を戻る。

ワンポイントアドバイス

▲このルートは大船山への登山に利用しても良いし、大戸越からはソババッケ経由で男池(46P)方面へ下っても良い。

▲大船山林道より三俣山

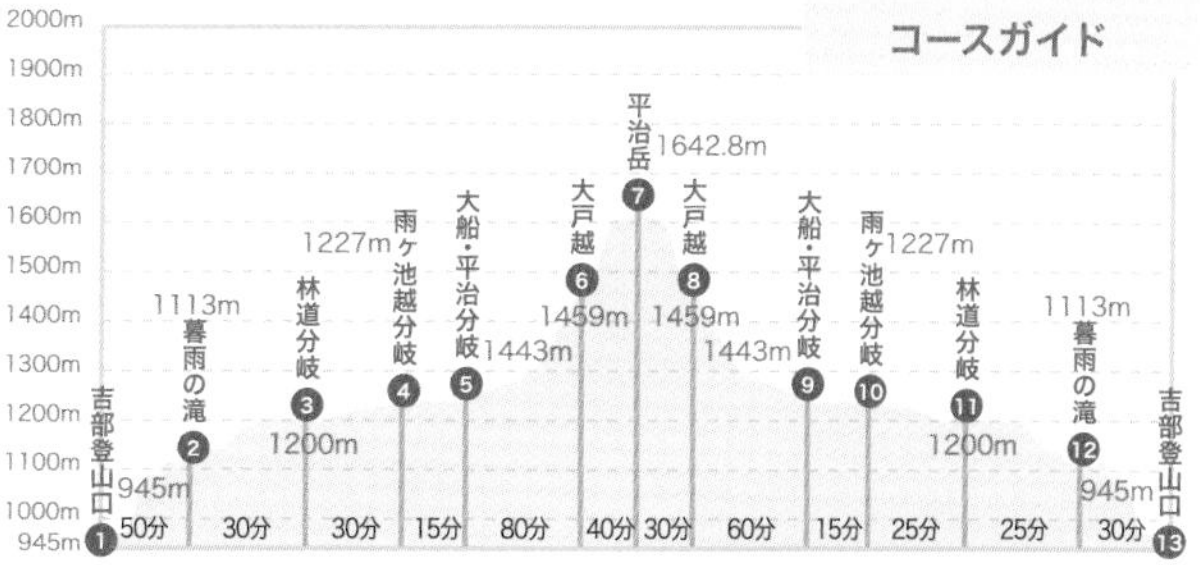

立ち寄りスポット

▼暮雨(くらさめ)の滝。「暮雨滝の 水音を 佇み聞くは 山男」と「坊がつる讃歌」にも登場する滝。落差7メートル、幅15メートルで、滝つぼは浅く、底の小石や砂がよく見える

四季の魅力

▲なんと言ってもミヤマキリシマの開花期がすばらしいが、登山者も多く混雑する。シーズン中は上りと下りのルートを区別している箇所がある

平治岳DATA

●**おすすめ登山シーズン**
3月～11月
●**トイレ**
坊ガツルキャンプ場
●**駐車場**
吉部登山口(有料 1日300円)
●**アクセス**
やまなみハイウェイ飯田高原交差点から車で15分

●**お問合せ** 九重町商工観光・自然環境課 TEL0973-76-3150

▲目の前に指山、三俣山、右手に星生山が広がる。高原のさわやかな散策を楽しもう

くじゅうの入門はここから。ラムサール条約登録湿地の散策

タデ原湿原《たでわらしつげん》

体力度
★☆☆☆☆

日程
日帰り

歩行時間
1時間

歩行距離
2.5km

累計標高差
10m

標高
1041m

やまなみハイウェイ（県道11号、九州横断道路）は、別府と阿蘇をつなぐ観光ルートとして1964年に開通。九州を代表するその景観は多くの人々に愛されてきた。

特に、飯田高原の長者原周辺はその中核であり、環境省の施設「長者原ビジターセンター」などが置かれ、くじゅうの登山基地として親しまれている。

周囲に広がる「タデ原湿原」は火山地形の扇状地にあり、国際的にも重要な湿地であると認められて2005年11月に坊ガツル湿原とともに「くじゅう坊ガツル・タデ原湿原」としてラムサール条約に登録された。

多様な地質と地形を反映した植生分布が見られる。

また、ツクシフウロ、シムラニンジン、オオミズゴケ等の希少な植物の生育が確認されている。

湿原と周辺の森林内には自然研究路が設置されており、くじゅう登山の入門として一度は散策したい。また、「九重の自然を守る会」による自然観察会が開催され、ガイドと一緒に楽しみながら歩くこともできる。

ワンポイントアドバイス

▲バリアフリーの木道が設置されているので、車椅子などでも散策可能。高低差もほとんどない。すがもり越、雨ヶ池越の登山道の起点となる

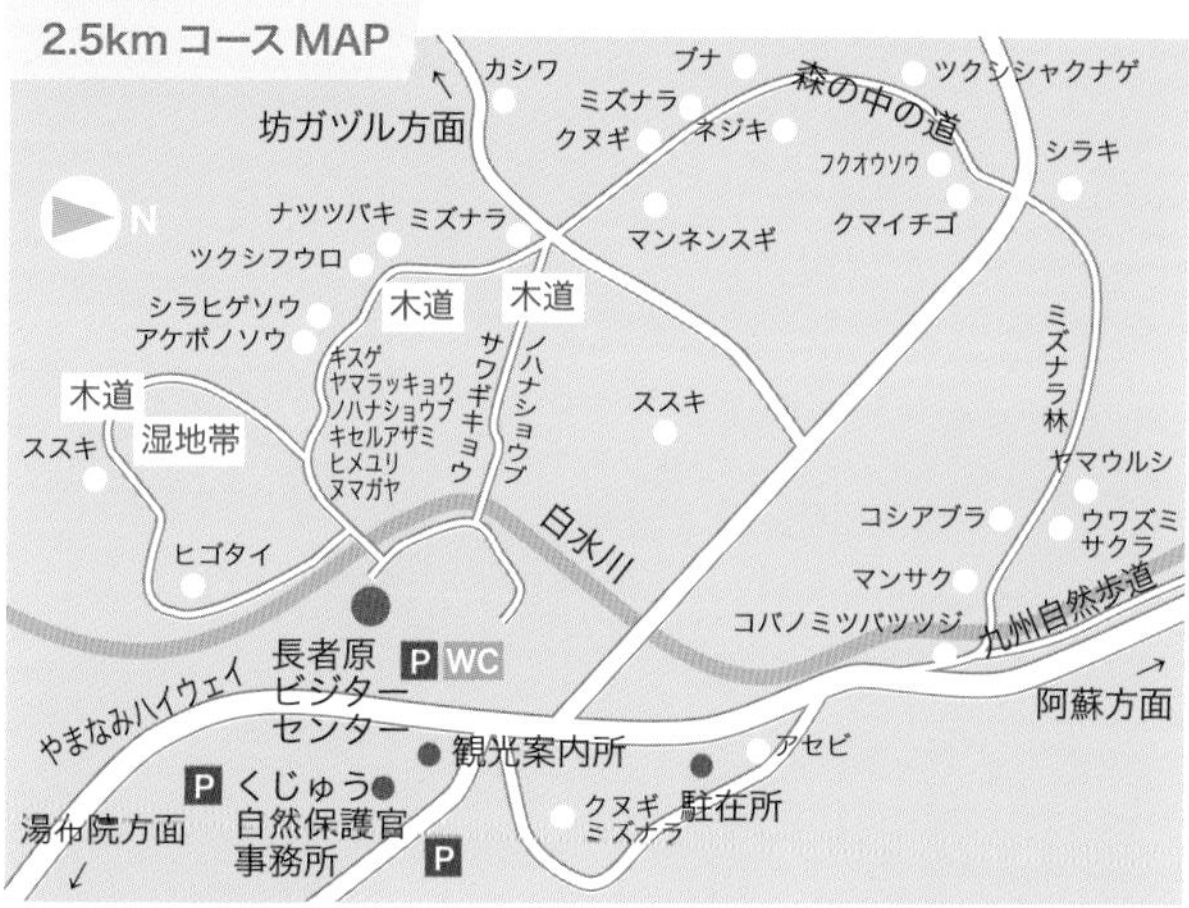
2.5km コース MAP
坊ガヅル方面
N
カシワ
ミズナラ
クヌギ
ブナ
ネジキ
森の中の道
ツクシシャクナゲ
フクオウソウ
シラキ
クマイチゴ
マンネンスギ
ナツツバキ
ミズナラ
ツクシフウロ
シラヒゲソウ
アケボノソウ
木道
木道
木道
ススキ
湿地帯
キスゲ
ヤマラッキョウ
ノハナショウブ
キセルアザミ
ヒメユリ
ヌマガヤ
サワギキョウ
ノハナショウブ
ススキ
ミズナラ林
ヤマウルシ
コシアブラ
ウワズミサクラ
マンサク
コバノミツバツツジ
九州自然歩道
ヒゴタイ
白水川
長者原ビジターセンター
P
WC
阿蘇方面
やまなみハイウェイ
観光案内所
アセビ
P
くじゅう自然保護官事務所
駐在所
クヌギ
ミズナラ
湯布院方面
P

▲イワカガミ

▲ヒゴタイ

▲ツクシドウダン

▲別府と阿蘇をつなぐ観光ルート「やまなみハイウェイ」

▲キスゲ

▲ノハナショウブ

▲シロドウダン

立ち寄りスポット

▼長者原ビジターセンター。くじゅうの自然などの様子を、わかりやすく展示　問／大分県玖珠郡九重町大字田野255-33 TEL0973-79-2154

四季の魅力

▲一帯はヨシやヌマガヤ、ススキなどを優占種とし、ノリウツギ低木林、クロマツ群落などが見られる。春に野焼きが行われ、一面黒焦げになった湿原には次々に草花が顔を現す

タデ原湿原DATA

●おすすめ登山シーズン
1月〜12月

●トイレ
ビジターセンター近く

●駐車場
長者原登山口（約450台）

●アクセス
長者原へはJR久大線豊後中村駅より九重町コミュニティバスバス利用。車の場合、大分道九重ICより約40分

●お問合せ 長者原ビジターセンター TEL0973-79-2154

▲三俣山は、本峰（主峰）を、西峰、南峰、北峰の三つの外輪山が囲む、四つの山体である

飯田高原のランドマークにすがもり越から

三俣山《みまたやま》

体力度
★★★☆☆

日程
日帰り

歩行時間
5時間40分

歩行距離
10km

累計標高差
735m

標高
1744.3m

九重町方面からくじゅうを訪れる時、真っ正面に飛び込んでくるのが三俣山の堂々とした山容だ。標高では久住山や中岳、大船山に劣るものの、なんだかどっしりとした姿。そして長者原の九重登山口から見て手前側に位置していることや、くじゅう連山の各ピークから目に入ることから、くじゅうのシンボルという印象を持っている人も多いのではないだろうか。

　別名三岐山。山頂あたりが大きく三つに分かれているように見えるが、実際は本峰（主峰）を、西峰、南峰、北峰の三つの外輪山が囲む、四つの山体である。

　長者原❶の九重登山口から、旧鉱山道を進む。南に進み、谷を過ぎて左の斜面へ取り付く。迂回してきた旧鉱山道といったん合わさり、その後涸れ谷に下りる。

　目印のペンキに従って進むと、すがもり越❷に着く（避難所を兼ねた休憩所有）。

　南山腹からササの生い茂る道を山頂へ向かう。西峰の草台地を経て山頂❸へ。くじゅう連山と盆地の大展望だ。

　帰りは往路を戻る。

ワンポイントアドバイス

▲すがもり越は雨ヶ池越とともにくじゅう登山のポイントとなる。なお三俣山から雨ヶ池方面、指山方面への登山道は落石などの恐れから規制中

▲坊ガツルより三俣山

▲長者原ビジターセンター

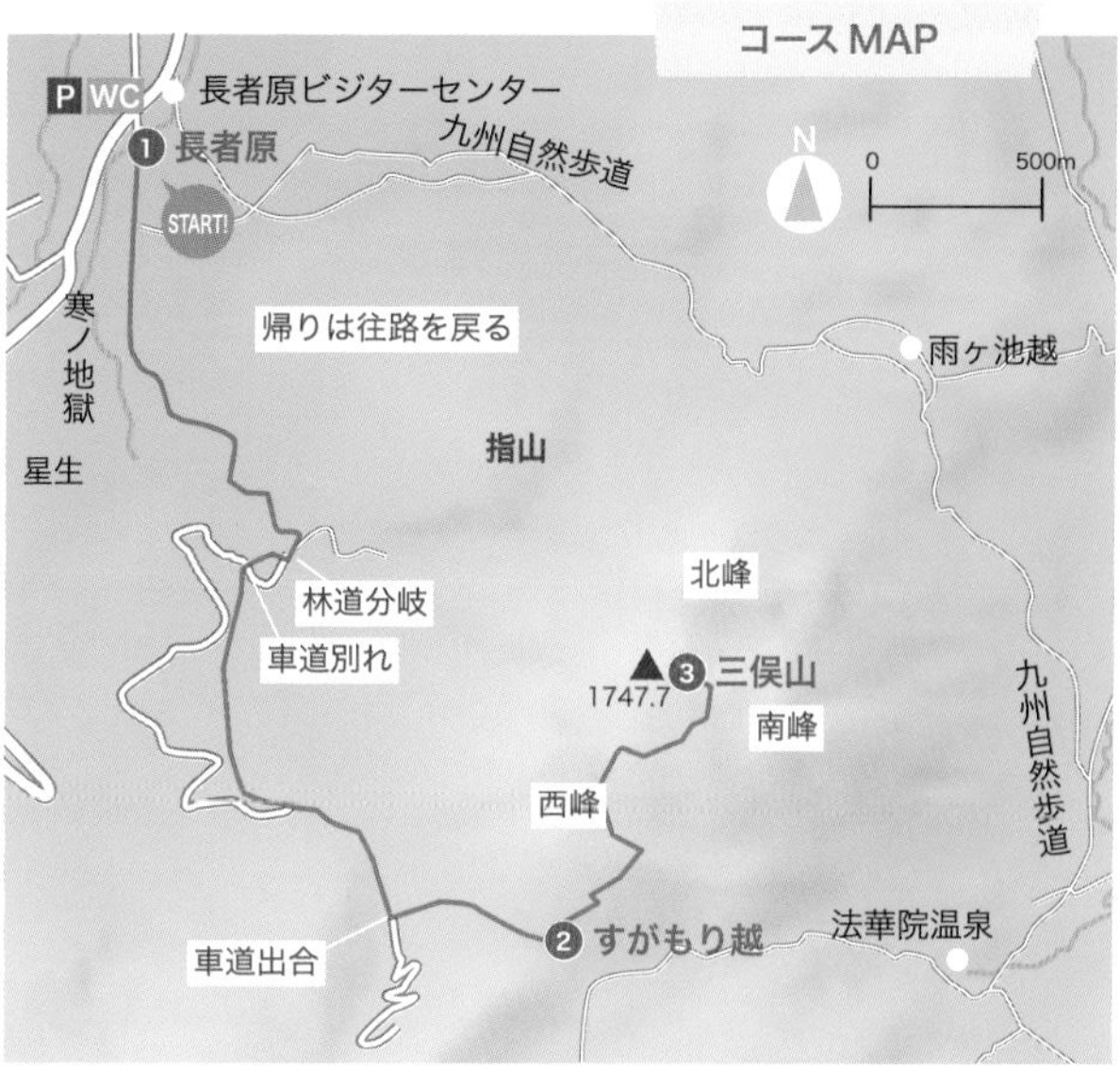
コースMAP
P WC
長者原ビジターセンター
1 長者原
九州自然歩道
N
0
500m
START!
寒ノ地獄
帰りは往路を戻る
雨ヶ池越
指山
星生
北峰
林道分岐
車道別れ
3 三俣山
1747.7
南峰
九州自然歩道
西峰
車道出合
2 すがもり越
法華院温泉

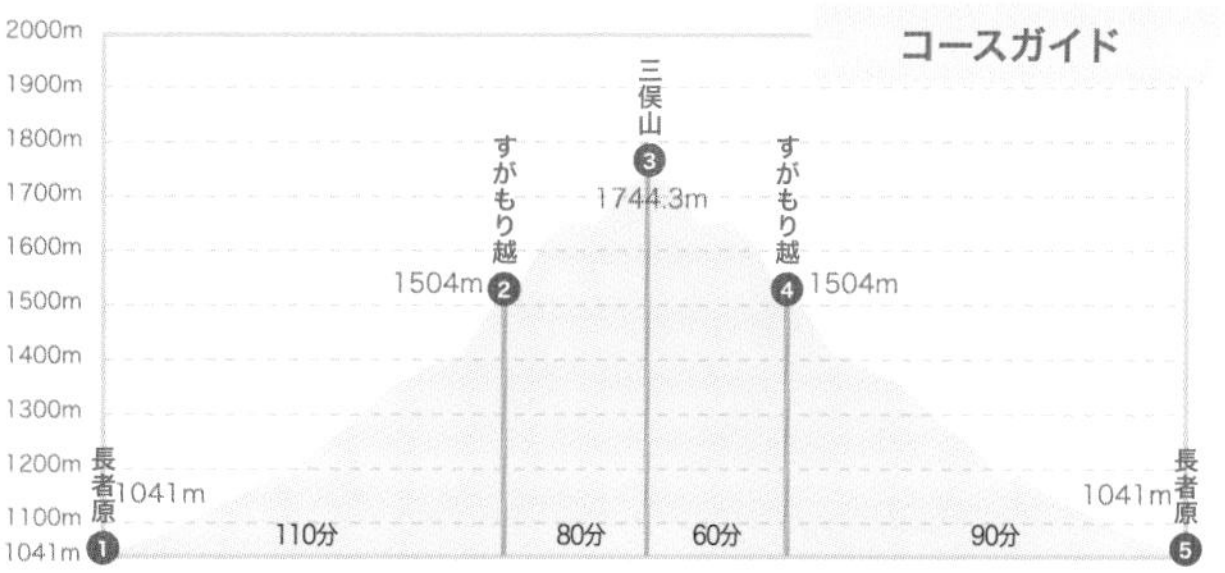
コースガイド
2000m
1900m
1800m
1700m
1600m
1500m
1400m
1300m
1200m
1100m
1041m
長者原 1041m 1
すがもり越 1504m 2
三俣山 3 1744.3m
すがもり越 4 1504m
長者原 1041m 5
110分
80分
60分
90分

立ち寄りスポット

▼九重"夢"大吊橋。高さ173m(水面より)、長さ390mで、歩行者専用橋としては日本有数の高さと長さ。日本の滝百選の震動の滝や、紅葉の美しい九酔渓(鳴子川渓谷)の雄大な景色を望むことができる
問/九重"夢"大吊橋管理センター
大分県玖珠郡九重町大字田野1208
TEL0973-73-3800

四季の魅力

▲ミヤマキリシマ、ツクシシャクナゲとともに、西峰ではコケモモが美しい。なお、すがもり越周辺では火山ガスに注意を払う必要がある。登山時の情報確認を

三俣山DATA

●おすすめ登山シーズン
3月〜11月
●トイレ
登山口
●駐車場
長者原登山口(約450台)
●アクセス
長者原へはJR久大線豊後中村駅から九重町コミュニティバスバス利用。車の場合、大分道九重ICより約40分

●お問合せ 長者原ビジターセンター TEL0973-79-2154

阿蘇の山

火の国九州の中心に位置する
阿蘇エリアは
フェニックスのごとき
転生の山でもある

阿蘇の山
MAP
福岡
佐賀
大分
杵島岳
P56
烏帽子岳（阿蘇）
P58
宮崎
鹿児島

▲気軽なアプローチで素晴らしい風景と草原のさわやかさを体感できる

草千里から阿蘇展望の草原を周遊

杵島岳《きしまだけ》

体力度
★☆☆☆☆

日程
日帰り

歩行時間
30分

歩行距離
2km

累計標高差
193m

標高
1326m

草千里ヶ浜は阿蘇観光の中でもひときわ人気が高いスポットだ。たおやかに広がる草原と、窪地に溜まった池の風景は、訪れる誰の心をも和ませてくれる。レストハウスや阿蘇火山博物館があり、観光バスなども停留所を置く。乗馬体験は子ども達に大人気だ。南に烏帽子岳をいただくが、北にあるのが杵島岳。

火山博物館の裏手に登山口❶があり、右へコンクリートの遊歩道を歩いて行く。山頂には2つのルートがあり、どちらも杵島岳をつくった噴火口である。眼前には往生岳がそびえるが、2016年の熊本地震により通行不能。地元の阿蘇市などで情報を確認いただきたい。往生岳に立ち寄ると約3時間のコースになるが、今回は30分で気軽に頂上を目指す。

火口の北をたどって、草付きの杵島岳山頂❷へ。初夏であればイワカガミの見事な群落を見ることができるだろう。噴煙の中岳方面、草千里ヶ浜、米塚などの山々と草原・阿蘇カルデラを眺める。晴れた日は雲仙・普賢岳も見える。

下りはコンクリート道を、展望を楽しみながらのんびりと行く。

ワンポイントアドバイス

▲鞍部から往生岳は、夏は草が深い場合がある。古坊中を登山口とし、美智子妃記念植樹の展望台地を経由して登るルートも良い

▲多様な種類の草花を見ることができる

▲草千里浜の火口跡

▲登山口

コースMAP

往生岳
鞍部
1326
杵島岳
浅い火口跡
111
START!
復旧中
登山口
阿蘇火山博物館
N
草千里ヶ浜
0
500m

コースガイド

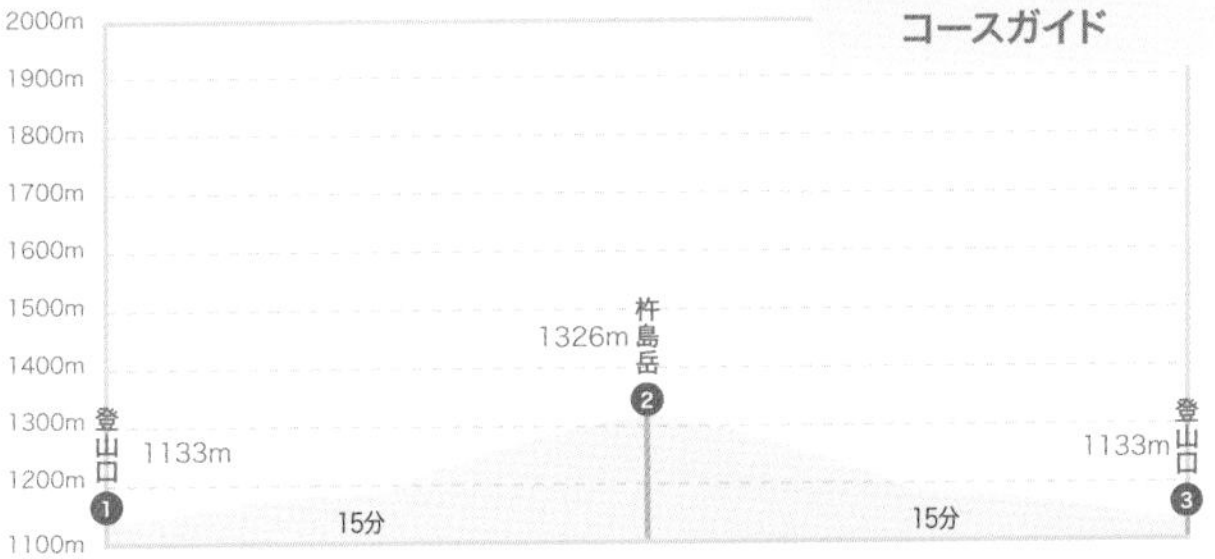
2000m
1900m
1800m
1700m
1600m
1500m
1400m
1300m
1200m
1100m
登山口 1133m
杵島岳 1326m
登山口 1133m
15分
15分

立ち寄りスポット

▼阿蘇火山博物館。阿蘇や日本の火山、世界の火山を展示。現在活動中の中岳火口壁に設置した2台のカメラがとらえた火口の生中継も行っている
問／熊本県阿蘇市赤水1930
TEL0967-34-2111

四季の魅力

▲春の野焼きの後、高原の草原には様々な野の花が顔を出す。またミヤマキリシマ、イワカガミ(上写真)なども美しい

杵島岳DATA

●おすすめ登山シーズン
3月～11月
●トイレ
草千里周辺
●駐車場
有り
●アクセス
九州自動車道熊本ICより約50分。九州産交通バス草千里阿蘇火山博物館前バス停下車

●お問合せ 阿蘇火山博物館 TEL0967-34-2111
阿蘇市役所 観光課 TEL0967-22-3174
写真提供:阿蘇火山博物館(P56～59)

▲山麓には共同浴場「すずめの湯」で有名な地獄温泉、垂玉温泉などがあり、山頂から北は草千里ヶ浜が広がる

急斜面の南側から、たおやかな草千里へ

烏帽子岳《えぼしだけ》（阿蘇《あそ》）

体力度
★★☆☆☆

日程
日帰り

歩行時間
1時間50分

歩行距離
3.5km

累計標高差
206m

標高
1337m

南阿蘇方面から眺めると急峻な印象があり、山麓には共同浴場「すずめの湯」で有名な地獄温泉、垂玉温泉などを擁する。

北側には一転、たおやかな牧草地帯の草千里が広がる。

与謝野寛が、まだ学生の身分だった太田正雄、北原白秋、平野万里、吉井勇の四人を連れて旅した記録、紀行文『五足の靴』にも登場する山行ルートは2016年の熊本地震により通行不可。ハイキング感覚で気軽に登ることができる今回は、草千里展望台駐車場付近の登山口から草千里を時計回りに進む東回りコースを紹介しよう。

登山口❶から尾根への登り❷にかけては平坦な牧草地で歩きやすい。❷からは草千里の中に下り、烏帽子岳の尾根道に沿ってやや険しい道。尾根上では野焼きすぐだと草千里を見下ろすことができ、アソキスミレ、春にはリンドウ、イワカガミとミヤマキリシマの大群落が見事。東回り登山道合流点❸で振り返ると中岳の噴煙が見える。

進んでいくと山頂があるが、手前10mほどで通行止め（山頂手前❹）。北には草千里ヶ浜が広がり、南側斜面は大崩落が荒々しく、地震の爪痕が刻まれている。そのまま一周ができないので、帰りは往路を戻る。

ワンポイントアドバイス

▲中腹のベンチから先は複雑な地形となる。また野焼きのシーズンなどは入山規制もあるので注意

▲毎年5月末に南阿蘇村観光協会の主催で山開きが行われる

▲草千里遠景

コースMAP

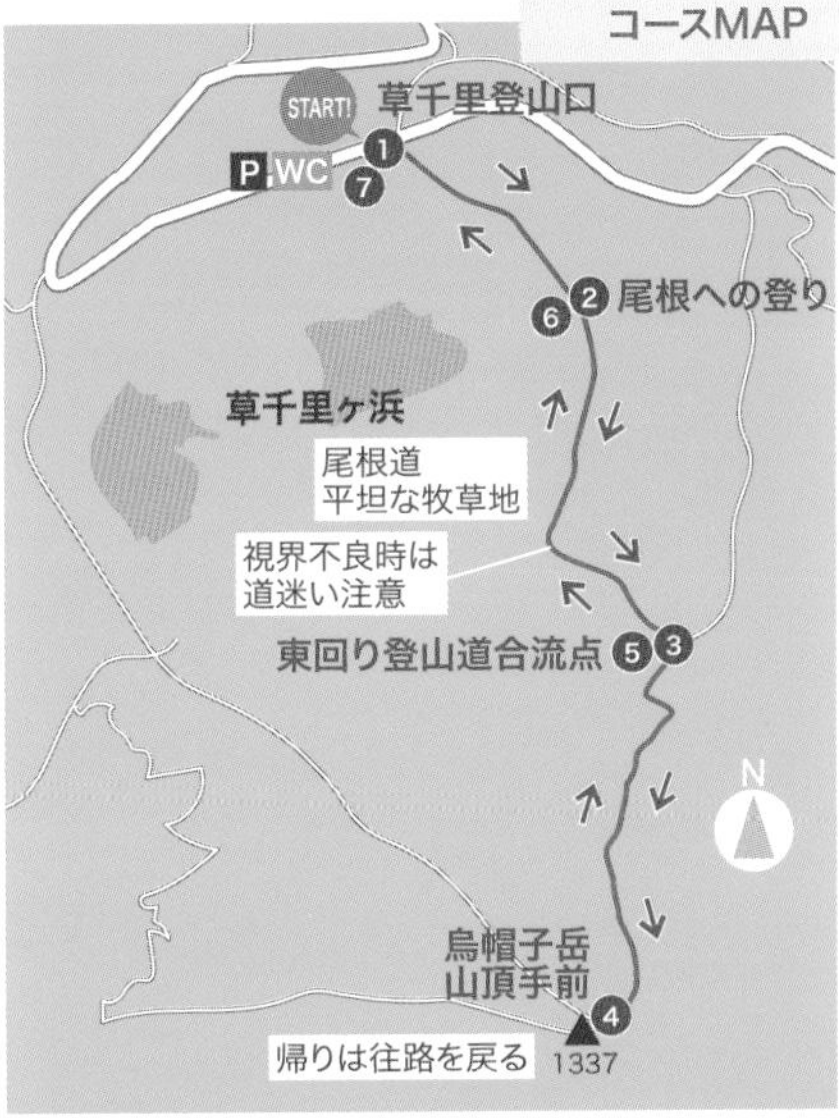
START!
草千里登山口
P.WC
1
7
2
6
尾根への登り
草千里ヶ浜
尾根道
平坦な牧草地
視界不良時は
道迷い注意
東回り登山道合流点
5
3
N
烏帽子岳
山頂手前
4
帰りは往路を戻る
1337

▲冬の烏帽子岳

立ち寄りスポット

▼金竜の滝の麓にあった山口旅館が2021年に立ち寄り湯スポット「瀧日和」としてリニューアル。家族風呂やカフェ、滝を望む露天風呂がありデイキャンプも楽しめる

四季の魅力

▲野焼きによって維持される阿蘇の草原には様々な植物や昆虫、野鳥が生態系を形作っている。高原の花や生き物を観察しながら、贅沢な時間を過ごそう

●お問合せ みなみあそ村観光協会 TEL0967-67-2222

烏帽子岳(阿蘇)DATA

●おすすめ登山シーズン
3月～6月、8月～11月

●トイレ
草千里展望台駐車場、火山博物館

●駐車場
草千里展望台

●アクセス
熊本ICより約50分。九州産交通バス草千里阿蘇火山博物館前バス停下車

佐賀・長崎の山

有明海に命を吹き込むのは
この山々の豊かさだ
西海を望む頂を中心に

佐賀・長崎の山
MAP
有明山
P74
福岡
九千部山
P64
黒髪山
P62
天山
P66
烏帽子岳（佐世保）
P72
多良岳
P68
普賢岳
P70
熊本

▲夫婦岩の間を登り、頂上の天童岩へと進む

やきものの町の背後にそびえる独特のシルエット

黒髪山《くろかみやま》

体力度
★★☆☆☆

日程
日帰り

歩行時間
3時間30分

歩行距離
9km

累計標高差
530m

標高
516m

雌岩・雄岩がそそり立つ黒髪山は武雄市と伊万里市、有田町にまたがる連山になっている。名前の由来には諸説あり、黄泉の国でイザナミノミコトに追いかけられたイザナギノミコトが投げた髪がこの山にとまったからという説もある。これを眺めながらのコースを紹介する。

武雄市宮野バス停そばの黒髪神社下宮❶がスタート。黒髪少年自然の家を経て舗装道を乳待坊展望台❷へと向かう。その先、未舗装の車道を進むと、雄岩と雌岩からなる夫婦岩の間を抜ける石段がある。これを登ると見返峠❸に到着。左へ折れ山頂へと進む。途中、夫婦岩の眺めが良い露岩がある。黒髪山山頂❹となる天童岩の下から鎖場や鉄バシゴを登る。山頂からは360度の絶景が見渡せる。

天童岩直下へと戻り西光密寺❺、太鼓岩不動尊❻、カザハヤ峠❼を経て宮野へと下って行く。ほとんどが車道で、カザハヤ峠には展望所も。二ノ鳥居、一ノ鳥居から出発点❽へ。

ワンポイントアドバイス

▲黒髪山登山には、竜門ダム側の登山口竜門渓谷を経て登るコースもあり、苔むした渓谷の流れを楽しみながらの登山は夏場に人気が高い。マイカー利用が中心となるが、トイレが備わった駐車場が整備されている

▲黒髪山山頂、天童岩

▲山頂からの絶景

コースMAP

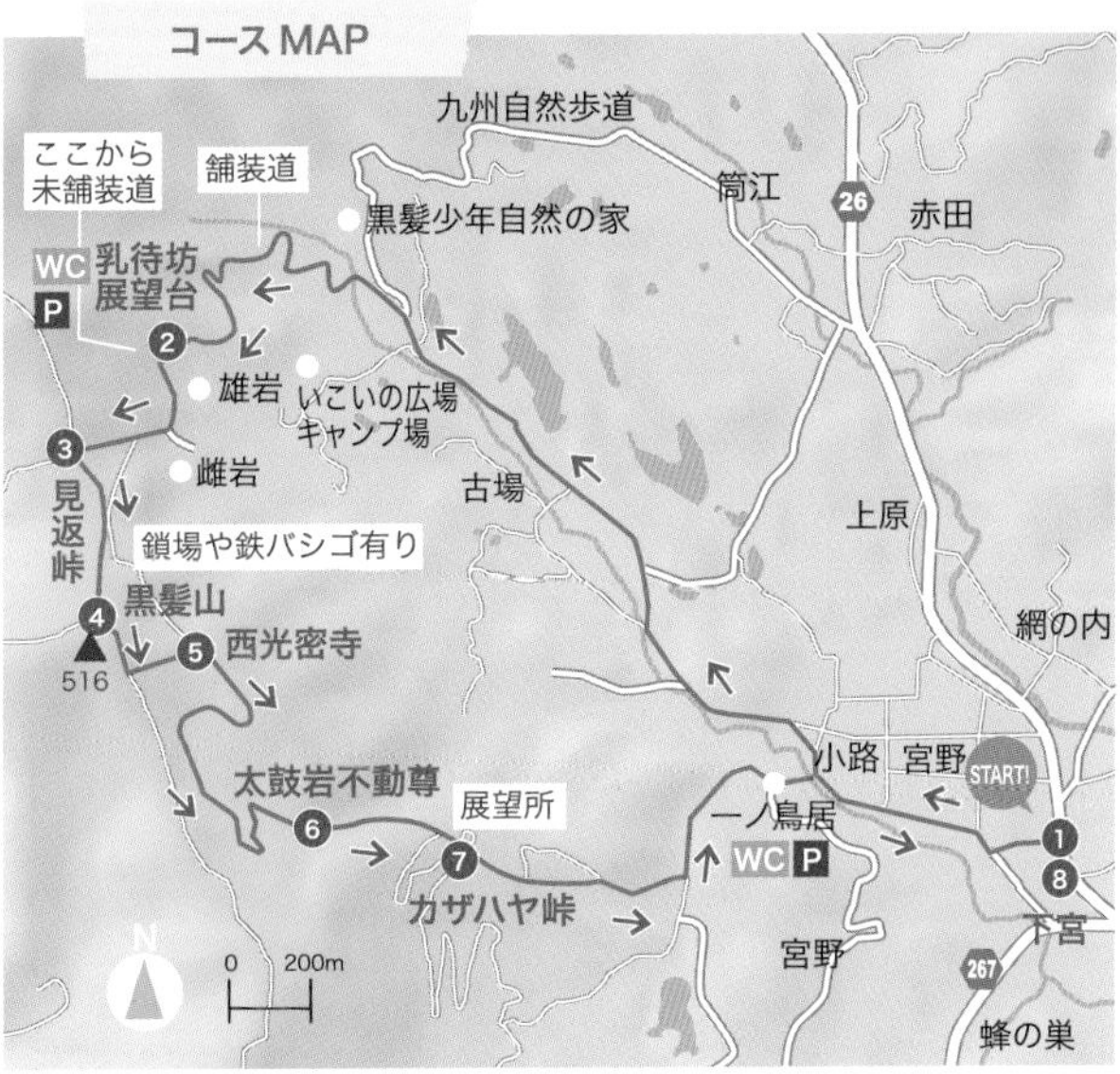
九州自然歩道
ここから未舗装道
舗装道
黒髪少年自然の家
筒江
26
赤田
WC
P
乳待坊展望台
2
雄岩
いこいの広場キャンプ場
3
雌岩
古場
上原
見返峠
鎖場や鉄バシゴ有り
4
黒髪山
5
西光密寺
516
網の内
小路
宮野
START!
太鼓岩不動尊
展望所
一ノ鳥居
6
7
WC
P
1
8
カザハヤ峠
下宮
宮野
267
蜂の巣
N
0
200m

コースガイド

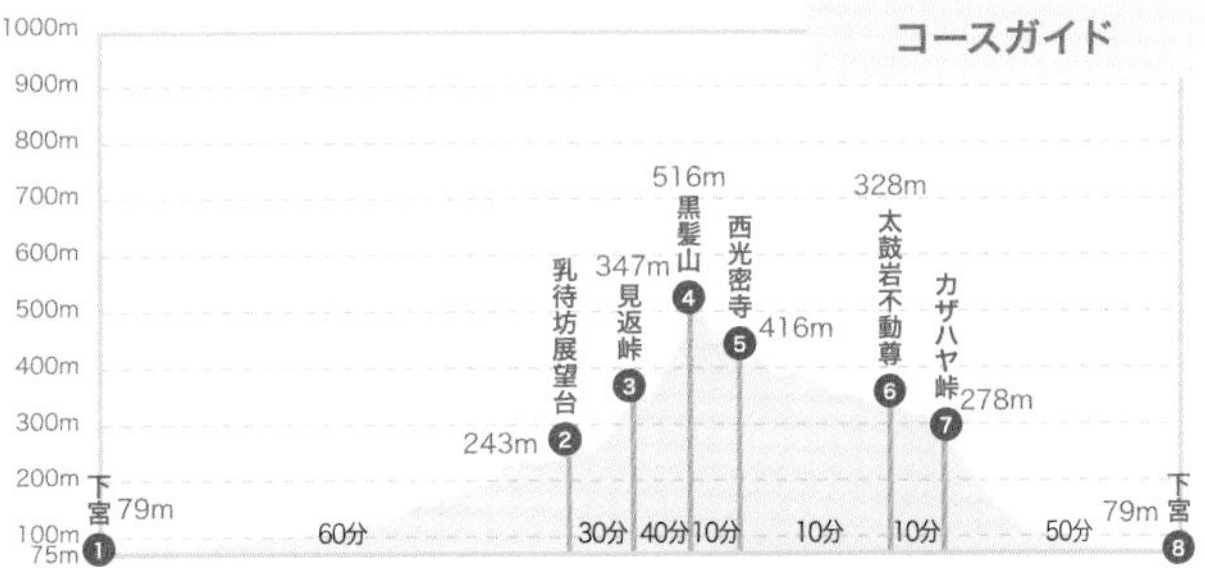
1000m
900m
800m
700m
600m
500m
400m
300m
200m
100m
75m
下宮
79m
1
乳待坊展望台
243m
2
見返峠
347m
3
黒髪山
516m
4
西光密寺
416m
5
太鼓岩不動尊
328m
6
カザハヤ峠
278m
7
下宮
79m
8
60分
30分
40分
10分
10分
10分
50分

立ち寄りスポット

▼黒髪山の麓にある「乳待坊(ちまちぼう)公園いこいの広場」はキャンプ場として利用ができる。その他、本場のテントサウナの貸出しも行っている。また、周辺では武雄焼の窯元のギャラリー巡りが楽しめる

受付・予約/乳待坊公園管理人
TEL080-2157-0357

四季の魅力

▲春の桜の時期には、桜の花びらと岩山のコントラストが美しい。野鳥の宝庫としても知られ、ヤイロチョウ、サンコウチョウ、アカショウビンなどが生息している

黒髪山DATA

●おすすめ登山シーズン
3～6月、9～11月

●トイレ
乳待坊展望台駐車場、一ノ鳥居駐車場

●駐車場
乳待坊展望台駐車場、一ノ鳥居駐車場

●アクセス
JR三間坂駅からバス「伊万里行き」にて「宮野」下車、JR伊万里駅からバス「武雄行き」にて「宮野」下車(本数は少ない)。JR三間坂駅より黒髪神社下宮徒歩40分

●お問合せ 武雄市商工観光課 TEL0954-23-9237

▲頂上付近にはアンテナもあるが、展望は抜群だ。視界が良い時には雲仙普賢岳を望めることも

南に有明海、北に博多湾を展望

九千部山《くせんぶさん》

体力度
★★★☆☆

日程
日帰り

歩行時間
4時間50分

歩行距離
9.5km

累計標高差
771m

標高
847.5m

佐賀県と福岡県をまたぐ脊振山地の一角にあり、標高847・5メートルの山頂にはNHKや民放各社の電波塔が多数あり情報発信の要となっている。

山頂までは車でも行けるため、展望台から福岡、佐賀両方面の景色を楽しむ人も多い。その一方で、福岡都市圏や鳥栖市などの貴重な水源となっている山でもあり、山腹には緑濃い自然が残されている。

JR鳥栖駅から西鉄バス「市民の森」行きに乗車。転石バス停❶で下車しスタート。

車道を大谷観音方面へと登っていく。大谷観音入口❸を過ぎ、左手へ城山への分岐があるがそのまま右へ進む。奥ノ院を過ぎると、登山口❹の標識がある。

ここから尾根につけられた登山道を進んで行く。水場❺から20～30分ほどで山頂東側❻に着く。展望台があり、ほぼ360度の風景を見下ろすことができる。近くに駐車スペースがあり、そこまで行くとトイレもある（手洗いは無い）。

帰りは往路を戻るか、各方面に下ることができる。

ワンポイントアドバイス

▲福岡県那珂川方面をはじめとしていくつかの登山ルートがある。山頂まで車で訪れることも可能

▲夏の九千部展望台風景

▲風の見える橋・河内ダム

コースMAP
九州自然歩道
基山町
鳥栖市
帰りは往路を戻る
P WC
6 九千部山
847.5
5 水場
7
4 登山口
8
河内町
大谷観音入口
3
9
採石場
2
10
鳥栖市民の森
329
河内ダム
奥ノ院
N
0 200m
城山
転石バス停
1
11
START!
石谷山
牛原町

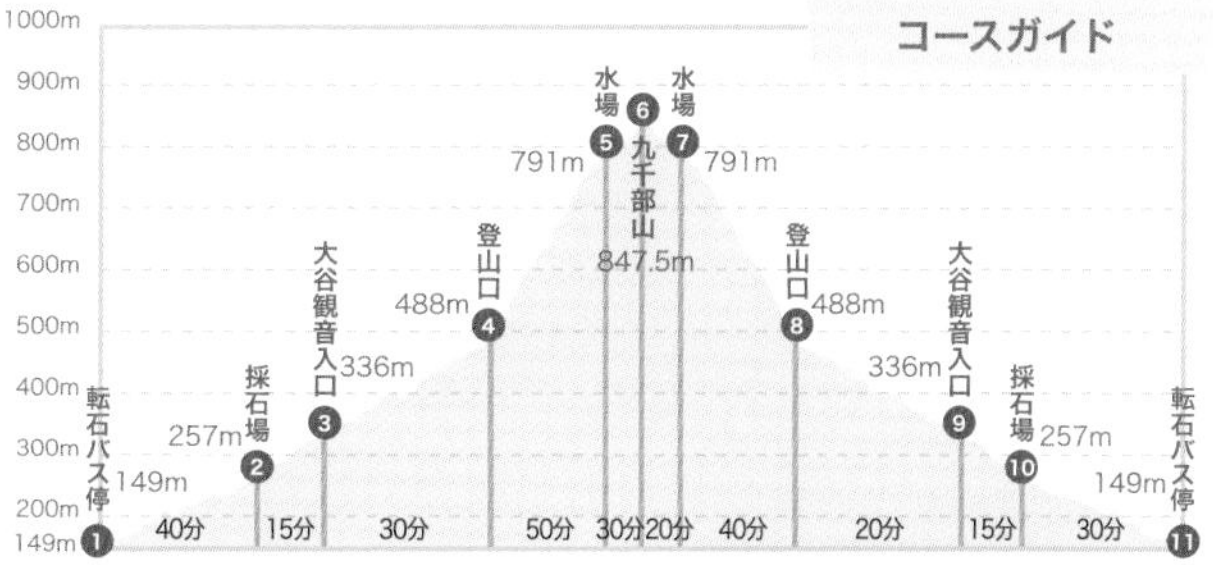
コースガイド
1000m
900m
800m
700m
600m
500m
400m
300m
200m
149m
1 転石バス停 149m
2 採石場 257m
3 大谷観音入口 336m
4 登山口 488m
5 水場 791m
6 九千部山 847.5m
7 水場 791m
8 登山口 488m
9 大谷観音入口 336m
10 採石場 257m
11 転石バス停 149m
40分 15分 30分 50分 30分 20分 40分 20分 15分 30分

立ち寄りスポット

▼コカ・コーラウエスト鳥栖市民の森は、転石バス停から徒歩で約30分、河内ダム湖畔に整備された公園。マイカー利用の場合はここまで来て駐車も一案。近接して「とりごえ温泉　栖の宿」があり、宿泊のほか立ち寄り湯も可。
問／TEL0942-82-5005(栖の宿)

四季の魅力

▲落葉樹の中を歩く登山道は新緑から紅葉、また冬枯れの中と心を癒やしてくれる。豊かな森は渓流を生み、夏もまた涼と出会うことができる

九千部山DATA

●おすすめ登山シーズン
3〜6月、9〜12月

●トイレ
山頂

●駐車場
なし(鳥栖市民の森)

●アクセス
西鉄バス転石バス停。JR鳥栖駅前より約25分

●お問合せ 鳥栖市経済部商工振興課 TEL0942-85-3605

▲頂上から尾根筋に水場はないので持参が必要。山頂周囲は草原が広がる

佐賀平野の名山を手軽に空中散歩

天山《てんざん》

体力度
★☆☆☆☆

日程
日帰り

歩行時間
2時間

歩行距離
4.6km

累計標高差
220m

標高
1046.2m

佐賀県小城市、佐賀市、唐津市、そして多久市にまたがる天山は、佐賀平野を見下ろすシンボル的な山だ。

各地を結ぶ峠が位置しているため車道が整備され、その分登山の対象として意識されることは少なくなってしまった感はあるが、その雄大な展望は色あせることはない。

マイカー、またはタクシーを利用して山頂近くまで行き、尾根道をトレッキングするコースを紹介しよう。

小城市内各所や長崎道小城スマートICや多久ICから25分ほどで九合目駐車場❶に行くことができる。約10台分の駐車スペースがあり、ここが登山口となる。

登山道をわずかに進むと天山神社上宮。登山道は階段状に整備されており、天山とあめ山の鞍部へ至る。あめ山へは20分もあれば往復できる。

鞍部から20分ほどで天山山頂❷へ。ここからは東へと尾根道を歩いて行く。脊振山系の山々を左手に、そして右手には佐賀平野が広々と広がる。草原で眺めが良い。やがて樹林帯へと変わり、七曲峠❸へ到着。

タクシーを手配しておくか、往路を戻る。

ワンポイントアドバイス

天山

▲七曲峠から古湯までは徒歩で約10キロメートル2時間強の道のり。車道歩きとなる。麓から歩いて登る場合は、多久市岸川から九州自然歩道をたどるコースなどがある

▲天山山頂からの眺め

コースMAP

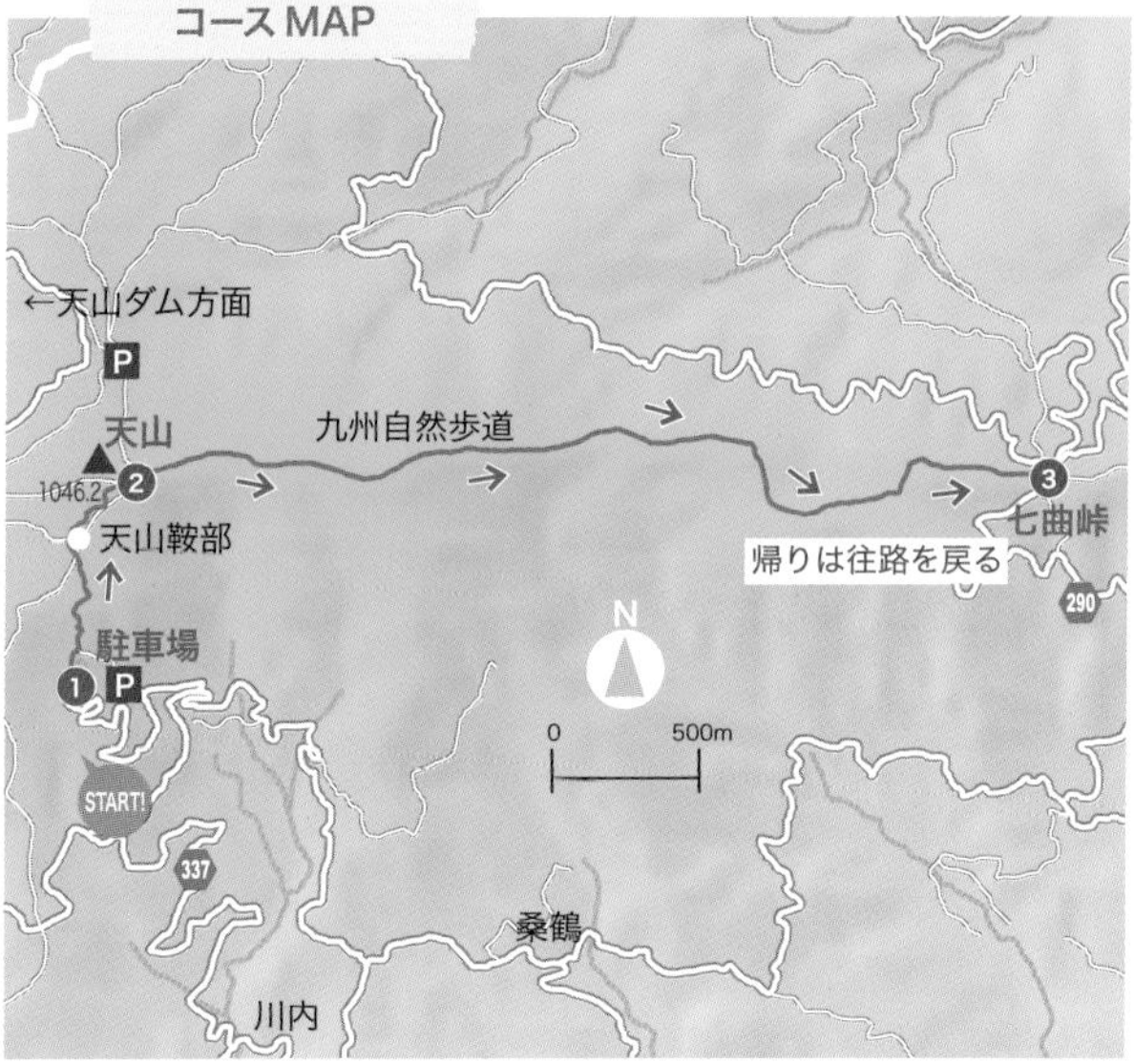
←天山ダム方面
P
天山
1046.2m
九州自然歩道
天山鞍部
駐車場
P
START!
337
七曲峠
帰りは往路を戻る
290
N
0
500m
桑鶴
川内

コースガイド

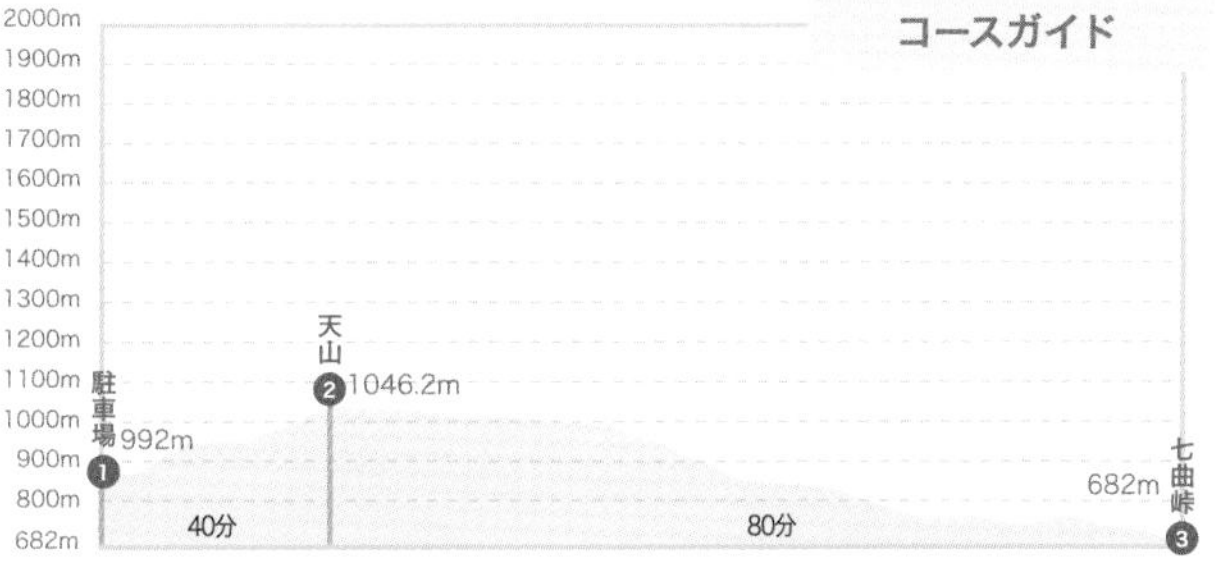
2000m
1900m
1800m
1700m
1600m
1500m
1400m
1300m
1200m
1100m
1000m
900m
800m
682m
駐車場 992m
天山 1046.2m
七曲峠 682m
40分
80分

立ち寄りスポット

▼天山の北東、佐賀市側山麓には古湯温泉がある。昔から、湯治場として親しまれ、嘉瀬川沿いにたたずむ町並みは、静かな温泉郷としての風情をかもしだす。毎年9月には富士町古湯映画祭も開催

四季の魅力

▲天山山系には多くの滝がある。写真の清水の滝は秋の紅葉が楽しめる

●**お問合せ** 小城市商工観光課商工観光係 TEL0952-37-6129

天山DATA

●**おすすめ登山シーズン**
3〜6月、9〜11月

●**トイレ**
天山神社 上宮付近

●**駐車場**
スタート地点の駐車場に約10台

●**アクセス**
小城市内より県道337号線経由約40分

▲10月下旬から11月上旬にかけて紅葉が山を染める。登山客も多くなる

太良町中山キャンプ場から金泉寺経由で山頂へ

多良岳《たらだけ》

体力度
★★★☆☆

日程
日帰り

歩行時間
3時間30分

歩行距離
3.5km

累計標高差
445m

標高
996m

佐賀県、長崎県の県境に位置する多良岳。長崎側から登る場合は黒木、あるいは轟峡からとなる。

佐賀側からの登山の際、起点となるのは中山キャンプ場❶だ。太良町の市街地より車で20分程（2021年度は閉場している）。

多良岳神社の鳥居が登山口となる。石段のジグザグの急な坂を登り幸福坂へ。ここからは平坦な道が見上坂まで続く。再び傾斜が増し、夫婦坂より急坂を登って行くと金泉寺分岐❷へ出る。

金泉寺の開祖は弘法大師・空海と伝えられ、信仰の霊地として栄えた歴史も持つ。

左に石段を登り、鎖場を途中越え小尾根へ。すぐに多良岳山頂❷となる。山頂は広く、石祠が祀られている。樹木によって眺望は今ひとつだが、眺望を得たいのならば前岳、あるいは本多良と呼ばれる東峰（982・7m）を目指す。東峰は岩が多く、座禅岩と名のついた大岩からの眺めはスリル満点。鬼の岩屋という大岩も。帰りは往路を戻る。

ワンポイントアドバイス

▲東峰へは急坂をいったん鞍部へ降り、そこからの登りとなる。往復で1時間強。また下りを長崎側にとる場合、黒木はバスの連絡があるが轟峡は便数が少ないので注意

▲金泉寺

▲座禅岩の眺め

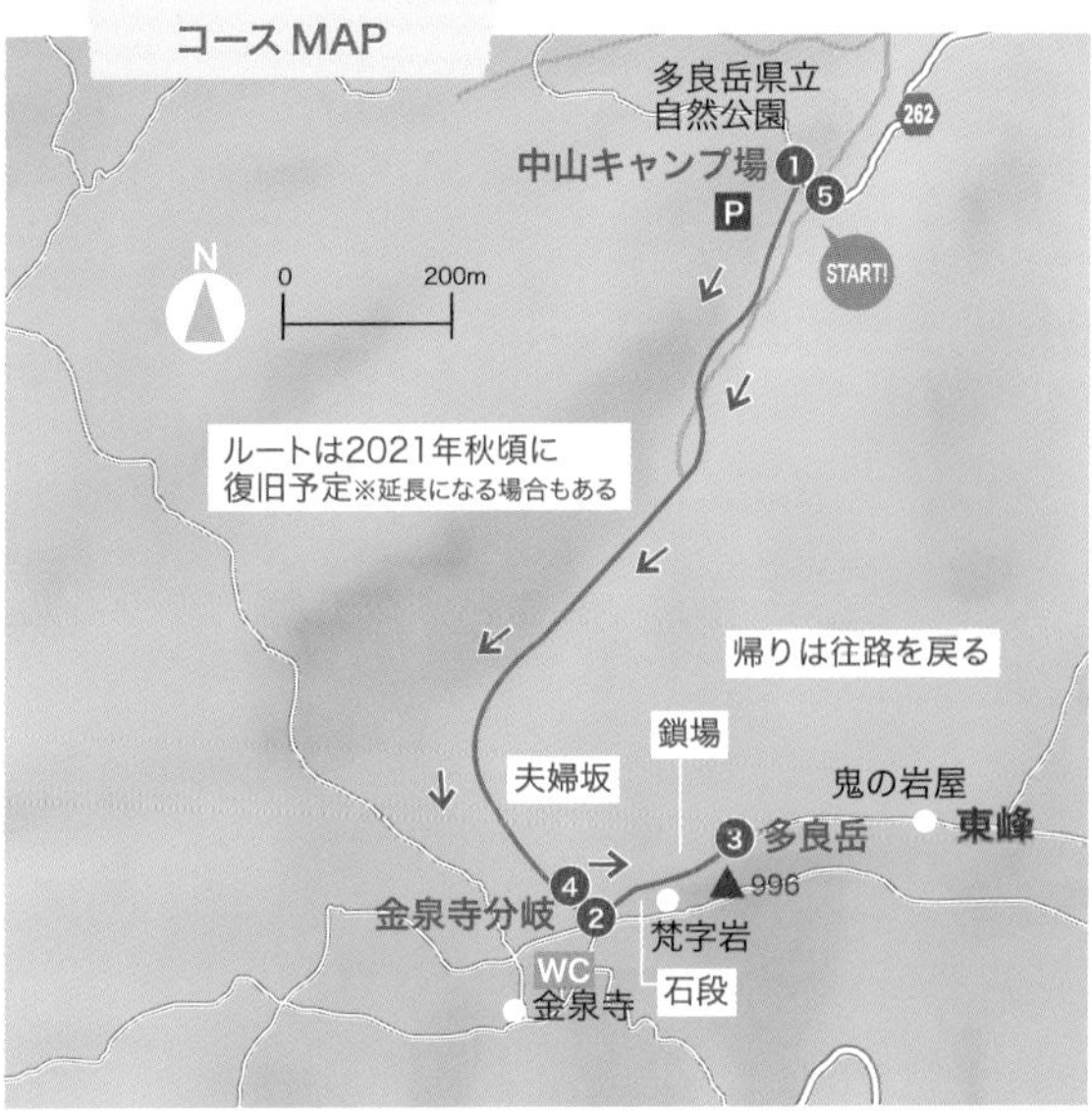
コースMAP
多良岳県立
自然公園
262
中山キャンプ場 1
P
5
START!
N
0
200m
ルートは2021年秋頃に
復旧予定※延長になる場合もある
帰りは往路を戻る
鎖場
夫婦坂
鬼の岩屋
3 多良岳
東峰
▲996
4
金泉寺分岐
2
梵字岩
WC
金泉寺
石段

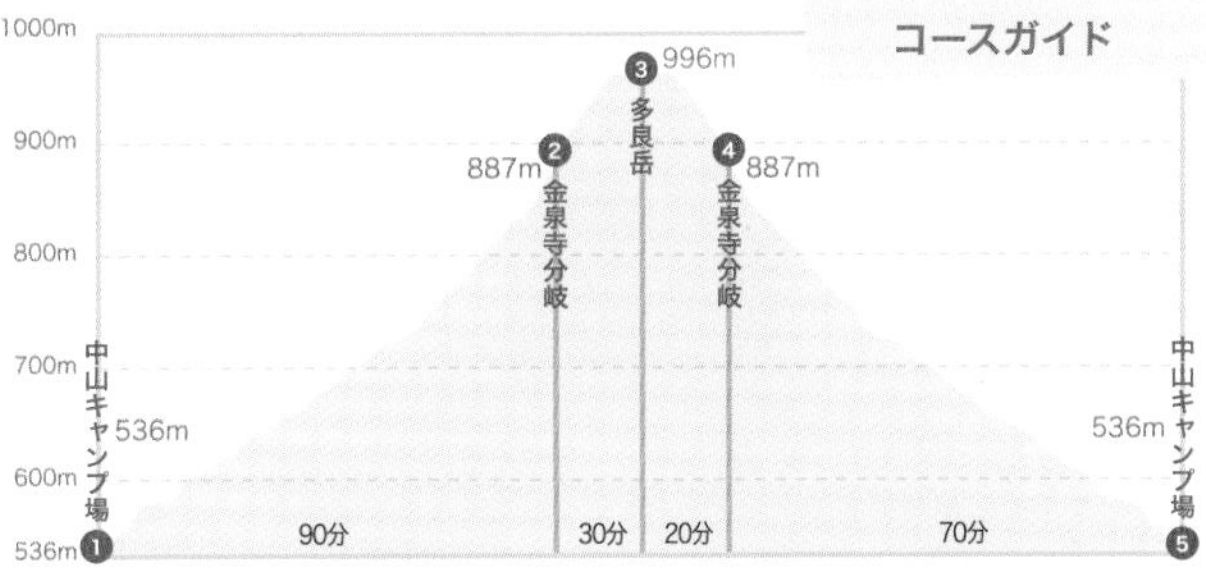
コースガイド
1000m
900m
800m
700m
600m
536m
1 中山キャンプ場 536m
2 887m 金泉寺分岐
3 996m 多良岳
4 887m 金泉寺分岐
5 中山キャンプ場 536m
90分
30分
20分
70分

立ち寄りスポット

▼最近人気上昇中なのが竹崎温泉。有明海を眺めながらの露天風呂や竹崎かにの料理が好評だ。問／TEL0954-67-0065（太良町観光協会）

四季の魅力

▲7月中旬～8月上旬には、登山口付近にオオキツネノカミソリが一斉に開花する。中山キャンプ場の営業は夏休み。なお、金泉寺には長崎県営山小屋がある

多良岳DATA

●おすすめ登山シーズン
3～11月
●トイレ
金泉寺
●駐車場
中山キャンプ場
●アクセス
長崎自動車道武雄北方ICから国道498号線、国道207号線を経由し、県道252号線を多良岳方面へ約20分の場所にある

●お問合せ 太良町観光協会 TEL0954-67-0065

▲雲仙仁田峠と平成新山。平成新山も噴火から時間が経つにつれ徐々に緑が増えてきた

仁田峠から平成新山を望む山上へ

普賢岳《ふげんだけ》

体力度
★★☆☆☆

日程
日帰り

歩行時間
2時間55分

歩行距離
5.6km

累計標高差
800m

標高
1359.3m

　平成3年5月20日初めての溶岩ドームが出現して以来、実に13の溶岩ドームが誕生した。火砕流では、尊い人命が多く奪われた。現在、噴火活動はようやく収まり山頂は雲仙岳の最高峰となっている（縮小や崩壊などで標高は変動中）。

　国内屈指のリゾート地、雲仙から仁田峠❶へと車で上がり、後半に備えて体力を温存するため展望台❷までの登りはロープウェイを利用。約5分で妙見岳駅に到着できる。

　展望台からは仁田峠と雲仙方面の眺望が素晴らしい。

　国見岳へと進む。国見岳山頂❸からは３６０度の眺望で、普賢岳越しに平成新山を望む。有明海の向こうに多良岳の姿も。

　分岐点まで後戻り、左折して紅葉茶屋から立岩の峰❹方面を目指そう。ここでは平成新山の姿を目の前にすることができる。

　ここから普賢岳❺へと進み、木々の間から山頂へ。素晴らしい眺望で、ここからも眼前に平成新山を見ることができる。

　帰路は、紅葉茶屋❻からアザミ谷を経由し徒歩で仁田峠❼へと戻る。

ワンポイントアドバイス

▲平成新山の雄大な風景を間近で見ることができる

▲有明町グリーンロードより見える普賢岳

▲妙見岳霧氷

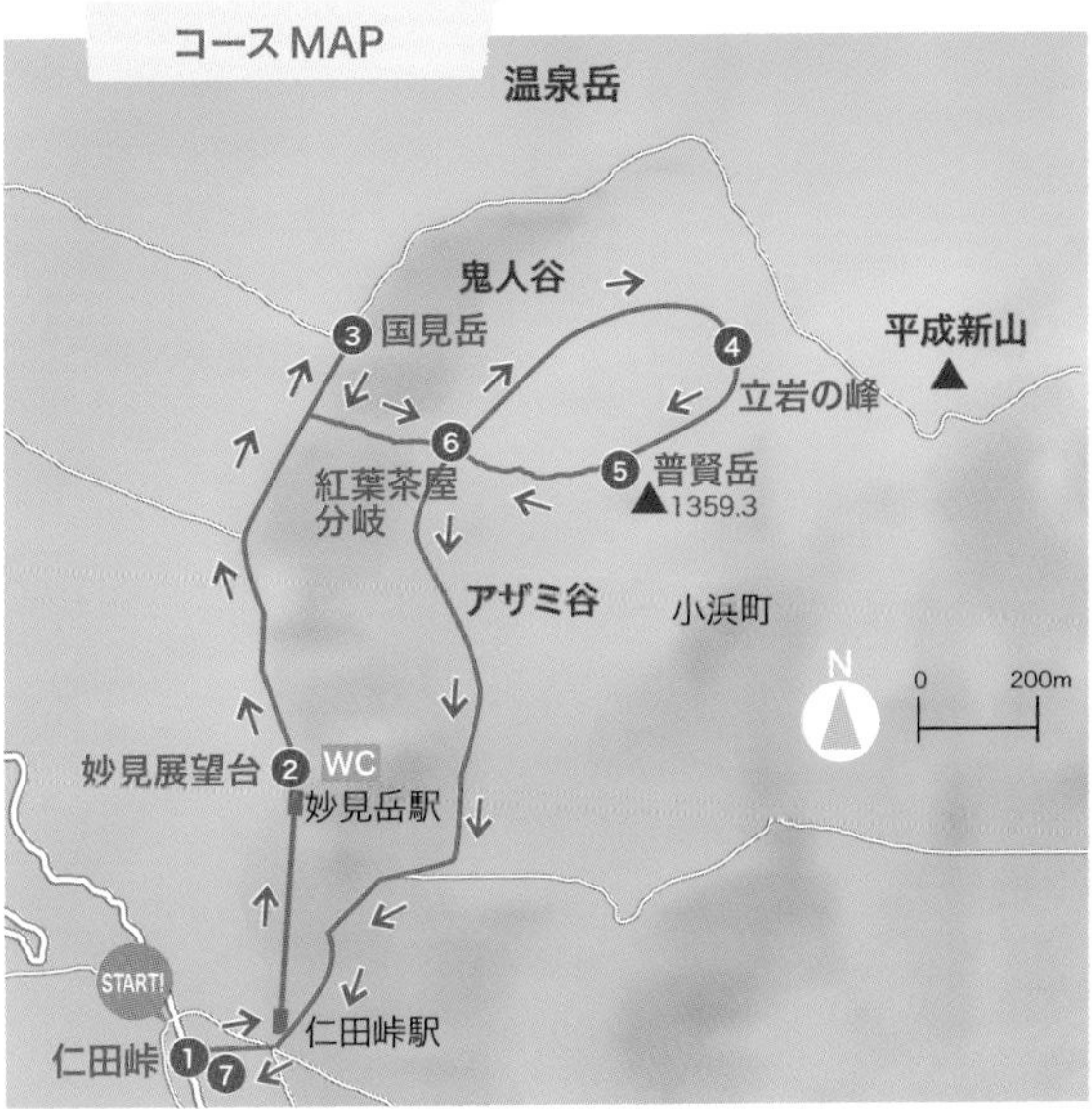
コースMAP
温泉岳
鬼人谷
3 国見岳
4
立岩の峰
平成新山
6
5 普賢岳
1359.3
紅葉茶屋
分岐
アザミ谷
小浜町
N
0
200m
妙見展望台 2 WC
妙見岳駅
START!
仁田峠駅
仁田峠 1 7

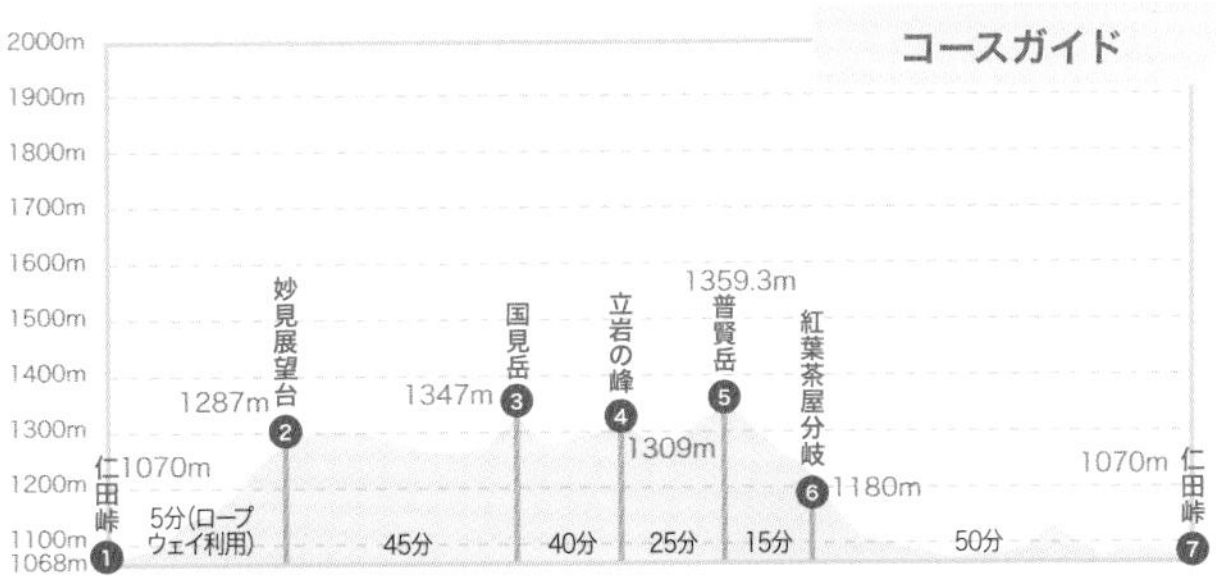
コースガイド
2000m
1900m
1800m
1700m
1600m
1500m
1400m
1300m
1200m
1100m
1068m
仁田峠 1070m 1
妙見展望台 1287m 2
国見岳 1347m 3
立岩の峰 4 1309m
1359.3m 普賢岳 5
紅葉茶屋分岐 6 1180m
1070m 仁田峠 7
5分(ロープウェイ利用)
45分
40分
25分
15分
50分

立ち寄りスポット

▼雲仙や小浜など温泉も近く、立ち寄り場所には事欠かない(写真は小浜温泉の足湯)

四季の魅力

▲春のミヤマキリシマと秋の紅葉、冬の霧氷と、四季を通じて自然が豊か。ロープウェイの活用なども検討したい。冬場は道路規制にも注意。写真は仁田峠のミヤマキリシマ

普賢岳DATA

●おすすめ登山シーズン
3～5月、9～11月
●トイレ
駐車場、妙見展望台
●駐車場
池ノ原園地
●アクセス
雲仙温泉街より車で15分

●お問合せ 雲仙温泉観光協会 TEL0957-73-3434

▲海自艦艇を始め、佐世保港に停泊する船を一望する山頂からの眺め

市民憩いの山から佐世保港を見下ろす

烏帽子岳《えぼしだけ》（佐世保《させぼ》）

体力度
★★☆☆☆

日程
日帰り

歩行時間
3時間25分

歩行距離
6.5km

累計標高差
475m

標高
約568m

烏帽子岳は佐世保を代表する山のひとつで、その美しい姿から、佐世保富士とも呼ばれている。

九合目に駐車場があり、ここまで車で乗り入れることが可能。360度のパノラマが広がる山頂風景を見ようと訪れる人も多い。麓まで住宅地が迫り、児童の遠足なども含め、市民に最も身近な山のひとつだ。

西肥バス山祇町バス停❶から東に山祇登山口❷へ。ルートは九州自然歩道となっている。

自然林の中、よく整備された登山道を進み、小佐世保分岐❸に出るが、小佐世保方面は歩行できなくなっている。

いったん市道に出て、ショートカットするように再び登山道を歩く。

テレビ塔前登山口❹からはまっすぐ山頂へ。

最後の急な木段を登ると山頂❺だ。市街地と佐世保港、弓張岳をはじめ遠近の山々、そして、九十九島、平戸、五島列島など西海国立公園の美しい光景が広がる。

帰りは樹相豊かな西の森❻を散策しながらテレビ塔前登山口❼まで降り、往路を下る。

ワンポイントアドバイス

▲山頂近くまで車で行くことができるためか、登山の対象としての印象を薄めているようだが、里山として実に良い雰囲気を持つ。のんびりと自然と対話しながら歩ける山だ

▲山麓が険しく山頂が平原状という典型的な溶岩台地である。そのため、麓からの道は案外と手応えがある。ここで紹介したルートの他、田代からのものなどの人気が高い。なお九合目からは佐世保駅行きのバスが出ている（便数は少ない）

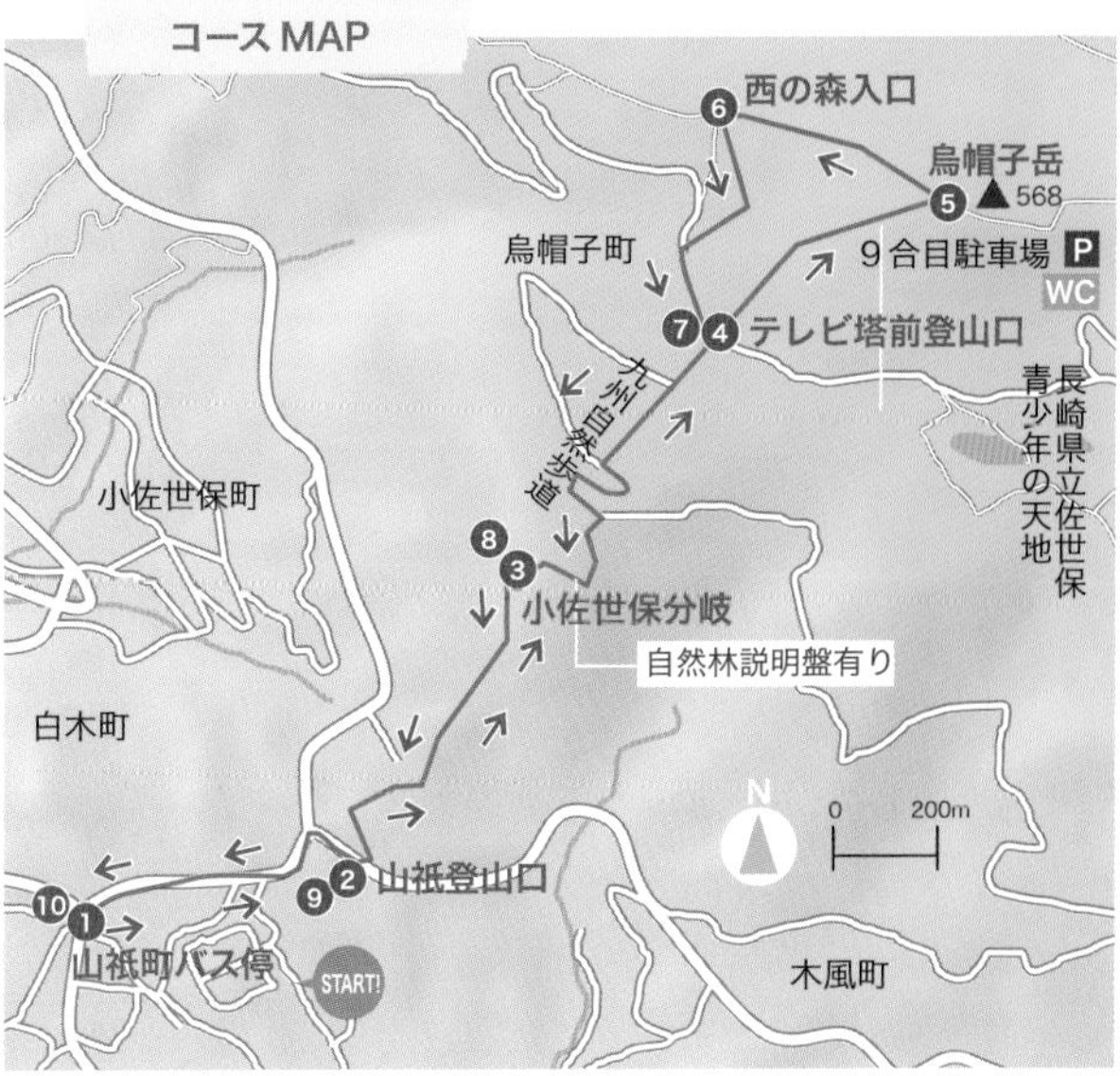
コースMAP
⑥西の森入口
烏帽子岳
⑤▲568
9合目駐車場
P
WC
烏帽子町
⑦④テレビ塔前登山口
九州自然歩道
長崎県立佐世保青少年の天地
小佐世保町
⑧③小佐世保分岐
自然林説明盤有り
白木町
N
0
200m
⑨②山祇登山口
⑩①山祇町バス停
START!
木風町

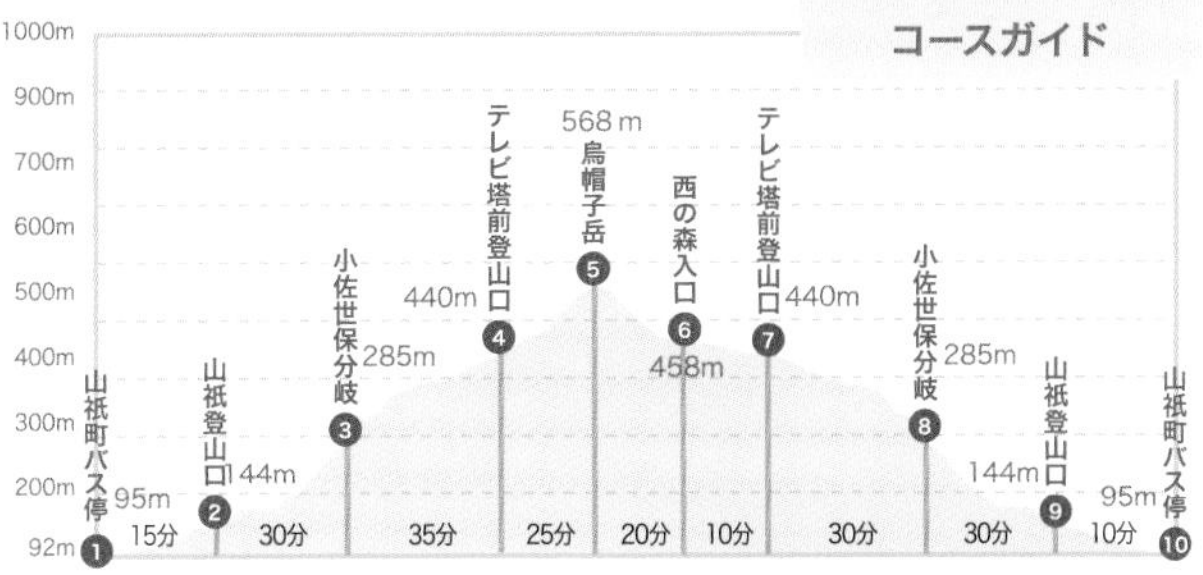
コースガイド
1000m
900m
700m
600m
500m
400m
300m
200m
92m
山祇町バス停 95m
山祇登山口 144m
小佐世保分岐 285m
テレビ塔前登山口 440m
568m 烏帽子岳
西の森入口 458m
テレビ塔前登山口 440m
小佐世保分岐 285m
山祇登山口 144m
山祇町バス停 95m
15分
30分
35分
25分
20分
10分
30分
30分
10分

立ち寄りスポット

▼佐世保を代表するもうひとつの山弓張岳。烏帽子岳からもその姿を望むことが出来る。山腹の「弓張の丘ホテル」には、オーシャンビューの展望温泉も

問／弓張の丘ホテル
長崎県佐世保市鵜渡越町510
TEL 0956-26-0800

四季の魅力

▲佐世保市民にとって心の拠り所となる山で、古くから炭や薪の供給などを通じ里人の生活に密着してきた照葉樹林は、今も自然との触れあいの場だ

烏帽子岳（佐世保）DATA

●**おすすめ登山シーズン**
1〜6月、9〜12月
●**トイレ**
9合目駐車場
●**駐車場**
9合目駐車場
●**アクセス**
西肥バス山祇町バス停下車

●**お問合せ** 佐世保観光情報センターTEL0956-22-6630
写真提供：山浦 浩

▲厳原町の向こう、中央やや左よりが有明山となる。古来から対馬の文化とともに歩んできた

万葉集にも歌われた対馬の名峰

有明山《ありあけやま》

体力度
★★☆☆☆

日程
日帰り

歩行時間
4時間15分

歩行距離
6km

累計標高差
566m

標高
558.2m

国境の島、対馬。近年は韓国からの観光客も増えている。

市役所が置かれる厳原の港に入ると、この有明山の姿が目に入る。「対馬の嶺」と万葉集にも詠まれた。姿が美しく、また山頂付近は広々とした草原で眺めが良く、地元の人たちにも親しまれている山だ。

厳原港から対馬市役所近くの長崎県立対馬歴史民俗資料館（現在は休館中）、または厳原八幡宮へと行き、登山口❶から清水山へと登って行く。

清水山城ルートと遊歩道ルートがあるが、途中数カ所で合流する。往復で道を変えても良い。清水山城は、豊臣秀吉が朝鮮出兵の際に築いた兵站線としての山城。石垣跡が残っている。

山腹の木々の間の登山道を進んで行くと、万松院分岐点❷を過ぎ、有明山と成相山の鞍部に着く。左へと曲がり、標識❸に従って尾根道を進んでいく。

尾根沿いの平坦地とやや急な斜面の繰り返しを登って行き、ススキの草原と空が見えてくれば山頂❺だ。

対馬の山々、そして天気が良ければ玄界灘に浮かぶ壱岐島の姿を見ることが出来る。

ワンポイントアドバイス

▲成相山へは道が荒れていてヤブこぎが必要な場合もあるのでファミリーハイキングなどにはおすすめできない。山頂へは他にもいくつかルートが有る

▲清水山三の丸の眺め

▲対馬藩主宗家菩提寺・万松院

コースMAP

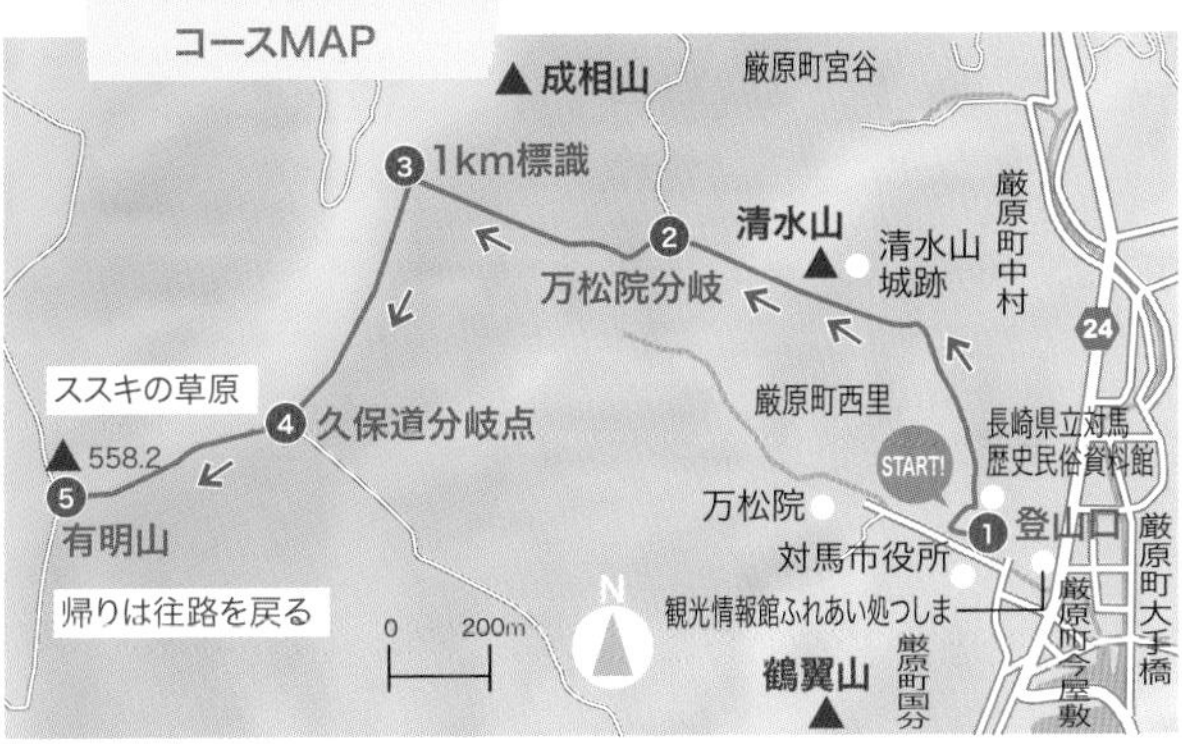
コースMAP
成相山
厳原町宮谷
③1km標識
②清水山
清水山城跡
万松院分岐
厳原町中村
24
ススキの草原
④久保道分岐点
558.2
⑤有明山
厳原町西里
長崎県立対馬歴史民俗資料館
START!
万松院
①登山口
対馬市役所
観光情報館ふれあい処つしま
厳原町大手橋
厳原町今屋敷
厳原町国分
鶴翼山
帰りは往路を戻る
0 200m
N

コースガイド

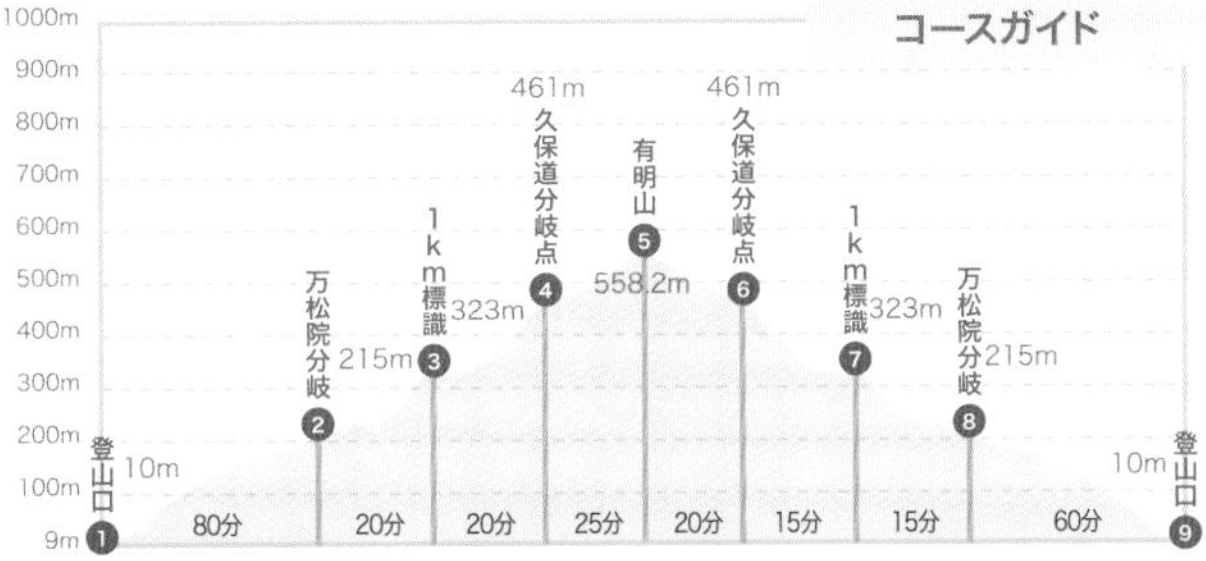
コースガイド
1000m
900m
800m
700m
600m
500m
400m
300m
200m
100m
9m
① 登山口 10m
② 万松院分岐 215m
③ 1km標識 323m
④ 久保道分岐点 461m
⑤ 有明山 558.2m
⑥ 久保道分岐点 461m
⑦ 1km標識 323m
⑧ 万松院分岐 215m
⑨ 登山口 10m
80分
20分
20分
25分
20分
15分
15分
60分

▲シュンラン

▲ギンリョウソウ

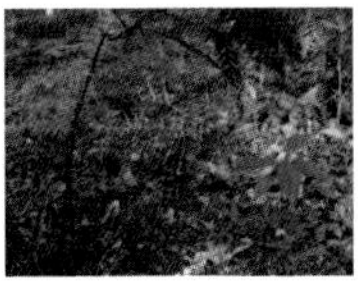

▲アリドオシ

立ち寄りスポット

▼万松院は対馬藩主・宗家の菩提寺。三具足や徳川の位牌が並ぶ。観光情報館ふれあい処つしまには観光案内所があり、土産店、食堂、情報展示スペースが併設。

●観光情報館ふれあい処つしま
長崎県対馬市厳原町今屋敷672-1
TEL0920-52-1566

四季の魅力

▲春のゲンカイツツジを始め多くの植物を楽しむことが出来る。シュンラン、ギンリョウソウ、アリドオシなど季節ごとに様々な彩りで、山行を癒やしてくれる

有明山DATA

●おすすめ登山シーズン
3〜5月、7〜11月

●トイレ
登山道には無し

●駐車場
最寄りの有料駐車場などを利用

●アクセス
博多港よりフェリーにて厳原港1日2〜3往復（壱岐寄港4時間40分）。ジェットフォイル「ヴィーナス」にて厳原港1日2往復（壱岐寄港2時間15分）。対馬空港より厳原港は車で20分※航路の運行状況、便数などホームページで確認を

●お問合せ 対馬市役所 TEL0920-53-6111
写真提供：（一社）対馬観光物産協会

祖母・傾と大分の山

山深き伝説の地は
これらの嶺に守られてきた
緑濃き祖母山系と
豊後の山々

大分の山 MAP

千燈岳
P94
両子山
P96
由布岳
P90
鶴見岳
P92
傾山
P86
祖母山
P78
古祖母山
P82
福岡
熊本
宮崎

▲天狗岩から望む祖母山の眺め。雄大な気分に浸れるひとときだ

祖母山《そぼさん》

祖母傾国定公園の盟主、展望と絶景の2コース

標高
1756.4m

	黒金尾根コース	宮原コース
体力度	★★★★★	★★★★★
日程	日帰り	日帰り
歩行時間	9時間35分	8時間50分
歩行距離	11km	10km
累計標高差	1284m	1224m

熊本県、大分県、宮崎県の三県にまたがる祖母連山。祖母山はその盟主であり、宮崎県の最高峰となる。一般的な登山口である尾平からの二つのルートを紹介しよう。

宮原コース

尾平登山口❶には有料駐車場、トイレ、登山届箱、案内板があり、登山への高揚感を誘ってくれる。なかなか厳しい登山となるので、事前の体調チェック、また装備の確認は怠りなく。登山・下山の届けもきちんと行おう。

宮原コースは吊橋を渡る（黒金尾根コースは吊橋の下を直進する）。林道コースとの分岐を左へ、自然林の中を二合目❸へ進む。ツガの巨木の中の登山道となる。南の方角に

▲川上渓谷吊り橋

福岡
くじゅう
阿蘇
佐賀・長崎
大分
熊本・宮崎・鹿児島
屋久島

▲果たして祖母山系には熊はまだ生息しているのか！？
目撃情報はあり、見てみたい気持ちも山々だが・・・

▲黒金八景から望む天狗岩、烏帽子岩

祖母山山頂が垣間見えてくるだろう。前ノ背、馬ノ背の二箇所はやせ尾根となり、十分注意が必要。安全確保第一で慎重に。

祖母山九合目には避難小屋がある。灌木帯の中を山頂へと進む。一帯はアケボノツツジの名所として知られており、開花は毎年五月初旬。神原、五ヶ所方面からの合流点を過ぎれば山頂❺だ。

黒金尾根コース

出発点は宮原コースと同じく尾平登山口❶。川上渓谷の緑を楽しみながら吊橋の下を進み、標識に従って黒金尾根コースへと進む。渓谷を渡るパイプ製の橋（津上橋）を渡るといよいよ急登が始まる。

尾根の取付❸から樹林帯の中を進んで行く。標高８００メートルのところに黒金八景という展望所があり、断崖絶壁の下に川上渓谷、そして向かう天狗岩、烏帽子岩の姿が。

アカマツやツガの巨木が見事だ。標高を示す標識を励みに登って行こう。なかなか骨が折れるがこの手応えが祖母山の魅力でもある。

天狗ノ岩屋には水場もある。一息ついたら天狗ノ分れ❹へと進む。ここは障子岳を経て古祖母へと向かう縦走路への分岐となる。

右へ祖母山頂を視界に入れながら稜線を進む。尾根歩きで山頂は近くに見えるがなかなか着かない。最後に岩場の急登をハシゴの助けも借りよじ登れば山頂❺だ。急登の黒金尾根コースの下りは危険も高く、注意を。帰路は宮原コースを選択する手もある。

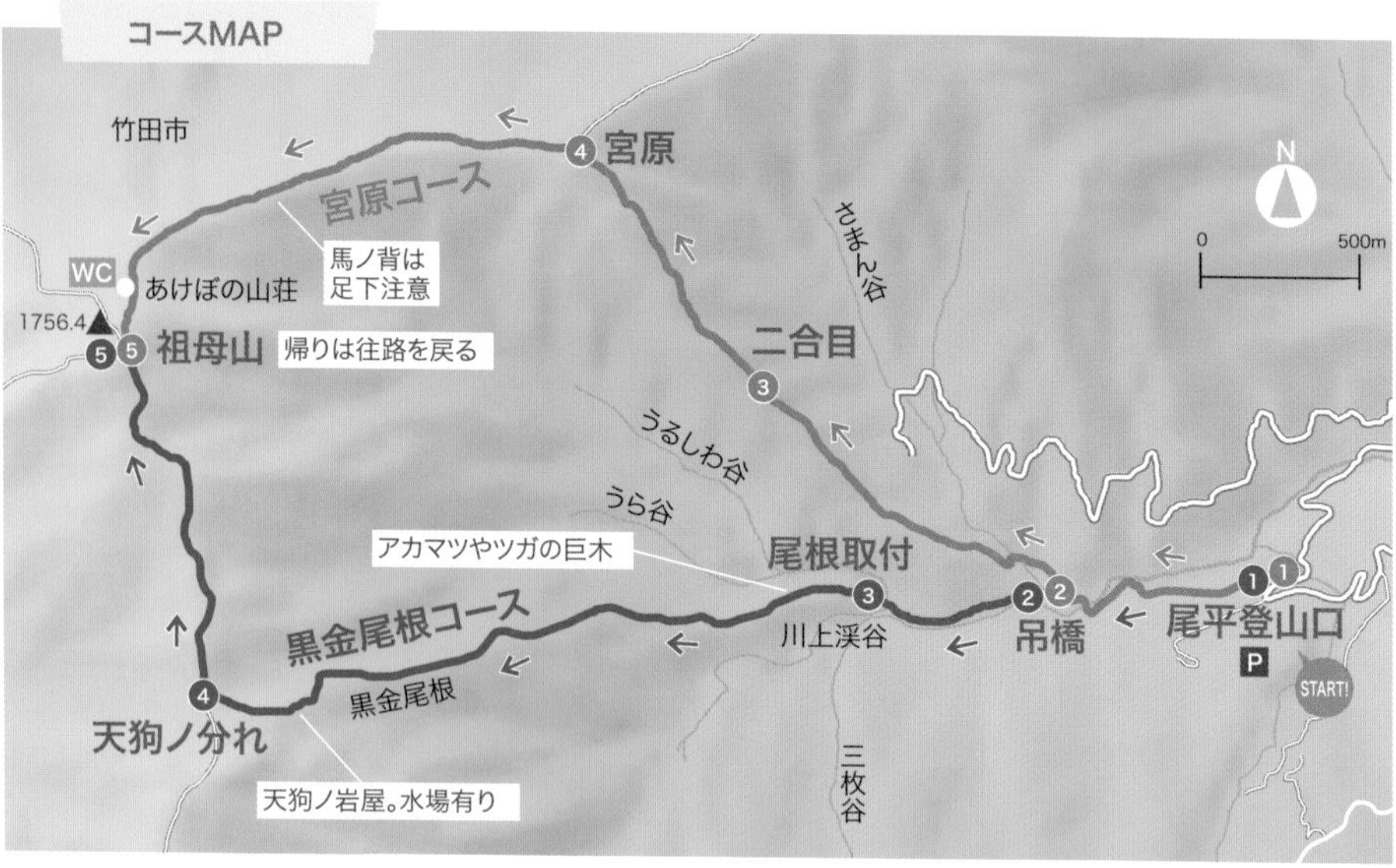
コースMAP
竹田市
4 宮原
宮原コース
N
0
500m
さまん谷
馬ノ背は
足下注意
WC
あけぼの山荘
1756.4
5 5 祖母山
帰りは往路を戻る
二合目
3
うるしわ谷
うら谷
アカマツやツガの巨木
尾根取付
3
2 2
吊橋
1 1
尾平登山口
P
START!
黒金尾根コース
川上渓谷
黒金尾根
4
天狗ノ分れ
天狗ノ岩屋。水場有り
三枚谷

ワンポイントアドバイス

▲体力、技術ともにそれなりのレベルが求められる。ある程度の経験を重ねてから挑戦したい。そして初心者でもいつかは挑んでみたいのが祖母山だ。歩行時間が長くなるので九合目の避難小屋利用も選択肢に

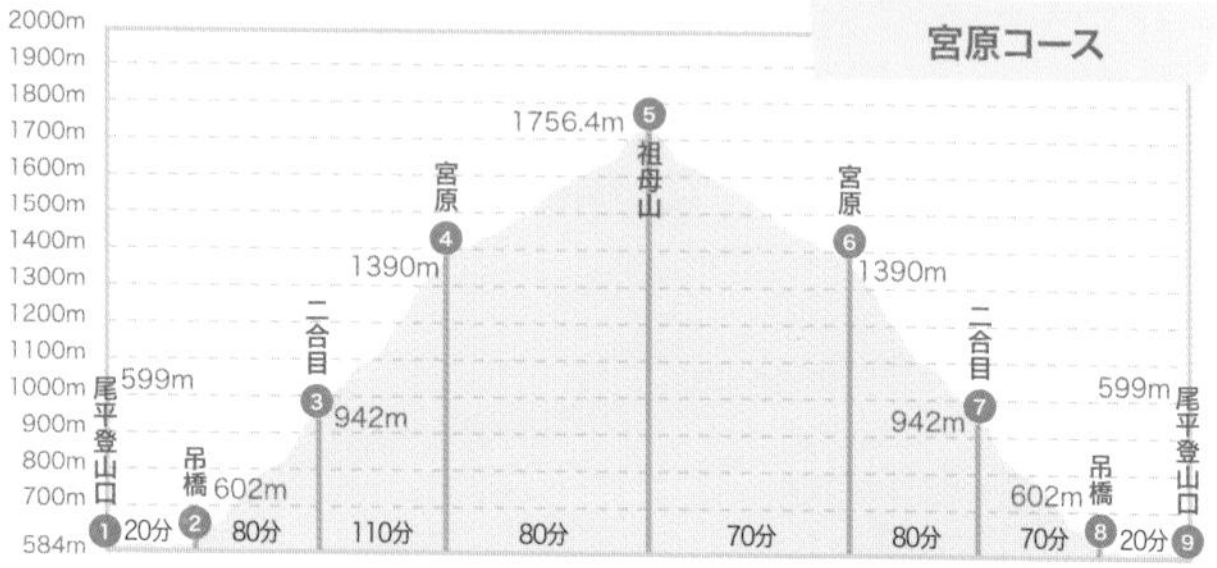
宮原コース
2000m
1900m
1800m
1700m
1600m
1500m
1400m
1300m
1200m
1100m
1000m
900m
800m
700m
584m
1 尾平登山口 599m
2 吊橋 602m
3 二合目 942m
4 宮原 1390m
5 祖母山 1756.4m
6 宮原 1390m
7 二合目 942m
8 吊橋 602m
9 尾平登山口 599m
20分
80分
110分
80分
70分
80分
70分
20分

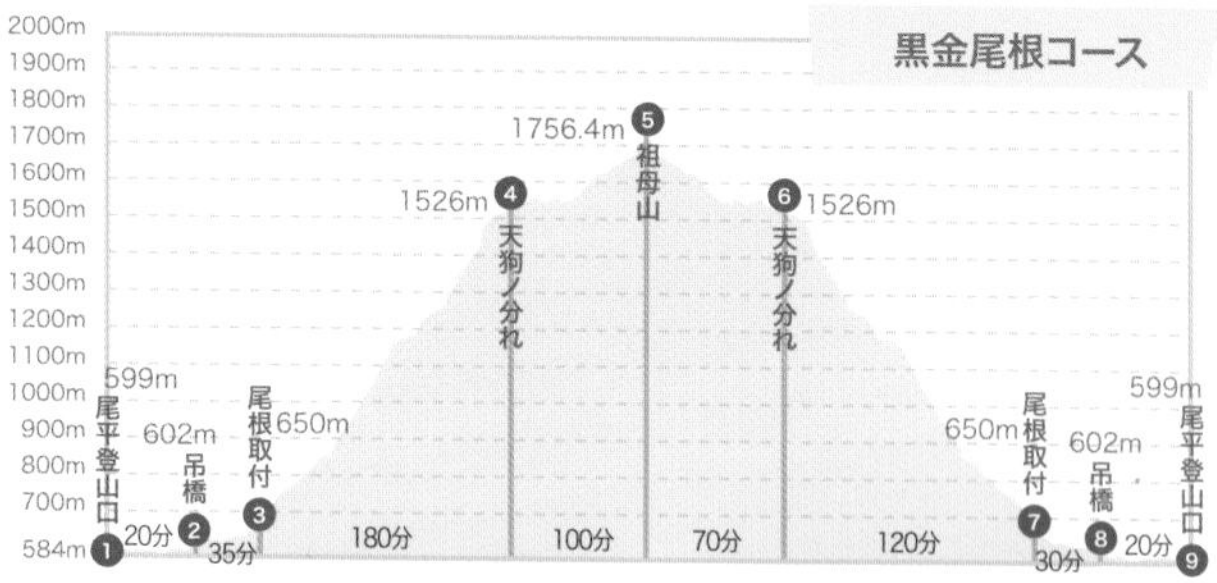
黒金尾根コース
2000m
1900m
1800m
1700m
1600m
1500m
1400m
1300m
1200m
1100m
1000m
900m
800m
700m
584m
1 尾平登山口 599m
2 吊橋 602m
3 尾根取付 650m
4 天狗ノ分れ 1526m
5 祖母山 1756.4m
6 天狗ノ分れ 1526m
7 尾根取付 650m
8 吊橋 602m
9 尾平登山口 599m
20分
35分
180分
100分
70分
120分
30分
20分

◀馬ノ背付近のやせ尾根は極端に狭い箇所があるので細心の注意を

▶宮原コースの3合目のツガ・ヒメシャラ

▲黒金尾根コースの川上渓谷渡渉地点

四季の魅力

色鮮やかな山の花 アケボノツツジ群落

山頂付近のアケボノツツジの群落が素晴らしい。四国の山々の花というイメージが強いかもしれないが、九州でも祖母山などで楽しめる。開花は5月初旬。同時期にツクシシャクナゲ、コバノミツバツツジなども。オオヤマレンゲは6月下旬からがシーズン。

▲5月初旬に開花するコバノミツバツツジ

▲尾平から見た祖母山頂。冬の眺めも美しい

▲標高1300m付近のアケボノツツジ

◀九合目避難小屋周辺のマンサク

立ち寄りスポット

あけぼの山荘

「九合目避難小屋」宮原コース九合目にある避難小屋。収容人数40名。無料で利用できる。照明、トイレも利用可能。宿泊時は寝袋等の持参を。

祖母山DATA

●おすすめ登山シーズン
3月～11月
●トイレ
尾平登山口、九合目避難小屋
●駐車場
尾平登山口（有料）
●アクセス
JR豊肥本線緒方駅より車で50分
※2017年8月より祖母山麓尾平青少年旅行村（LAMP豊後大野）が営業再開

●お問合せ 豊後大野市商工観光課 TEL0974-22-1001

神話の郷からそびえる祖母山系の要衝
古祖母山《ふるそぼさん》

▲途中の岩場より祖母山方面を望む。古祖母・祖母山縦走にもぜひ挑戦してみたい

体力度
★★★★☆

日程
日帰り

歩行時間
5時間25分

歩行距離
5.7km

累計標高差
734m

標高
1633.1m

神武天皇の祖母・豊玉姫が降臨

神話の郷・宮崎県の高千穂町と、大分県豊後大野市緒方町の境に位置する。神武天皇の祖母である豊玉姫がこの山に降臨し、その後に祖母山へ移ったと伝えられ、山名の由来となっている。

大分県豊後大野市緒方町尾平から宮崎県高千穂町をつなぐ尾平越トンネルの高千穂側入口脇からのルートを紹介しよう。

まずはトンネル脇の広場❶から尾平越❷を目指す。ここは祖母山から本谷山、笠松山を経て傾山へと大縦走する際の中間点となる場所だ。

古祖母山へは西へと向かう。標高1426メートルの三角点があるコシキ岩❸からは障子岳の尾根が展望できる。

さらに進んで行くと露岩でできたバルコニー状の展望所があり、川上渓谷を越えて東北東に大障子岩、そして本谷山から傾山への眺望が開ける。絶景というよりほかない。岩の上へはハシゴ❹を使用しながら登って行く。険しさを増すルートを進んで行くと、しばらくして山頂❺となる。三角点のある南の頂から眺め

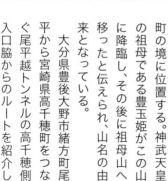

▲アケボノツツジは５月に美しいピンクの花をつける

れば、高千穂方面、そして障子岳が目に入る。帰りは往路を戻る。

障子岳を経て祖母山へ

また、古祖母山から北西に進路をとれば、障子岳を経て祖母山への縦走路となる。

古祖母山山頂からしばらくは穏やかな稜線歩きとなる。ササが茂る一本道を進むと、宮崎県土呂久方面への登山道が左へ分かれている。

障子岳の山頂付近は遠目には岩塊となっているが、登山道は灌木帯の中に設けられており、東西に細長い障子岳山頂へと登ることが出来る。

山頂からは祖母山はもちろん、遠くに阿蘇山、九州山地、南に大崩山、条件によっては四国石鎚山が見える事もあるという。

烏帽子岩を経て天狗分かれへと進めば、後は黒金尾根コースで紹介した通り祖母山頂へと至ることが出来る。

天狗岩まで休憩を入れずに三時間強。

▲ブナ、スズタケ群集。ブナの足下をスズタケが覆う

▲障子岳尾平越え分岐点

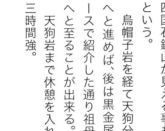

コースMAP

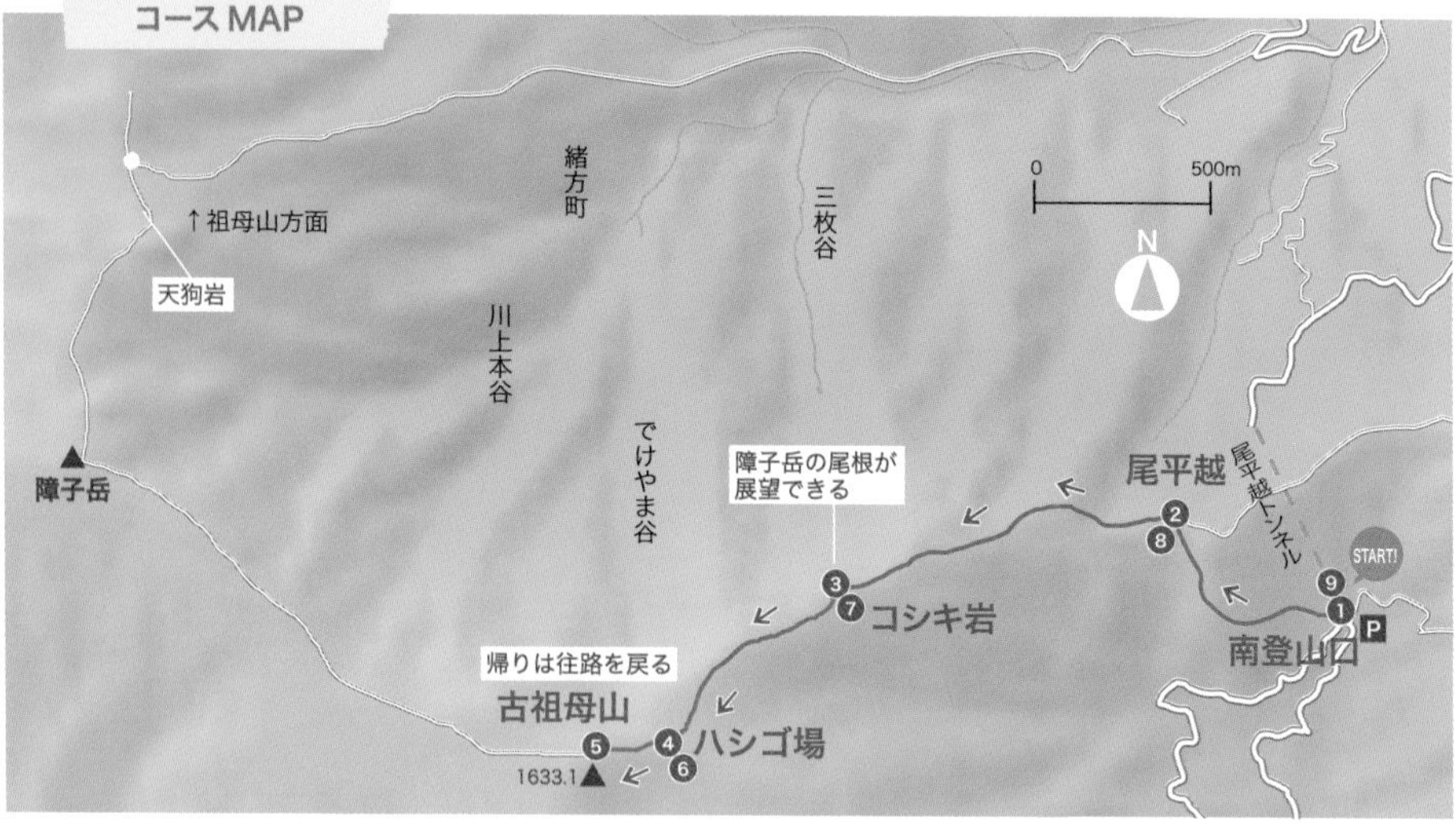
↑祖母山方面
天狗岩
緒方町
三枚谷
川上本谷
でけやま谷
障子岳
0
500m
N
障子岳の尾根が展望できる
尾平越
尾平越トンネル
START!
コシキ岩
南登山口
P
帰りは往路を戻る
古祖母山
ハシゴ場
1633.1

ワンポイントアドバイス

傾 山
祖母山頂

▲尾平登山口から尾平越へ徒歩約40分程度。高千穂側の登山口から入山する。十分情報を確認してから入山したい。また祖母山系や大崩山系などでは、川の水の状況の確認も必要。増水時は入山ができない場合もある

コースガイド

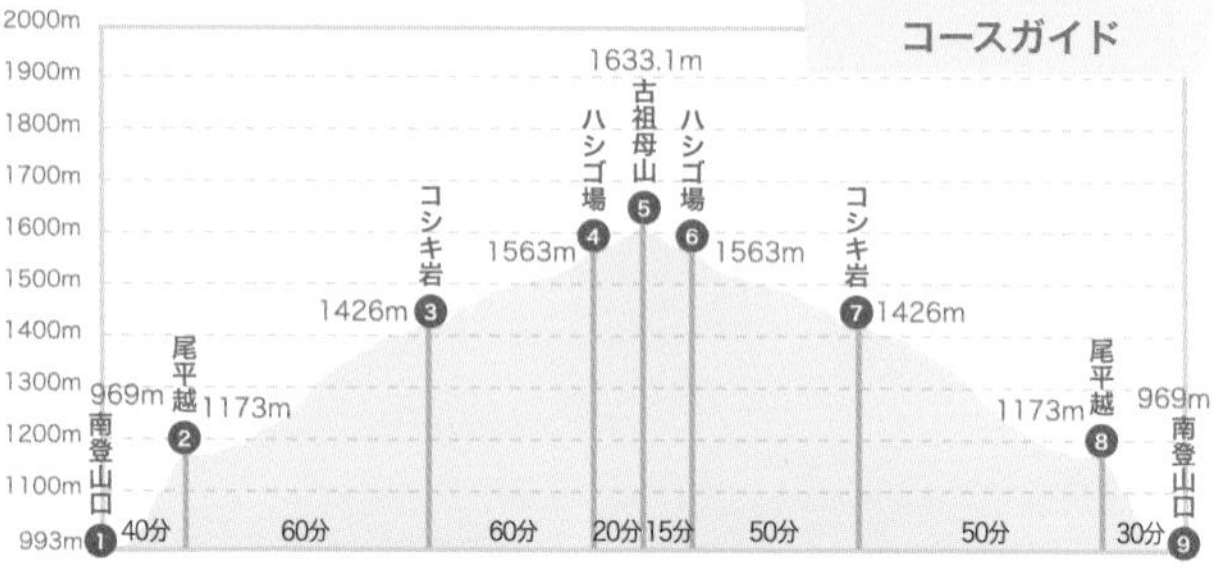
2000m
1900m
1800m
1700m
1600m
1500m
1400m
1300m
1200m
1100m
993m
969m 南登山口 1
1173m 尾平越 2
1426m コシキ岩 3
1563m ハシゴ場 4
1633.1m 古祖母山 5
1563m ハシゴ場 6
1426m コシキ岩 7
1173m 尾平越 8
969m 南登山口 9
40分
60分
60分
20分
15分
50分
50分
30分

▲本谷山·傾方向を望む

▲祖母山方向を望む

▲ハシゴ場上の岩場

▲祖母山から本谷山、笠松山を経て傾山へと大縦走する際の中間点·尾平越

▲標高1426mの三角点があるコシキ岩

▲ハシゴ場の様子。転落注意

古祖母山

四季の魅力

花の向こうに見る山々の眺望

ツクシアケボノツツジに加え、古祖母山から障子岳への稜線にはミヤマキリシマの群落も見事。天気が良ければ展望は素晴らしいが、ガスがかかったりそのときの条件は様々。そんな時には足下の一木一草に目を向けながらの「のんびり登山」もおすすめ。

▲強風の吹く場所に生育しているので、アケボノツツジの花は風下側に向かって開いていることが多い

▲ムシカリは5月頃枝先に小さな白い花を咲かせる

▶ミツバツツジ越しに見る祖母山頂

立ち寄りスポット

原尻の滝

高千穂町側には高千穂峡などの見所がたくさん。豊後大野市側には乙手のコースがある。『九州オルレ』の『奥豊後コース』を参照。豊後大野市緒方町には日本の滝百選に選ばれた「原尻の滝」があり、近くに道の駅がある。

●**お問合せ** 豊後大野市商工観光課 TEL0974-22-1001

古祖母山DATA

●**おすすめ登山シーズン**
3月～11月

●**トイレ**
なし

●**駐車場**
尾平越え駐車場

●**アクセス**
高千穂町から県道7号線、岩戸神社を経由して車で約50分。尾平登山口へは「祖母山」参照

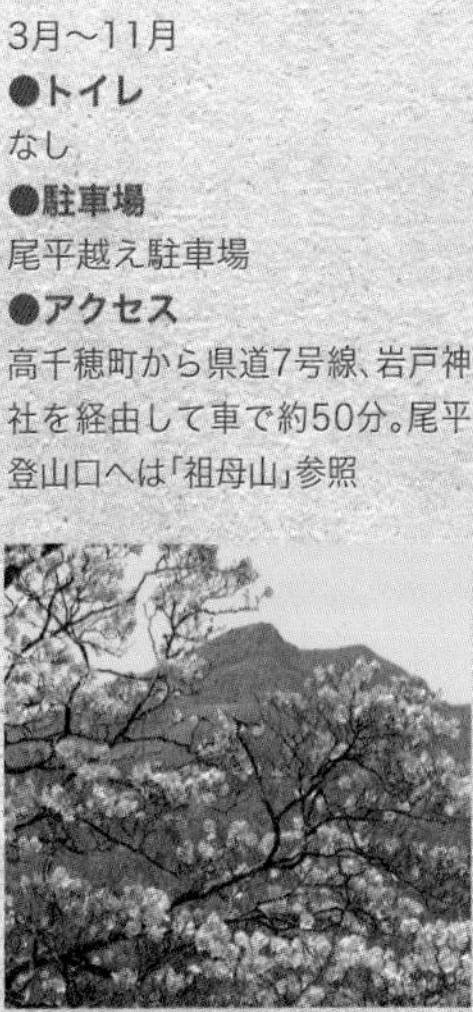

傾山《かたむきさん》

樹相豊かな登山道から岩峰のピークへ

▲後傾から、傾山頂を望む

体力度
★★★★★

日程
日帰り

歩行時間
8時間50分

歩行距離
11km

累計標高差
1340m

標高
1605m

樹相豊かな登山道から岩峰のピークへ

北側から眺める山頂部の姿が傾いて見えることが山名の由来だという説もある。不ぞろいな岩峰が山頂付近を形づくり、その威容はひときわ魅力を放っている。

別名四皇子峰。神武天皇の四人の皇子を指し、東征伝説に基づいている。祖母山の由来が神武天皇の祖母・豊玉姫に関わっていることを考えると対照的で興味深い。

各方面からのルートがあるが、緑深い樹林帯の道を楽しむことが出来る九折越コースを紹介しよう。

登山口❶は豊栄鉱山跡で、駐車場とトイレ付の休憩場が備わっている。登山届の箱もあるので必ず提出を。

九折川の左岸を進んで行き鉄橋を過ぎる。

軌道跡で観音滝方面への分岐があるが、右へ進む。谷筋にツガやヒメシャラなどの巨木が立ち並んでいる。

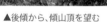

道下に芥神ノ滝を見るが、見とれて転落に注意。

滝の上流のカンカケ谷に行き当たるが、河原のガレ場で足下が悪く、また迷いやすいので注意が必要だ。テープを

▲傾山頂から三ツ坊主方向

目印に進む。

また普段は問題ないが、増水時は通行できなくなるので入山前のチェックが必要。晴れていてもその前に雨が降っていれば流れは増す。

河原の先は難所となる。急斜面の登りとなり、ロープやハシゴ、鎖が設置されている。三点支持を心がけ慎重に登って行こう。

▲滝の上流のカンカケ谷、河原のガレ場。足下が悪く、迷いやすい

突如として林道に出る（林道出合❷）。鉄ハシゴを登り進んで行くと視界が開け、九折越❸へと到着。

西に50メートルの林の中に九折小屋がある。

ここからはセンゲン尾根を東へ❹と登って行く。だんだんと斜度が増し、傾山の山頂❻が迫ってくる。

杉ヶ越からのルートが交わる分岐の先に、後傾の岩峰が。さらに進むと払鳥屋、冷水コース、その先で三ツ尾からの坊主尾根コースとの出合がある。

傾山三角点から西に行った場所に断崖があり、ここからの展望が素晴らしい。しばし山行の醍醐味に浸ろう。

下山は往路を戻る。

▲標高1400m過ぎ。傾山頂が見える

ワンポイントアドバイス

杉ヶ越
傾山頂
傾山小屋

▲九折登山口からは観音滝を経て坊主尾根を登るコースもあるが健脚向き。
東面の官行跡から登る官行コース。冷水林道から佐伯市との市境を登る冷水コース。佐伯市払鳥谷から入り冷水コースに合流する払鳥谷コースがある。いずれも登山口に登山届箱が設置されているので、提出してから入山する。

また岩稜のアップダウンから後傾へと至る杉ヶ越ルートもある

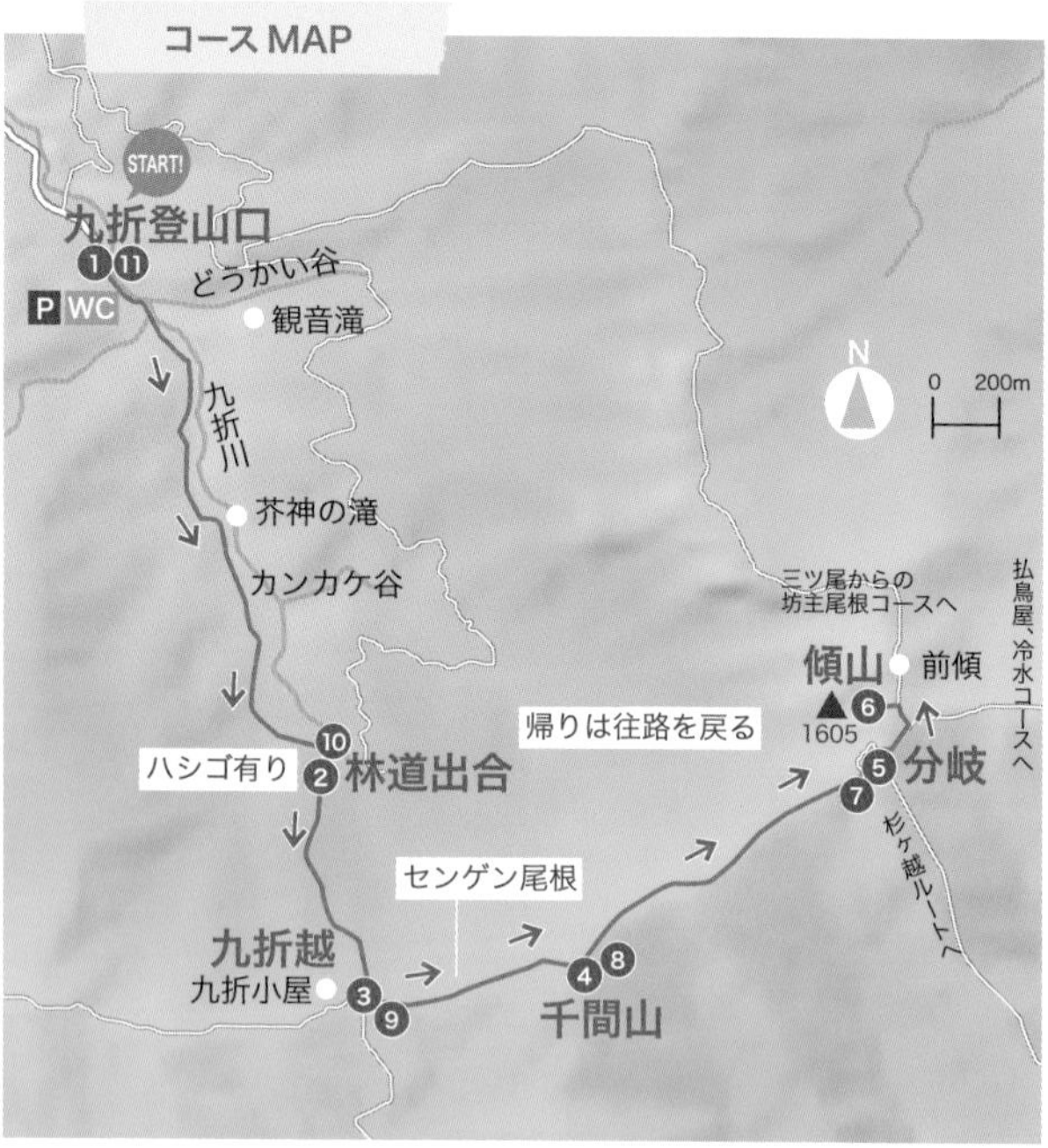
コース MAP
START!
九折登山口
1 11
どうかい谷
P WC
観音滝
九折川
芥神の滝
カンカケ谷
N
0 200m
三ツ尾からの
坊主尾根コースへ
払鳥屋、冷水コースへ
傾山
前傾
6
1605
帰りは往路を戻る
5 分岐
7
杉ヶ越ルートへ
10
ハシゴ有り
2 林道出合
センゲン尾根
九折越
九折小屋
3
9
4 8
千間山

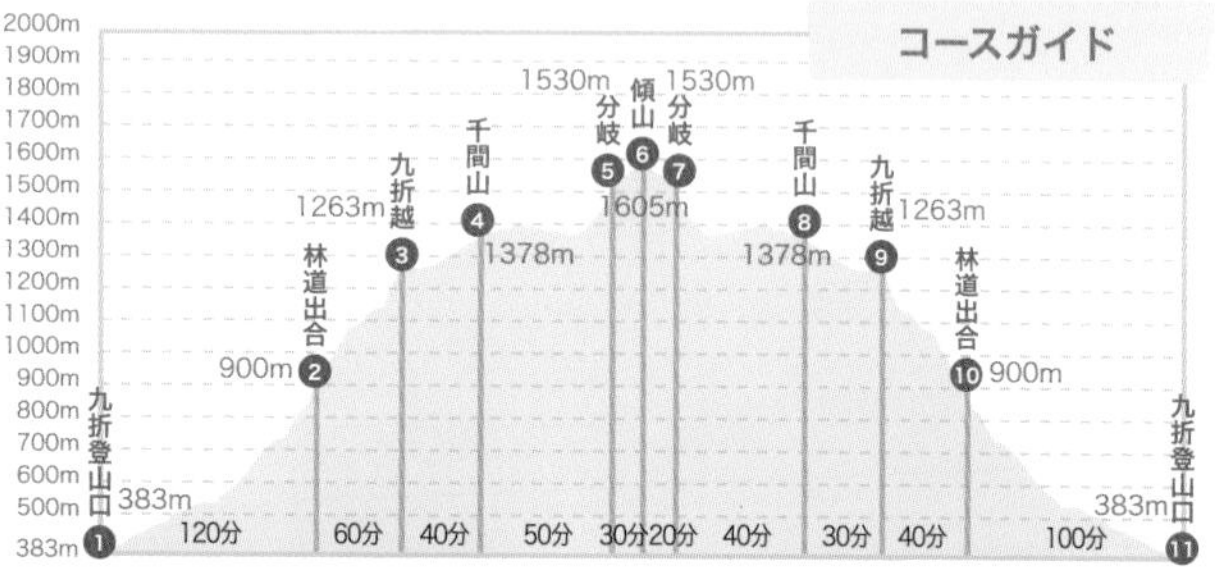
コースガイド
2000m
1900m
1800m
1700m
1600m
1500m
1400m
1300m
1200m
1100m
1000m
900m
800m
700m
600m
500m
383m
1 九折登山口 383m
2 林道出合 900m
3 九折越 1263m
4 千間山 1378m
5 分岐 1530m
6 傾山 1605m
7 分岐 1530m
8 千間山 1378m
9 九折越 1263m
10 林道出合 900m
11 九折登山口 383m
120分
60分
40分
50分
30分
20分
40分
30分
40分
100分

▲芥神の滝。転落に注意

▲右が九折越しルート、直進すると観音滝ルート

▲林道から鉄ハシゴを登り進んで行くと、九折越へと到着

▲鉄の梯子場。河原の先の難所

傾山頂
九折

▲難所の後の林道出合

▲九折越

傾山

▲傾山方向のミズナラ林

四季の魅力

ヒメシャラ、ミズナラ、ブナ…豊かな樹相の山

ヒメシャラ、ミズナラ、ブナなどの豊かな樹相に満ちた九州らしい山。紅葉シーズンは10月下旬～11月初旬。

西日本の他山の例に漏れず、傾山でも鹿の食害が問題になっている。豊かな自然を享受するとともに、その保護にも何か出来ることをという意識を持ちたいものだ。

▲ツガ、ハイノキ群集

▲標高1400mのブナの巨木

立ち寄りスポット

沈堕の滝

大野川の中流にある雄滝と、その支流の平井川の合流口にある雌滝とからなる。雄滝は高さ約20m、幅約100m、雌滝は高さ約18m、幅10m。柱状節理が並ぶ景観は、「豊後のナイアガラ」とも。国の登録記念物

傾山DATA

●おすすめ登山シーズン
3月～10月

●トイレ
登山口

●駐車場
登山口（豊栄鉱山跡）に有り

●アクセス
JR豊肥本線緒方駅より車で50分。マイカーがタクシー利用

●お問合せ 豊後大野市商工観光課 TEL0974-22-1001

▲トロイデ型の美しい山の形。山頂部が東峰、西峰のふたつに分かれているのがシルエットの特長だ

眺めて良し、登ればなお良し豊後富士

由布岳《ゆふだけ》

体力度
★★★★☆

日程
日帰り

歩行時間
6時間

歩行距離
7.5km

累計標高差
900m

標高
1584m

やまなみハイウェイから眺める由布岳。あるいは大分道側から眺める由布岳。トロイデ型火山が造形した美しいシルエットと、草原のたおやかな風景には、世界中のどこからの客を招いても満足してもらえるのではないだろうか?

　正面登山口❶から登ろう。バス停近くの登山口には駐車場、トイレ、休憩舎などが整備されている。シーズン中は駐車場が混雑するので注意。案内板に従って牧草地の中を進む。自然休養指定地にも案内板とトイレがある。

　ミズナラなどの林の中を進んで行く。50分ほどで合野越❷。ここで湯布院方面・西登山口からの道と合流する。ジグザグにつけられた道をひたすら登って行く。途中の草斜面からはやまなみハイウェイや湯布院盆地の景色が。灌木帯に戻り、急坂をがんばって登りきると東峰と西峰の分岐、マタエ❸に着く。

　岩をよじ登り、鎖場を越え由布岳三角点(西峰❹)へ。

　この先、火口をお鉢巡りし東峰へと回るが、岩場がありそれなりの技術を要する。自信がなければそのまま往路を戻るのをおすすめする。

ワンポイントアドバイス

▲鶴見岳方面からの東登山口コースは、ここで紹介した表登山口コースよりやや険しい道のりとなる。東峰側の剣ノ峰に辿る形になる

▲由布岳と朝霧

▲春の由布岳

コースMAP

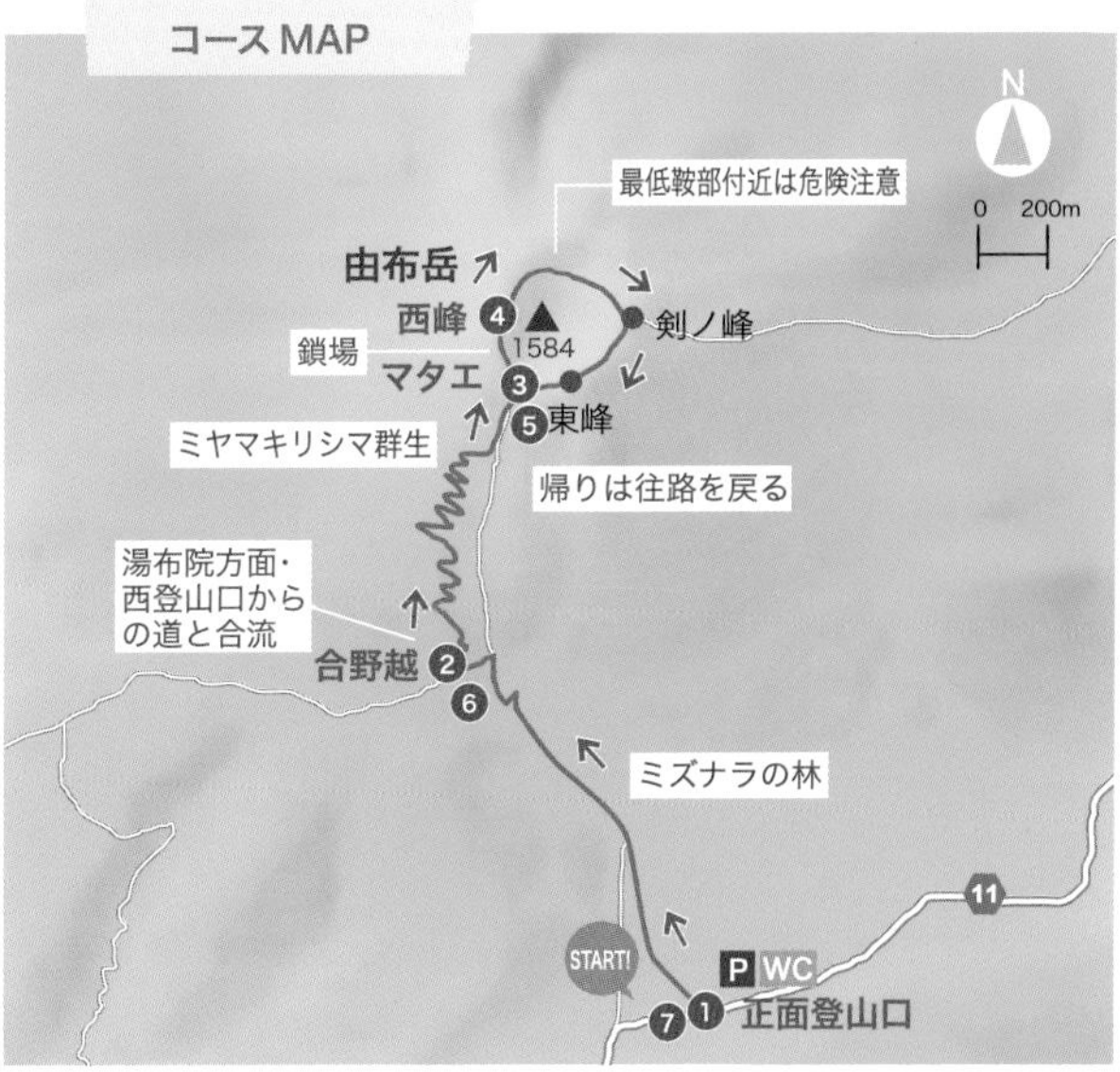
N
0 200m
最低鞍部付近は危険注意
由布岳
西峰 4
1584
剣ノ峰
鎖場
マタエ 3
5 東峰
ミヤマキリシマ群生
帰りは往路を戻る
湯布院方面・
西登山口から
の道と合流
合野越 2
6
ミズナラの林
11
START!
P WC
7 1 正面登山口

コースガイド

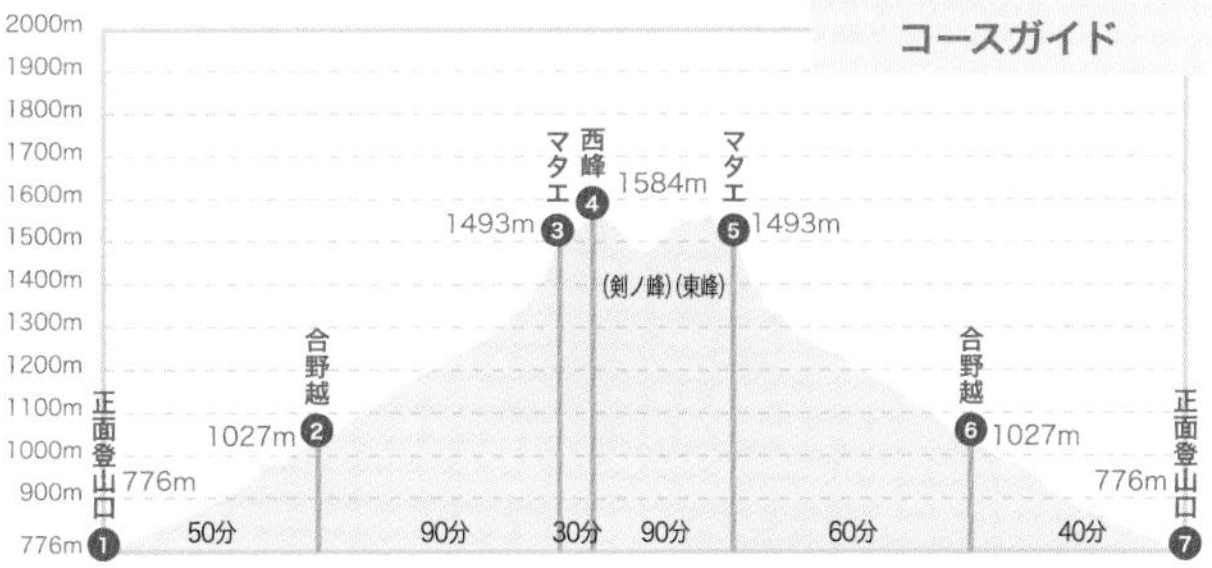
2000m
1900m
1800m
1700m
1600m
1500m
1400m
1300m
1200m
1100m
1000m
900m
776m
正面登山口 776m 1
合野越 1027m 2
マタエ 1493m 3
西峰 1584m 4
(剣ノ峰)(東峰)
マタエ 5 1493m
合野越 6 1027m
正面登山口 776m 7
50分
90分
30分
90分
60分
40分

立ち寄りスポット

▼由布院温泉は日本を代表する温泉地。気軽に立ち寄れる日帰り湯から高級宿まで様々。写真は共同浴場・下ん湯の露天風呂（混浴）。多くの露天風呂からは由布岳を仰ぐことができる

四季の魅力

▲山頂近くのミヤマキリシマ開花期が人気のピークだが、四季折々の魅力に満ちているのが由布岳。冬枯れの草原もまた良く、空気が澄む冬場は展望が美しい

●お問合せ 由布市商工観光課 TEL097-582-1304

由布岳DATA

●おすすめ登山シーズン
4月〜11月
●トイレ
正面登山口駐車場、自然休養指定地
●駐車場
正面登山口に有料駐車場有り
※無料駐車場（30台程度）は混雑する
●アクセス
JR由布院駅、またはJR別府駅から亀の井バス利用。由布登山口バス停下車

▲秋の紅葉が美しい鶴見岳。ロープウェイで手軽に見学できる山として毎年多くの観光客が訪れる

別府温泉の源。ロープウェイで霧氷散策も

鶴見岳《つるみだけ》

体力度
★★☆☆☆

日程
日帰り

歩行時間
4時間15分

歩行距離
8.5km

累計標高差
989m

標高
1374.5m

湯煙立つ温泉地別府。その後背地としてそびえる鶴見岳は、別府湾からの海風が山頂に霧氷を作り、ロープウェイで手軽に見学できる山として多くの観光客が訪れる(ちなみに片道は約10分。料金は大人片道1600円)。徒歩で山頂まで登り、山上を散策するコースを紹介しよう。

登山口❶の旗ノ台へは、JR別府駅から亀の井バスで向かう。

「御嶽権現火男火売神社参道」の看板から鳥居をくぐり登山道へ向かう。社務所から石段を上がり御嶽権現社❷へ。マイカーの場合、ここの駐車場を利用するのがおすすめ。

自然林と桧の間を進んで行くとふたつに分岐する場所があるので、右へ鶴見岳山頂を目指そう。

ジグザグの道を標識に従って歩いて行く。1200メートル付近でロープウェイ駅周辺に出る。公園広場を進み、鶴見岳の三角点❸へ。

赤池から馬の背❹へ。

帰りは往路を戻る。馬の背から西ノ窪経由で南谷山道を下るルートもある。

ワンポイントアドバイス

▲ほぼ平行してロープウェイが走っているので、うまく利用するのもひとつの手だ。特に冬場は手軽に霧氷を楽しむことが可能。ただし装備に手抜きは無く。西へ縦走すれば由布岳東登山口に至るが健脚向き

▲御嶽権現社

▲ミヤマキリシマは、稜線沿いに見ることが出来る

コースMAP

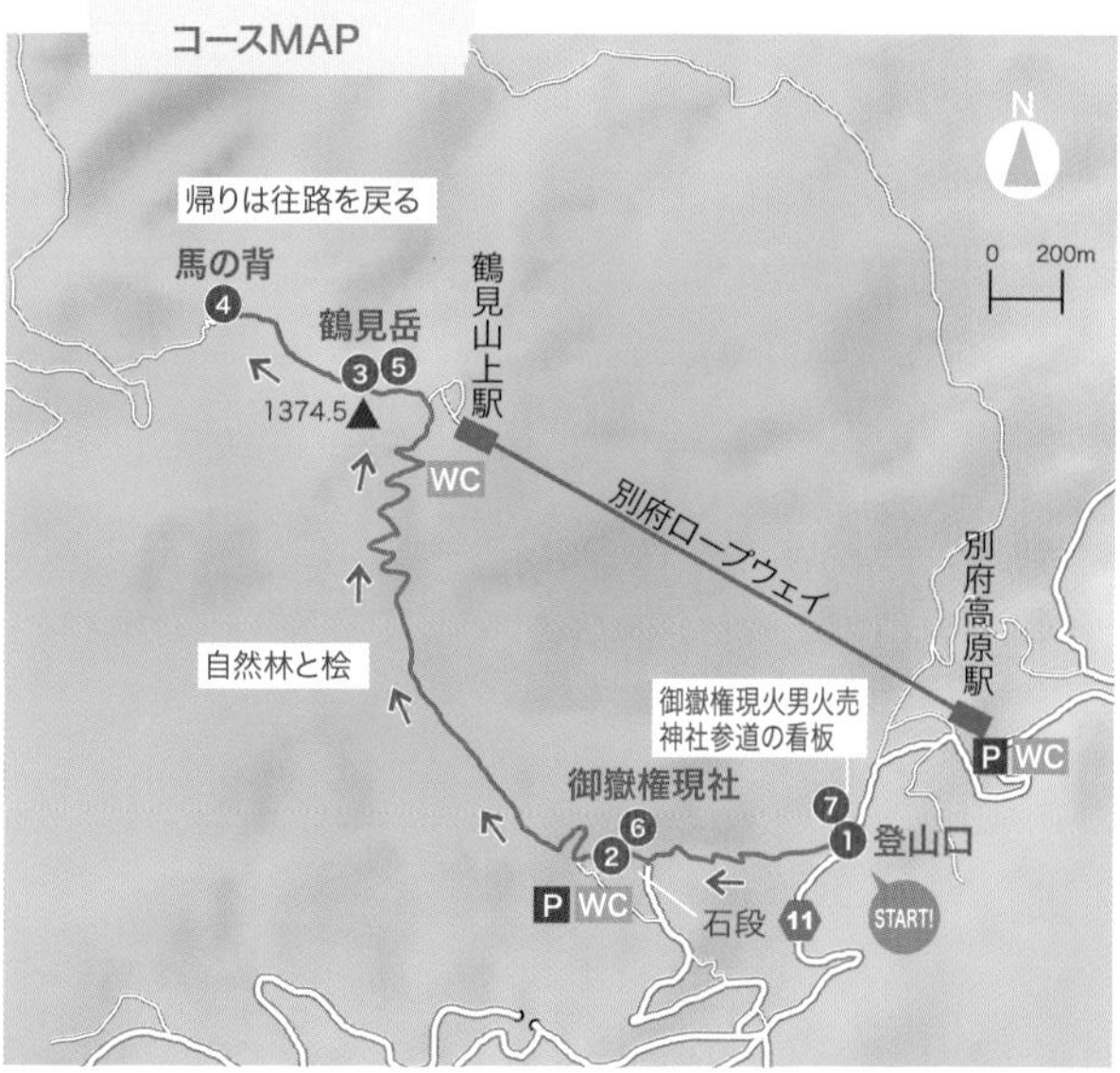
N
0 200m
帰りは往路を戻る
馬の背 4
鶴見岳 3 5
1374.5
鶴見山上駅
WC
別府ロープウェイ
別府高原駅
P WC
自然林と桧
御嶽権現火男火売神社参道の看板
御嶽権現社
6 2
7 1 登山口
P WC
石段 11
START!

コースガイド

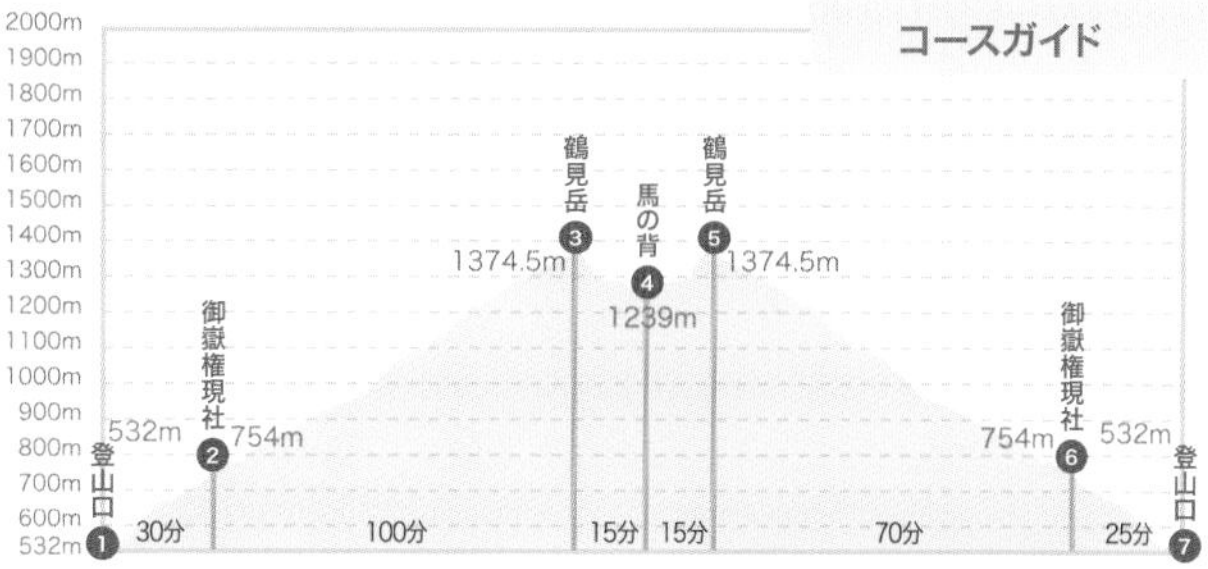
2000m
1900m
1800m
1700m
1600m
1500m
1400m
1300m
1200m
1100m
1000m
900m
800m
700m
600m
532m
登山口 1 532m
御嶽権現社 2 754m
鶴見岳 3 1374.5m
馬の背 4 1239m
鶴見岳 5 1374.5m
御嶽権現社 6 754m
登山口 7 532m
30分
100分
15分
15分
70分
25分

立ち寄りスポット

▼別府八湯とは市内8つの代表的温泉地の総称。古いものは8世紀初めに遡る歴史を持つものもあるという。湯巡りの旅をどうぞ。写真は市営の堀田温泉。
問／大分県別府市堀田2組
TEL0977-24-9418

四季の魅力

▲山上尾根はミヤマキリシマが見事。秋の紅葉、また冬場は霧氷の名所でもある。雪が枝に着雪する樹氷と異なり、霧氷は霧が氷結したもの。別府湾から切り立つ地形の創造物だ

鶴見岳DATA

●おすすめ登山シーズン
3月～11月
●トイレ
ロープウェイ駅近辺（麓、山上とも）
●駐車場
ロープウェイ駅近くの御嶽権現社に有
●アクセス
JR別府駅より亀の井バス「旗ノ台バス停」下車すぐ

●お問合せ 別府市観光課 TEL0977-21-1128
別府ロープウェイ（株） TEL0977-22-2277

▲不動山方面からの千燈岳。三角形の特徴的な形をしている

国東半島から瀬戸内海を望む

千燈岳《せんとうだけ》

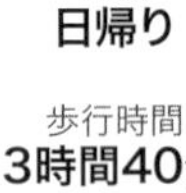

体力度
★★☆☆☆

日程
日帰り

歩行時間
3時間40分

歩行距離
6.0km

累計標高差
600m

標高
605.8m

国東半島の中心部、両子火山群に属する。千灯岳とも記し、呼び名はせんどうだけとも。ここでは、国土地理院25000分の1地形図山名表記に従った。

山名は、六郷満山の中心的寺院のひとつで、この山の中腹にあった千燈寺に由来している。現在、千燈寺は山麓に移転しているが、中腹に旧千燈寺跡や石仏があり、近年整備が進んだ。

不動口❶をスタートとしたが、登山口❷近くに不動茶屋(休憩小屋)、駐車場、トイレなどがある。下山してからの足があればここまで車で来ても良い。旧千燈寺跡には一対の石造り仁王像が立つ。

駐車場から不動山山頂❸までは丸木段と岩を階段状に削った道を昇ってすぐ。東面には岩屋の中に五辻不動尊がある。南へと進み40分ほどで林道❹を横切る。そこから尾根を進み約一時間で千燈岳❺に到着。山頂からは周防灘に浮かぶ姫島、国東の山々が見える。

西に急斜面をジグザグに下り、作業道に出る。一ノ瀬溜池そばの赤根登山口❻からはタクシーなどを利用。

ワンポイントアドバイス

▲赤根登山口の様子。タクシー利用の場合、豊後高田バスターミナルから伊美までバス利用(約1時間)。そこからタクシーで約10分

▲岩屋の中にある五辻不動尊

▲山頂からは周防灘に浮かぶ姫島、国東の山々が見える

コースMAP

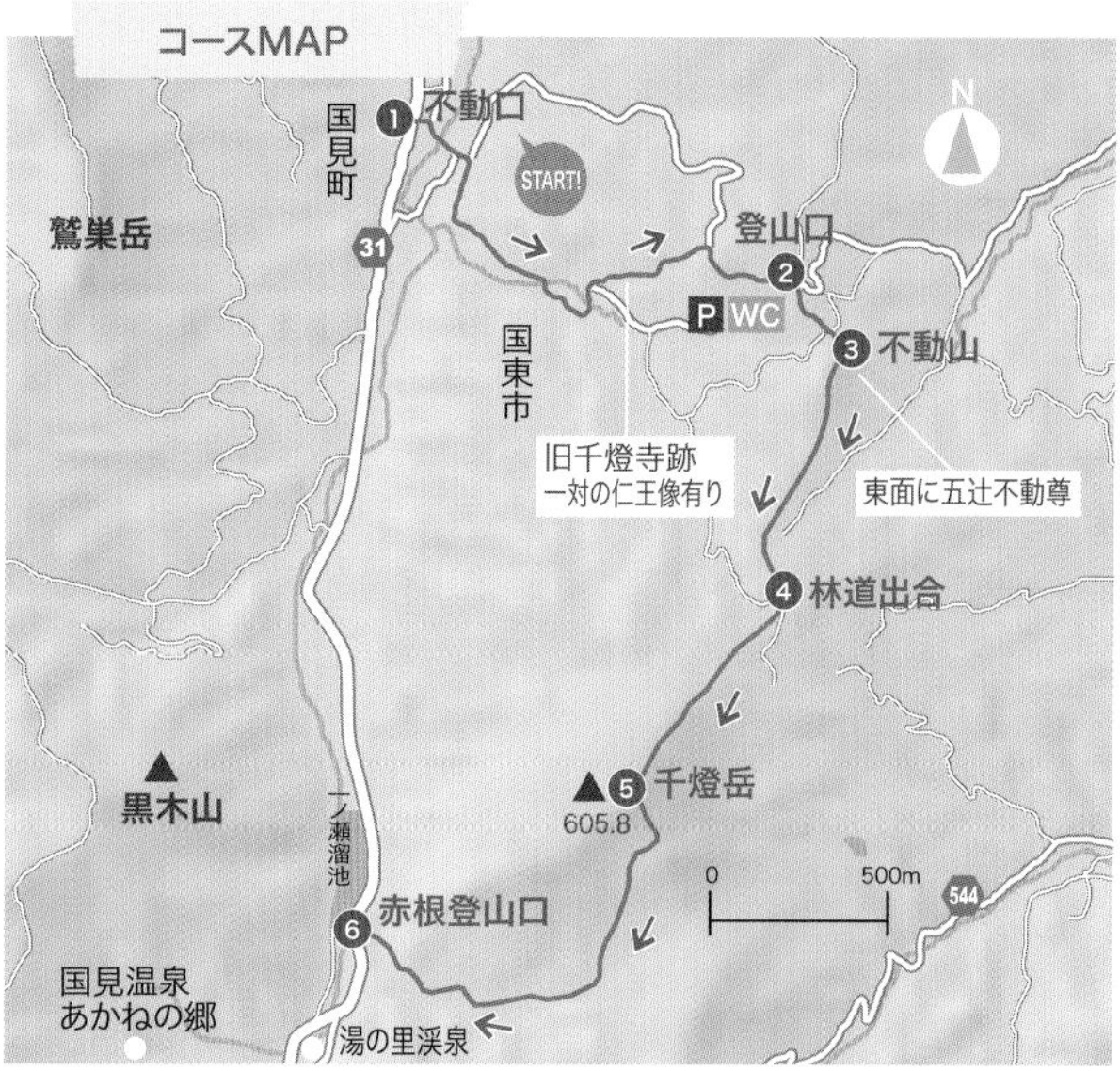
1 不動口
START!
国見町
鷲巣岳
31
登山口
2
P WC
国東市
3 不動山
旧千燈寺跡
一対の仁王像有り
東面に五辻不動尊
4 林道出合
5 千燈岳
605.8
黒木山
一ノ瀬溜池
6 赤根登山口
0
500m
544
国見温泉
あかねの郷
湯の里渓泉
N

コースガイド

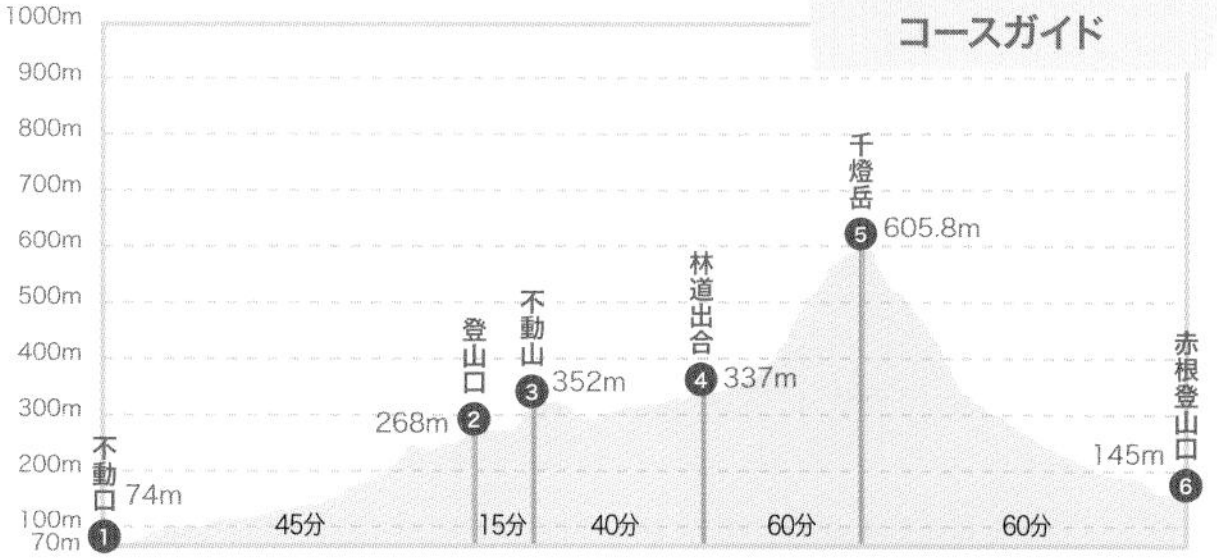
1000m
900m
800m
700m
600m
500m
400m
300m
200m
100m
70m
不動口 1 74m
登山口 2 268m
不動山 3 352m
林道出合 4 337m
千燈岳 5 605.8m
赤根登山口 6 145m
45分
15分
40分
60分
60分

立ち寄りスポット

▼山群の最高峰両子山は、国東半島の最高峰(720.6m)。山麓には六郷満山の寺院群が点在しており、訪れる人も多い。また千燈岳下山口近くに位置する国見温泉「あかねの郷」「渓泉」では立ち寄り入浴や宿泊が可能。
問/渓泉 TEL0978-82-1300

四季の魅力

▲おだやかな気候の国東半島。紅葉から落ち葉の季節の山歩きも楽しい。千燈寺跡のイチョウの黄葉と落ち葉は味がある

千燈岳DATA

●おすすめ登山シーズン
3月〜12月

●トイレ 登山口

●駐車場 登山口

●アクセス
東九州道宇佐ICから豊後高田市街より地蔵峠を経て県道31号線へ、約70分。大分道速見JCTから大分空港道路、国道213号を経て県道31号線へ、約70分

●お問合せ 国東市観光課(道の駅くにさき内) TEL0978-72-5168

写真提供:神田 美津夫

▲走水展望所からの眺め

六郷満山1300年の歴史の中心地

両子山《ふたごさん》

体力度
★★☆☆☆

日程
日帰り

歩行距離
12.0km

累計標高差
420.8m

標高
721m

　神仏習合の地・国東半島で古くから行われてきた「六郷満山峯入行」をベースに10のトレイルコースが整えられている。ここでは国東の最高峰・両子山を経由するコースをご紹介しよう。

　梅園の里❶の敷地内にあるトレイル入口から出発。少し歩くといったん舗装道路に出るが、道沿いにある大杉の横から山道に戻る。30分ほどで龍頭大明神❷の境内へ。ここからしばらく舗装道を歩いていく。途中、尾冨寺跡（おとめじあと）や六地蔵塔、報恩寺などを眺めながら諸田山神社❸に到着する。ここから県道405号を北進していくとやがて県道29号と交差。すぐそばにあるため池の横から林の中の小道に分け入り未舗装の林道走水線と合流。そのまま進むとやがて両子山山頂を望む走水展望所へ出る。150mほど先にある走水観音分岐を直進し、600mピークやとんがり山と呼ばれるピークを経由して、念願の両子山山頂❹へ到着。両子山山頂からは国東半島全体を見渡すことができる。そこから舗装道と「鬼の背割り」など両子山七不思議のあるお山めぐりコースを利用して、ロングトレイル終点の両子寺❺まで下る。

ワンポイントアドバイス

▲両子山は国東半島のほぼ中心にそびえ、この山から放射線状に広がる谷が六郷満山を形成している。天気が良ければ周防灘や由布岳、姫島、中国・四国地方の山々まで見渡すことができる

▲両子寺奥の院

コースMAP

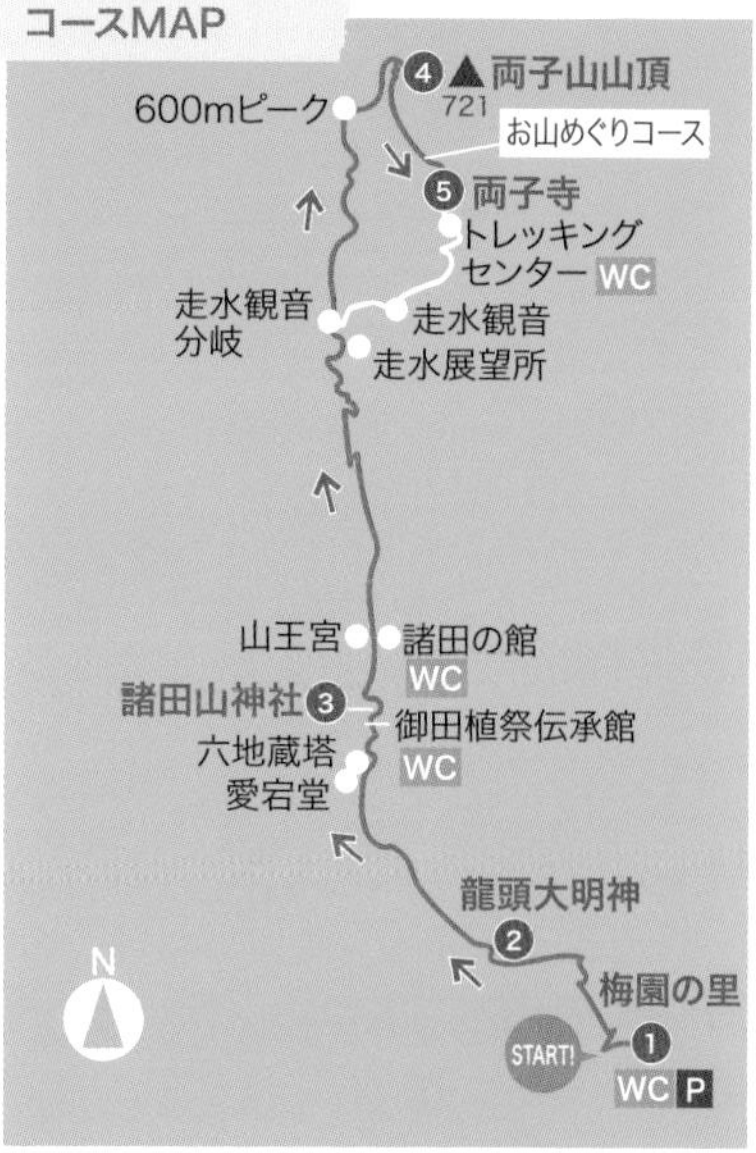
4 両子山山頂
721
600mピーク
お山めぐりコース
5 両子寺
トレッキングセンター
WC
走水観音分岐
走水観音
走水展望所
山王宮
諸田の館
WC
3 諸田山神社
御田植祭伝承館
六地蔵塔
愛宕堂
WC
龍頭大明神
2
N
梅園の里
START!
1
WC
P

▲両子山麓

▲走水展望所

立ち寄りスポット

▼スタート地点「梅園の里」は大口径の反射式望遠鏡を備えた天文台があることでも知られる。
問／TEL0978-64-6300
諸田山神社に隣接する「御田植祭伝承館」では諸田山神社御田植祭に使用する道具を展示している。
問／国東市教育委員会文化財課 TEL0978-72-2677

四季の魅力

▲両子寺境内は全国森林浴の森百選に選定されている。初夏は新緑が輝き秋には錦の紅葉が広がるなど、四季折々の自然林が楽しめる

両子山DATA

●おすすめ登山シーズン
3～12月
●トイレ
梅園の里、諸田山神社、両子寺、御田植祭伝承館
●駐車場
梅園の里、両子寺
●アクセス
大分空港道路安岐ICから15.3㎞。杵築駅よりタクシーで30分

●お問合せ 国東市観光課 TEL0978-72-5168

熊本・宮崎・鹿児島の山

南国の強い光が
広葉樹林と水を含んだ
豊かで深い森を育む

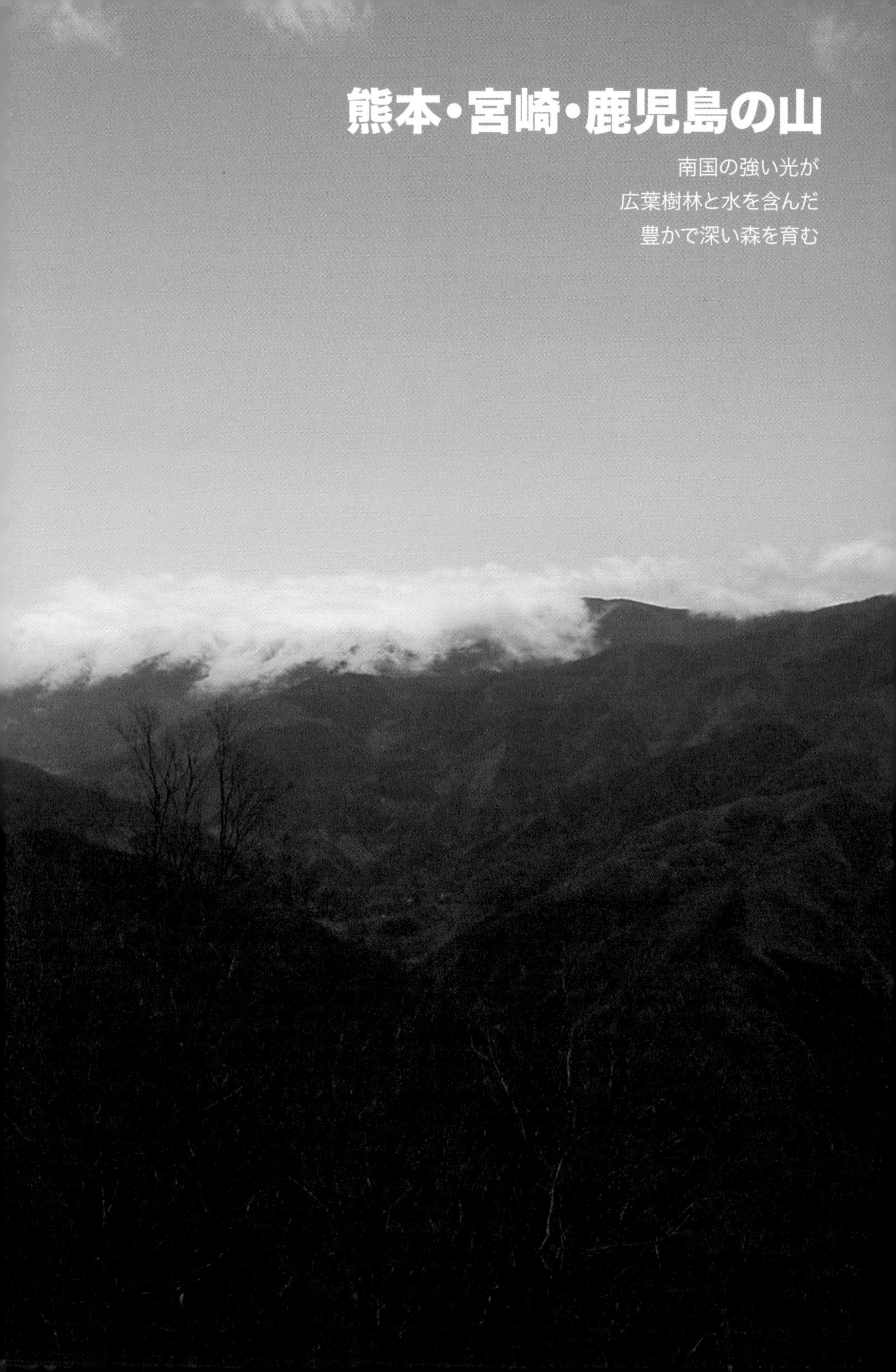

熊本・宮崎
・鹿児島の山
MAP
福岡
佐賀
大分
熊本
宮崎
鹿児島
大崩山
P112
国見岳
P100
烏帽子岳（脊梁）
P102
扇山
P114
行縢山
P110
市房山
P104
尾鈴山
P108
白髪岳
P106
韓国岳
P116
高千穂峰
P118
開聞岳
P120

▲山頂には祠が有り、山深い頂への挑戦をねぎらってくれる（写真提供:「泉・五家荘登山道整備プロジェクト」経由 林田正道）

平家伝説の山里・五家荘から脊梁最高峰へ

国見岳《くにみだけ》

体力度
★★★★☆

日程
日帰り

歩行時間
6時間15分

歩行距離
7.5km

累計標高差
790m

標高
1738.6m

九州脊梁山地の最高峰・国見岳。一度は踏破したい。

　川辺川源流方面の林道を五勇谷橋ゲート❶まで進む。一般車はここまでしか通れないので、林道脇の駐車スペースに車を止め登山開始。

　すぐに登山口❷がある。ここからはかなりの急登で難ルートなのでもう少し進み、尾根の突端にある新登山口❸から登って行く。

　それでもかなりの急登だ。杉林の中をあえぎながら登っていき、尾根出合❹へと着く。ここに立っている看板を見て、まだあまり登っていないような印象を受ける人が多いが、気を落とさず登って行こう。

　ここからは少し勾配が緩み、途中１４０９メートル地点の展望台❺からは烏帽子岳などの眺望が励ましてくれる。

　クマザサが現れ、１５５０ｍ稜❻を越えブナなどに植相が変わってくる。勾配も緩んで気持ちよく歩いて行くと、灌木帯へと風景が変わる。シャクナゲも目立つようになる。

　五勇山へと伸びる縦走路の分岐に着けば、わずかに左で山頂❼だ。九州脊梁山地の山深さに包まれていることが実感できる。

ワンポイントアドバイス

▲さらに先、ゲートから40分ほどの場所に旧登山口（上流側登山口）がある。尾根出合で合流する。烏帽子岳～五勇山～国見岳の健脚向け縦走もタフで魅力あるルートだ

▲国見岳山容

▲新登山口

コースMAP

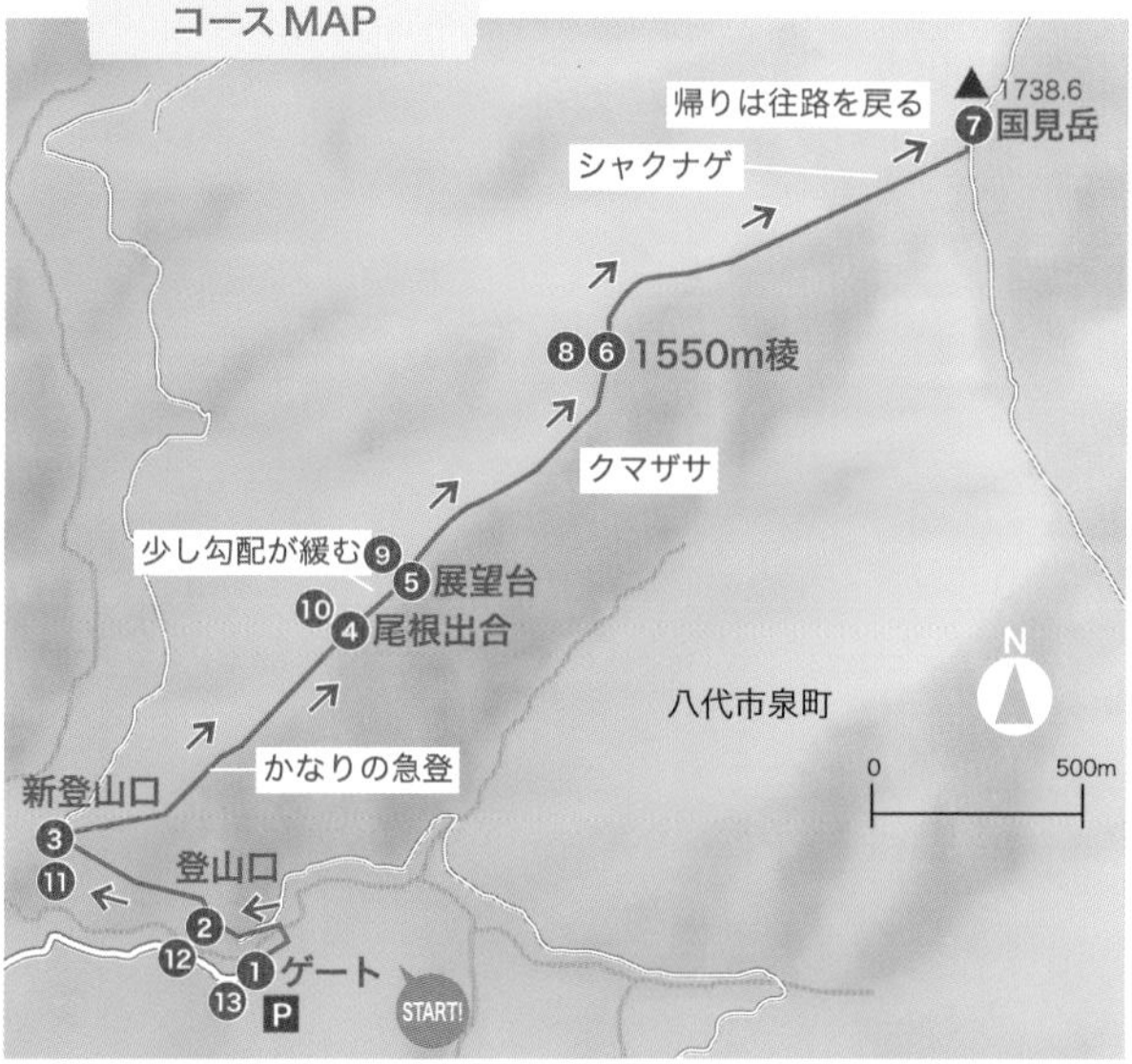
帰りは往路を戻る
1738.6
7 国見岳
シャクナゲ
8 6 1550m稜
クマザサ
少し勾配が緩む 9
5 展望台
10 4 尾根出合
八代市泉町
N
0
500m
かなりの急登
新登山口
3
11
登山口
2
12
1 ゲート
13 P
START!

コースガイド

2000m
1900m
1800m
1700m
1600m
1500m
1400m
1300m
1200m
1100m
1000m
941m
938m
1 ゲート
2 登山口 954m
3 新登山口 1007m
4 尾根出合 1364m
5 展望台 1409m
6 1550m稜 1550m
7 国見岳 1738.6m
8 1550m稜 1550m
9 展望台 1409m
10 尾根出合 1364m
11 新登山口 1007m
12 登山口 954m
13 ゲート 938m
10分
15分
60分
25分
50分
45分
30分
45分
20分
50分
15分
10分

立ち寄りスポット

▼五家荘への宿泊もお勧め。8軒ほどの民宿があり、前泊、あるいは登山後の宿泊にしろ五家荘をまるごと楽しむことができる。また、場合によっては登山口までの送迎や縦走にも対応してれくれることも。（写真は五家荘草花資料館）

四季の魅力

▲稜線近くにシャクナゲが咲く。ヒメシャラの大木も特長的だ。秋の紅葉時には山麓、山中ともに人出が多くなる

国見岳DATA

●おすすめ登山シーズン
3月～11月
●トイレ
なし
●駐車場
ゲート前に駐車スペース有
●アクセス
九州自動車道八代ICより車で2時間40分。樅木地区より50分

●お問合せ　五家荘観光案内所 TEL0965-36-5800
八代市泉支所 地域振興課 TEL0965-67-2111
写真提供：「泉・五家荘登山道整備プロジェクト」経由 林田正道
写真提供：藤元孝宣

▲熊本県八代市泉町と宮崎県椎葉村の県境に位置する烏帽子岳から南方白鳥山方面への稜線を望む

五家荘・椎葉と九州脊梁山地を見やる

烏帽子岳《えぼしだけ》（脊梁《せきりょう》）

体力度
★★★☆☆

日程
日帰り

歩行時間
5時間50分

歩行距離
8.5km

累計標高差
554m

標高
1691.7m

烏帽子岳という名の山は全国に数多く存在する。このガイドブックの中でも、佐世保（72P）、阿蘇（58P）と合わせ三山の「烏帽子岳」が同居している。それらと区別するため、脊梁烏帽子岳と呼ばれることが多いのが、熊本県八代市泉町と宮崎県椎葉村の県境に位置するこの山だ。

まさに九州脊梁山地の骨格であり、かつては近づくことさえ容易でなかった秘境の山である。車道が整備され新椎葉越へのアプローチは格段に良くなった。

登山口❶から登れば稜線に踏み分けられた道が続く。スズタケがかられ整備され、国見岳への縦走路の一部としても良く利用されている。

旧椎葉越❷を過ぎ、おだやかな稜線を進む。岩が重なる展望台❸からは九州山地南部が見える。

1617メートルの鈍頂❹からは山頂の姿が目に入る。五勇山への分岐❺がある場所からわずかに西へ進むと烏帽子岳（脊梁）❻となる。

帰りは往路を辿る。

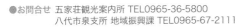

ワンポイントアドバイス

▲南への眺めが良く、白鳥山方面への稜線が良く見える。北側へは、烏帽子岳山頂近くの五勇山分岐から五勇山方面15分で「展望岩」がある

▲烏帽子岳山頂

▲烏帽子岳登山口の標識

コースMAP

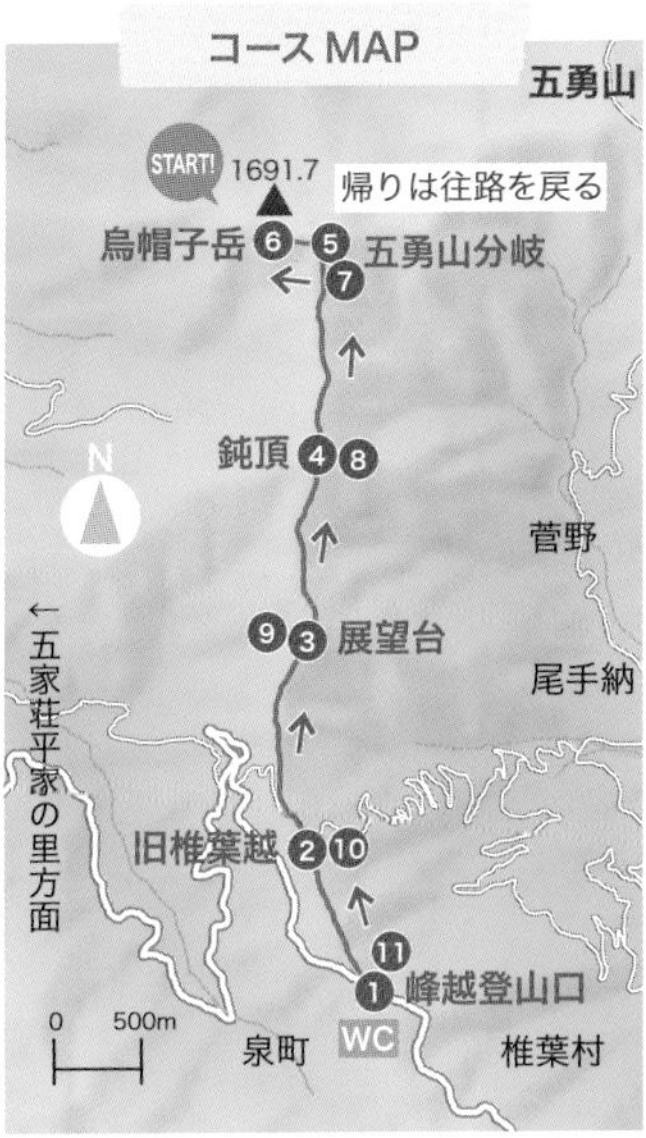
五勇山
START!
1691.7
帰りは往路を戻る
烏帽子岳 6 5 五勇山分岐
7
鈍頂 4 8
N
菅野
9 3 展望台
尾手納
←五家荘平家の里方面
旧椎葉越 2 10
11
1 峰越登山口
0 500m
泉町
WC
椎葉村

▲烏帽子岳のシャクナゲ

▲バイケイソウ

コースガイド

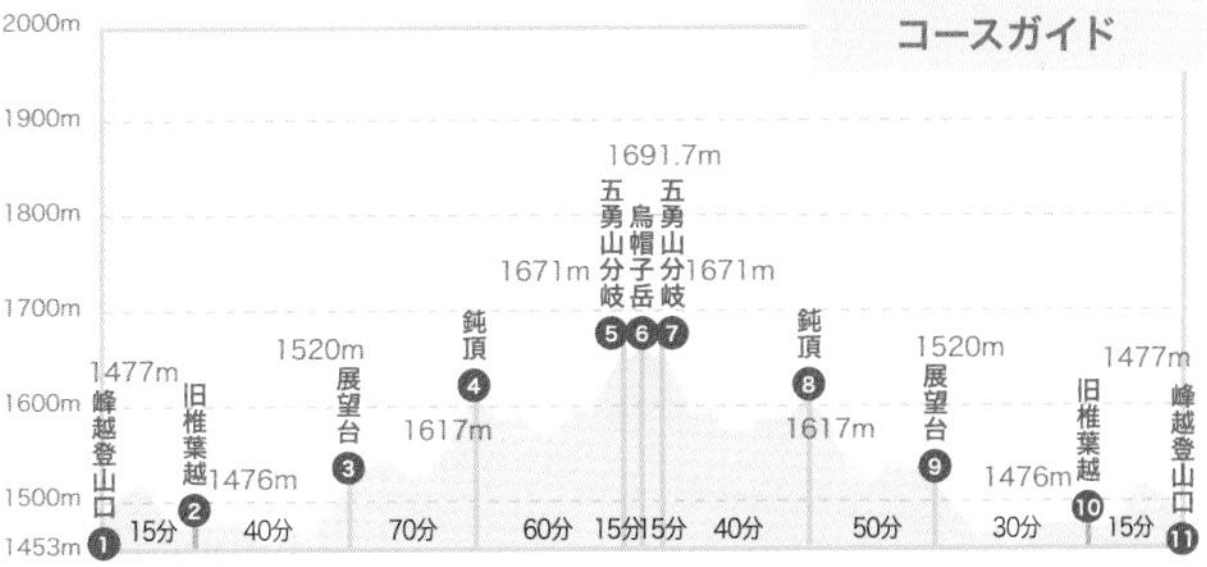
2000m
1900m
1800m
1700m
1600m
1500m
1453m
1691.7m
五勇山分岐
烏帽子岳
五勇山分岐
1671m
1671m
1477m
峰越登山口
旧椎葉越
1476m
1520m
展望台
鈍頂
1617m
鈍頂
1617m
1520m
展望台
1476m
旧椎葉越
1477m
峰越登山口
15分
40分
70分
60分
15分
15分
40分
50分
30分
15分

立ち寄りスポット

▼「五家荘平家の里」は平家落人伝説を今に伝えるテーマ施設。「平家伝説館」や神楽やイベントが行われる「能舞台」などがある。また山菜料理や手打ちそばを食べることができる茅葺き屋根の食事処も。
問／熊本県八代市泉町椊木160-1
TEL0965-67-5372

四季の魅力

▲シャクナゲの春と紅葉シーズンの秋は人気が高い。また、向かいの白鳥山にはヤマシャクヤクの群生地があり、春から初夏にかけて花をつける

●お問合せ　五家荘観光案内所 TEL0965-36-5800
八代市泉支所 地域振興課 TEL0965-67-2111

烏帽子岳（脊梁）DATA

●おすすめ登山シーズン
3月〜11月
●トイレ
峰越登山口
●駐車場
峰越登山口
●アクセス
八代ICより車で2時間40分

▲椊木の吊橋

▲市房山神宮参道に立ち並ぶ杉の巨木は1kmに亘る。荘厳な雰囲気に満ちている

巨大な杉並木の中を熊本県第二の頂へ

市房山《いちふさやま》

体力度
★★★☆☆

日程
日帰り

歩行時間
6時間20分

歩行距離
6.1km

累計標高差
1244m

標高
1720.8m

九州山地南部の市房山は熊本県第二の標高となる。

山麓にある市房山神宮は人吉藩主の庇護も厚く、一帯の信仰を集めた。参道に立ち並ぶ杉の巨木は1キロメートルに亘り、荘厳な雰囲気に満ちている。

登山口がある湯山はまた、古くから上質の温泉が湧く地として知られてきた。決して辺境と言うわけでは無く交通も便利なのだが、のどかな山村風景が広がっており、牧歌的で落ち着いた雰囲気を醸し出している。

市房山キャンプ場❶に駐車スペースがあるので車を停めて登山道に入る。

杉の巨木の中を歩き、古い石段を登っていく。八丁坂の先が市房山神宮❷となる。

ここから急坂となる。整備された登山道ではあるが十分注意し、そして焦らずゆっくりと登って行こう。岩場の急斜面・馬ノ背❸から、山頂も顔をのぞかせる。

七合目❹あたりで傾斜がゆるみ、やがて稜線に達する。クマザサやブナが灌木帯へと変わり、間もなく山頂❺だ。

東西に長く、九州山地の雄大な光景が広がる。

ワンポイントアドバイス

▲市房山から北東の二ツ岩へは九州を代表する縦走ルートのひとつ。急斜面ややせ尾根があり、体力的にも技術的にも高いレベルが求められ人気があるが、現在通行止めとなっている

▲杉の巨木は樹齢700年以上とも

コースMAP

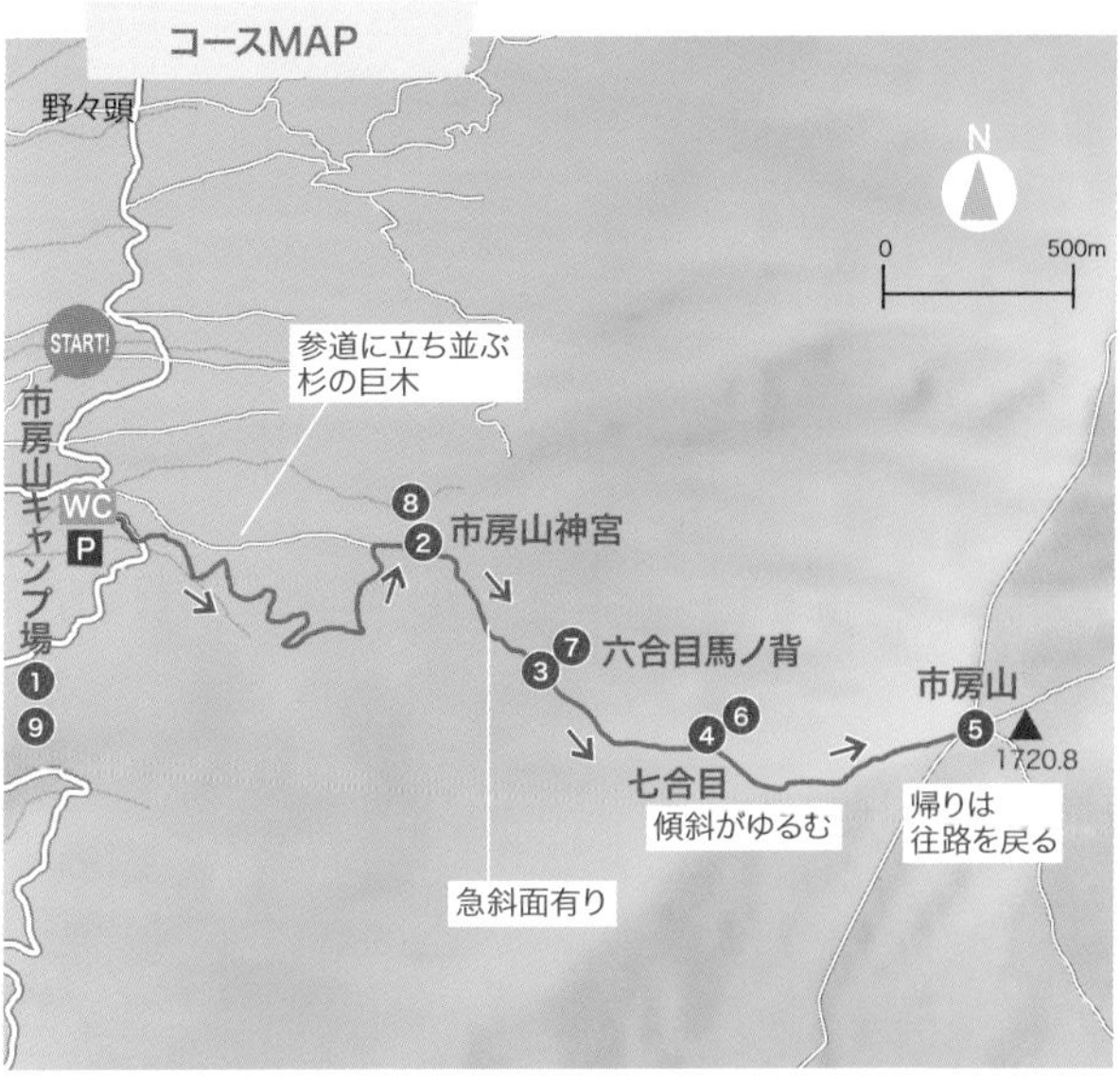
野々頭
N
0
500m
START!
市房山キャンプ場
WC
P
参道に立ち並ぶ杉の巨木
8
2
市房山神宮
3
7
六合目馬ノ背
4
6
七合目
傾斜がゆるむ
急斜面有り
市房山
5
1720.8
帰りは往路を戻る
1
9

コースガイド

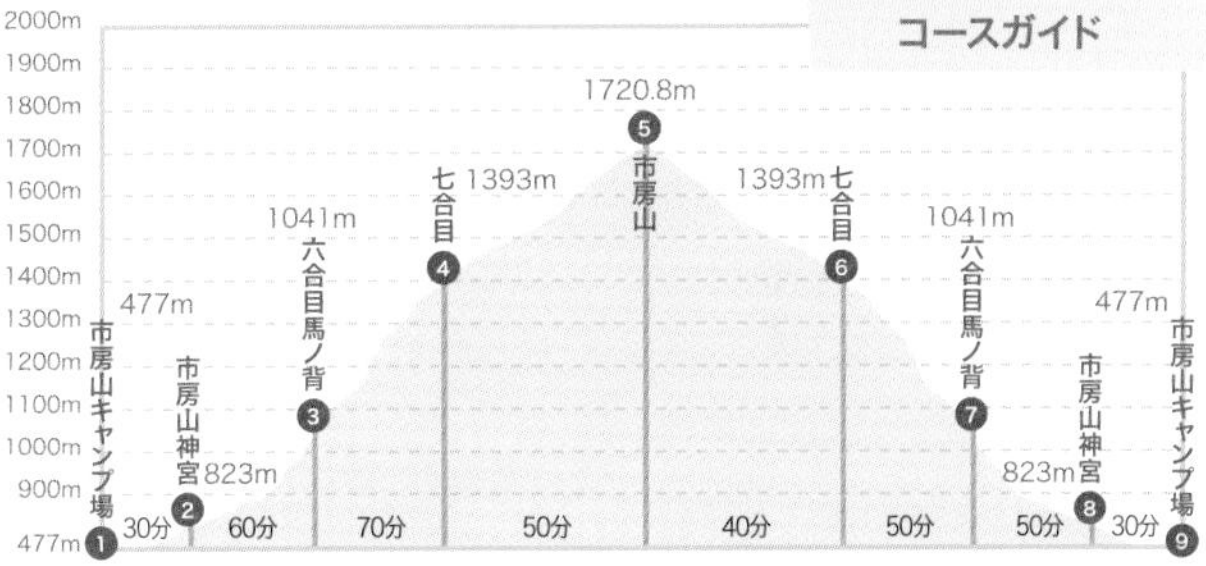
2000m
1900m
1800m
1700m
1600m
1500m
1400m
1300m
1200m
1100m
1000m
900m
477m
1 市房山キャンプ場 477m
2 市房山神宮 823m
3 六合目馬ノ背 1041m
4 七合目 1393m
5 市房山 1720.8m
6 七合目 1393m
7 六合目馬ノ背 1041m
8 市房山神宮 823m
9 市房山キャンプ場 477m
30分
60分
70分
50分
40分
50分
50分
30分

立ち寄りスポット

▼市房山は、熊本県初の「森林セラピー基地」に認定され、ガイドによるツアーを実施している(有料)。市房山キャンプ場から市房山神宮までの、片道約1.4kmを往復3時間半かけてトレッキングする。問/森林セラピー推進協議会(水上村観光協会内)TEL0966-46-0800

四季の魅力

▲花々や風景もそうだが、四季の味覚も魅力的。ヤマメに丹精こめた清流米、タケノコ、茶、栗、イチゴなどの地産品を味わうには一泊の行程をおすすめする

●お問合せ 水上村観光協会 TEL0966-46-0800

市房山DATA

●おすすめ登山シーズン
3月～11月
●トイレ
市房山キャンプ場
●駐車場
駐車スペース有
●アクセス
九州自動車道人吉ICより車で1時間

▲のどかな山村風景の中に雄大な姿でそびえる市房山

▲白髪岳千望から眺める雲海。温暖な気候と水分が、森の豊かさを守る

ブナの自然林と千望からの大パノラマ

白髪岳《しらがだけ》

体力度
★★☆☆☆

日程
日帰り

歩行時間
4時間20分

歩行距離
7.5km

累計標高差
376m

標高
1417m

白髪岳は、温暖多雨の気象条件のもと多種多様な植物が分布しているが、とりわけ自然環境保全地域内は貴重の植物の宝庫。中でも、ブナの日本の南限は鹿児島県高隅山だが、安定した本格的なブナ原生林としては、紫尾山、霧島山系とともに分布の南限とされている。

九州道人吉ICから国道219線であさぎり町に入り、くま川鉄道あさぎり駅から南下。看板に従って林道榎田線を行く。人吉ICから約40分。

登山口駐車場❶よりまず猪ノ子伏❷の山頂を目指す。東へと、広めの稜線を進んで行く。常緑樹のアカガシの中を進んで行き、ブナばかりとなる。この一帯では、標高1300メートル前後を境に、それより下はモミやツガ、上にはブナが発達する。稜線を進むと、白髪神社上宮である三池神社❸に着く。

白髪岳山頂❹は南に霧島、韓国岳。北は市房山、祖母山等の九州山地の山々が広がる。

帰りは往路を戻る。

ワンポイントアドバイス

▲秋から春にかけて球磨盆地にしばしば発生する朝霧が町名の由来と言うだけあって、冬季は樹氷が生まれやすい。降雪は少ないので、冬は樹氷を見るチャンスだ

▲高山から見た白髪岳

▲白髪岳千望からの風景

コースMAP

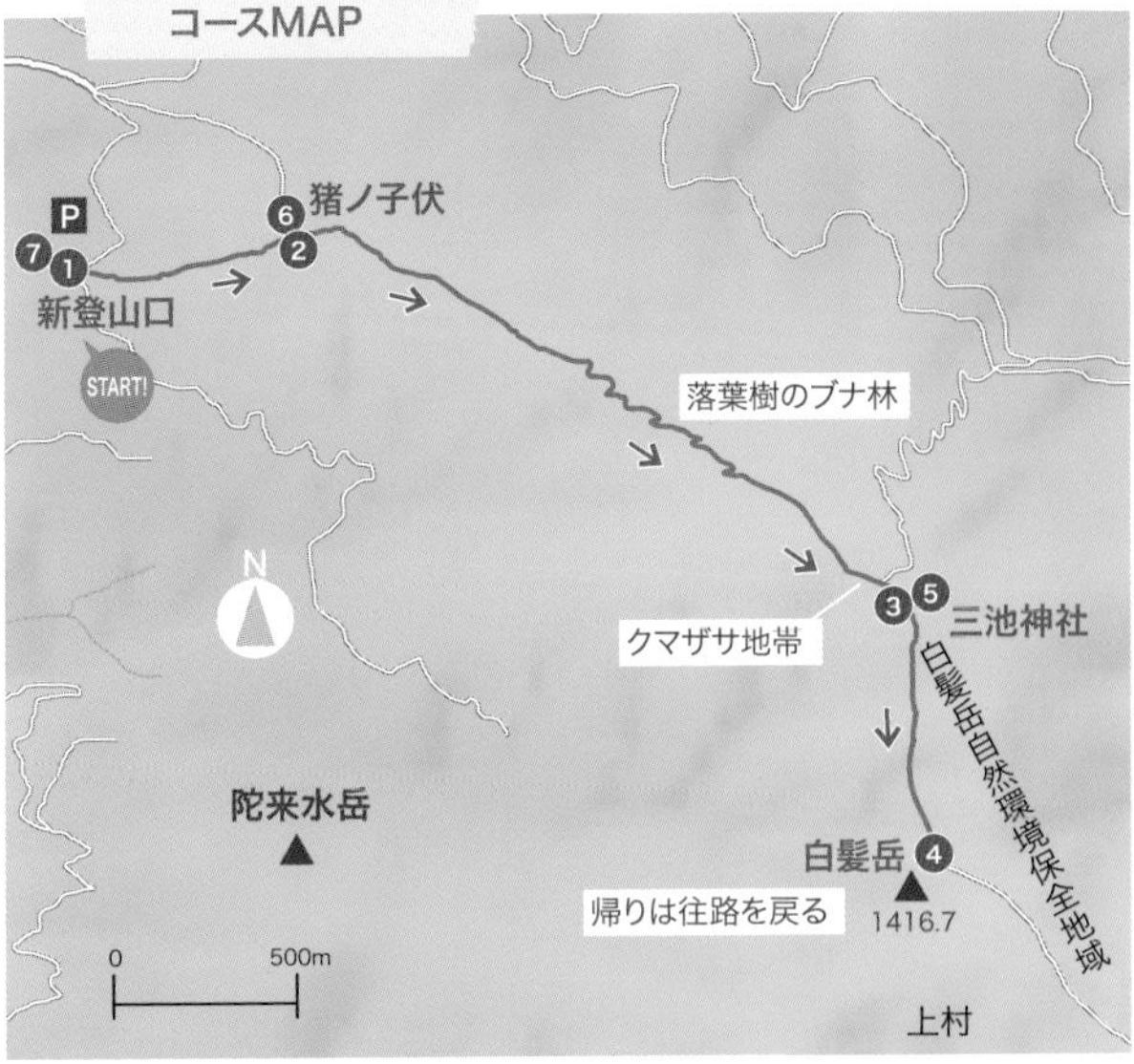
P
猪ノ子伏
新登山口
START!
落葉樹のブナ林
三池神社
クマザサ地帯
白髪岳自然環境保全地域
N
陀来水岳
白髪岳
帰りは往路を戻る
1416.7
0
500m
上村

コースガイド

2000m
1900m
1800m
1700m
1600m
1500m
1400m
1300m
1200m
1122m
登山口
1122m
猪ノ子伏 1233m
三池神社 1365m
1417m
白髪岳山頂
三池神社 1365m
1233m 猪ノ子伏
1122m
登山口
40分
80分
30分
20分
60分
30分

立ち寄りスポット

▼ビハ公園キャンプ場は広大な敷地にオートサイト、フリーサイト、トレーラーハウスがあり、白髪岳登山の拠点となっている。
問／あさぎり町ビハ公園キャンプ場
熊本県球磨郡あさぎり町上西3511-2
TEL0966-47-0888

四季の魅力

▲自然環境保全地域に指定されており、ブナだけでなく他の植物もまた豊かだ。ヤマアジサイやバイケイソウはブナ林などの夏緑広葉樹林に生育し、初夏に花をつける

白髪岳DATA

●おすすめ登山シーズン
3月～11月
●トイレ
なし
●駐車場
駐車スペース有
●アクセス
九州自動車道人吉ICより登山道入口まで車で約40分

●お問合せ　あさぎり町役場 商工観光課 TEL0966-45-7220

▲日向灘の海岸線と九州脊梁山地の中間に位置し、尾鈴山地として万吉山、神陰山、長崎尾、矢筈岳、黒原山、春山などの支峰を持つ

瀑布群とシャクナゲを楽しむ

尾鈴山《おすずやま》

体力度
★★★☆☆

日程
日帰り

歩行時間
7時間30分

歩行距離
12km

累計標高差
1102m

標高
1405.2m

尾鈴山県立自然公園には、名貫川上流に30以上の滝が点在し「尾鈴山瀑布群」として国の名勝に指定されている。

尾鈴山一帯にはキャンプ場等が整備され、滝めぐりを主眼としたコースなど散策やトレッキングのコースが整備されている。

第一駐車場❶から山頂を目指すルートを紹介しよう。

日本の滝百選にも選出されている矢研の滝の近くに、尾鈴キャンプ場がある。

ウォーミングアップを兼ねて、車道の林道を登山口❷まで歩いて登って行く（約1時間）。途中、甘茶滝を眺めることが出来る。

林道終点の少し手前が登山口。一合目から急登が待っているが、ほどなく尾根道となり、林の中を登って行く。時季により、世界で尾鈴山系にのみ咲くキバナノツキヌキホトトギスが見られる。

登山道は一合目ごとに標識が整備されている。自然林の中を一歩一歩進んでいこう。

尾鈴神社の祠が見え、山頂❹へ。眺望はあまり得られない。帰りは往路を戻る。

ワンポイントアドバイス

▲山頂からは馬の背、長崎尾を経て矢筈岳方面を周遊するコースもある。尾根道はアケボノツツジやシャクナゲが美しい

▲矢研の滝は落差73m。神武天皇がこの滝で矢を研いだというのが名の由来

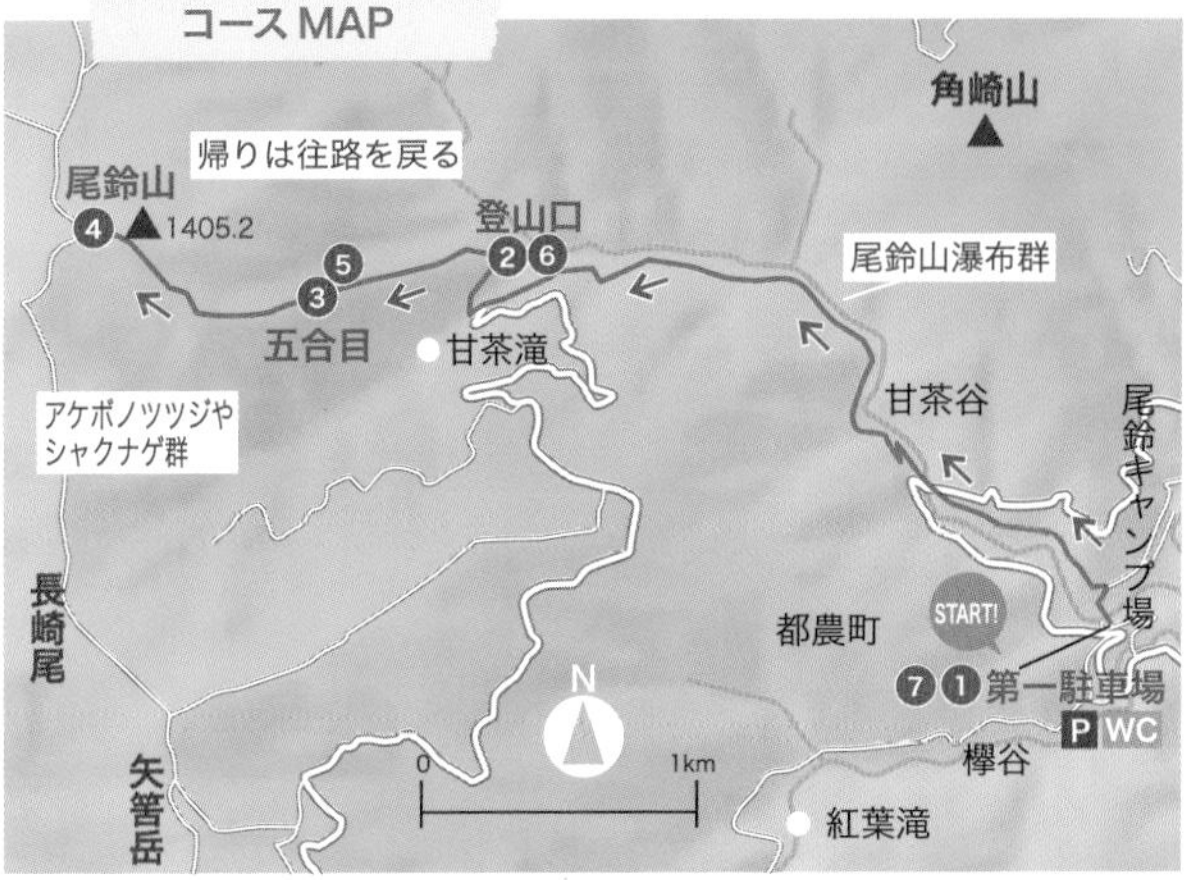
コースMAP
角崎山
帰りは往路を戻る
尾鈴山
4 1405.2
登山口
2 6
5
3
五合目
甘茶滝
尾鈴山瀑布群
甘茶谷
アケボノツツジやシャクナゲ群
尾鈴キャンプ場
長崎尾
START!
都農町
7 1 第一駐車場
P WC
欅谷
N
0
1km
矢筈岳
紅葉滝

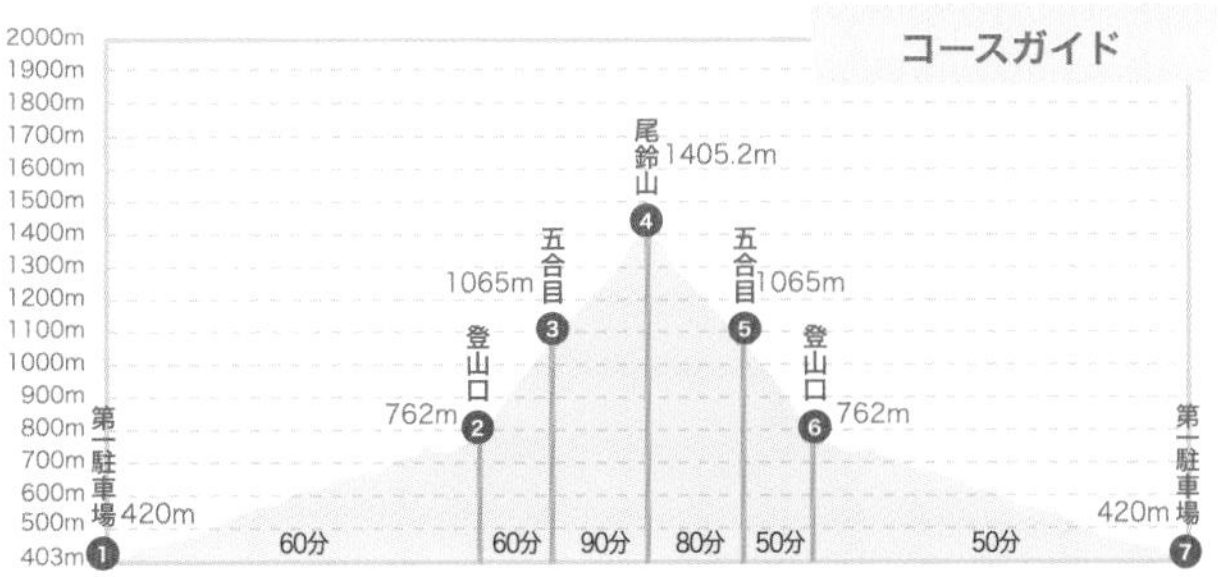
コースガイド
2000m
1900m
1800m
1700m
1600m
1500m
1400m
1300m
1200m
1100m
1000m
900m
800m
700m
600m
500m
403m
第一駐車場 420m
登山口 762m
五合目 1065m
尾鈴山 1405.2m
五合目 1065m
登山口 762m
第一駐車場 420m
60分
60分
90分
80分
50分
50分

立ち寄りスポット

▼都農ワイナリーは世界最大規模の品評会「インターナショナル・ワイン・チャレンジ(IWC)で4つの商品が入賞を果たした。 問／宮崎県児湯郡都農町大字川北14609-20 TEL0983-25-5712

四季の魅力

▲4月～5月にかけてアケボノツツジやシャクナゲが見頃。9月上旬～は地球上でも尾鈴山系にしか咲かないキバナノツキヌキホトトギスが見頃

尾鈴山DATA

●おすすめ登山シーズン
3月～11月
●トイレ
第一駐車場、キャンプ場
●駐車場
駐車スペース有り
●アクセス
東九州道都農ICより県道307号線経由で約30分

●お問合せ 都農町観光協会 TEL0983-25-5712

▲左(西)が雄岳、右が雌岳となっている。雌岳山頂は木々のため展望が良くないため訪れる人は少ない

東西に分かれる雄岳・雌岳と滝の眺め

行縢山《むかばきやま》

体力度
★★☆☆☆

日程
日帰り

歩行時間
4時間10分

歩行距離
6.7km

累計標高差
850m

標高
829.9m

その昔、騎馬遠行や狩猟の際、シカの皮などを素材とした腰から足先までを覆う長い覆いを着用した。現在も流鏑馬の装束に使用されるこの覆いが行縢だ。遠くから眺める姿がこれに似ていたことから行縢山という名がついたと言われている。途中にある行縢の滝は幅20メートル、高さ77メートル。「日本の滝百選」に選ばれた名瀑。行縢山の雄岳と雌岳の間から落ちている。

登山口❶は行縢神社。鳥居の手前から自然林の中に入っていく。豊かな照葉樹林を進むと、巨大な杉が何本も現れる。しばらく登っていくと「上の駐車場」からの道と合流❷する。やがて滝見橋があり、橋上から滝❸を眺めることができる。

さらに進み山頂を目指す。山ノ神峠❹の先にベンチが有り、県民の森を経由して雌岳(809m)へと向かうコースが分かれる。

左へ進み、山頂(雄岳)へと進む。一時間弱で行縢山山頂❺だ。遠く延岡市、その先に日向灘を望むことができる。帰りは往路を戻る。

ワンポイントアドバイス

行縢神社
行縢の滝

▲学校の遠足などにも利用されるファミリーにも人気の山。しかしだからと言って油断は禁物だ。特に沢筋はルートをはずれると危険な箇所がある。滑落事故も過去発生しているので注意が必要だ

▲「日本の滝百選」に選ばれた名瀑、行縢の滝

▲行縢山山頂

コースMAP

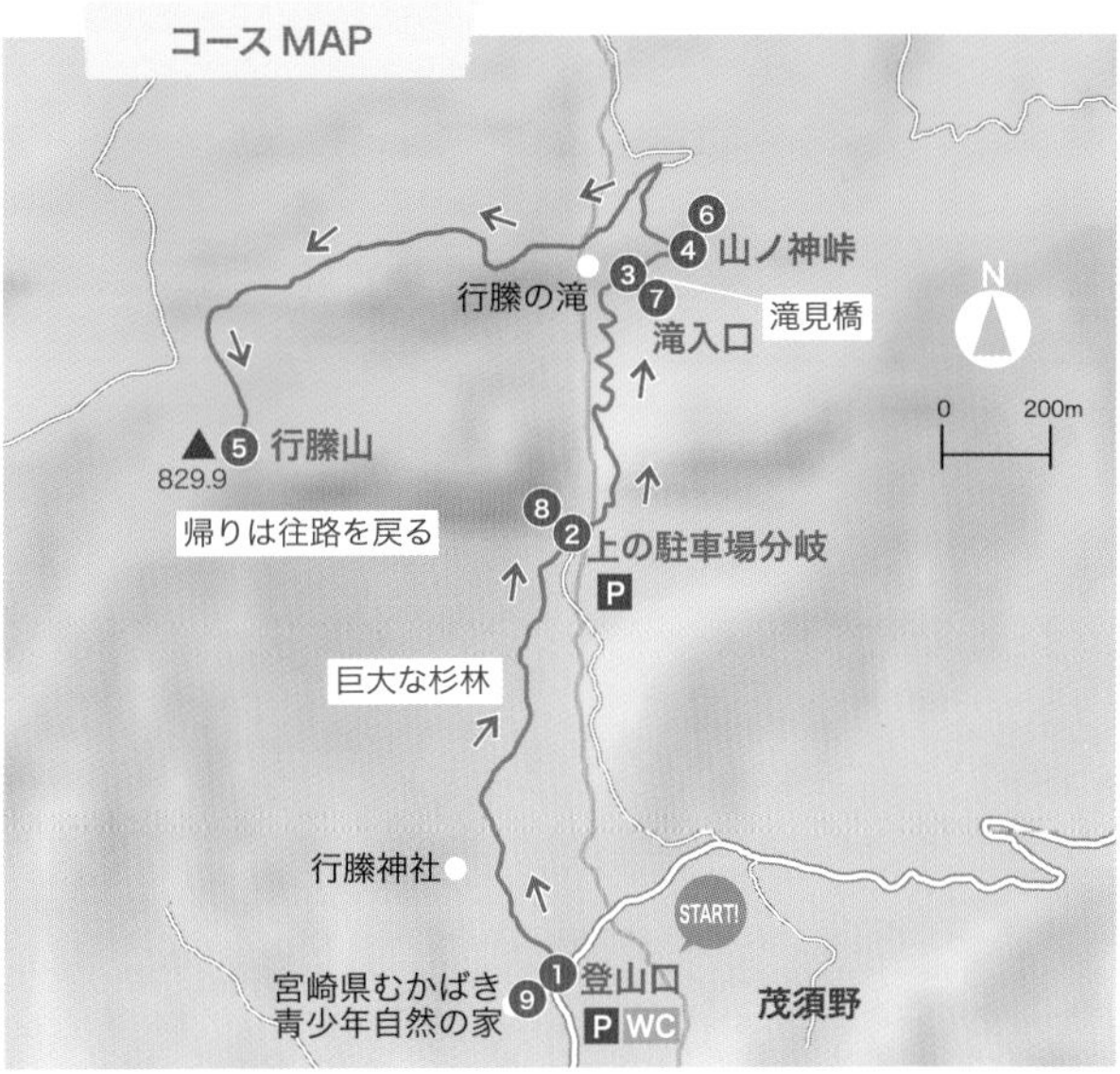
コースMAP
6
4 山ノ神峠
行縢の滝
3
7
滝見橋
滝入口
N
0
200m
5 行縢山
829.9
8
2 上の駐車場分岐
帰りは往路を戻る
P
巨大な杉林
行縢神社
START!
1 登山口
宮崎県むかばき青少年自然の家 9
P WC
茂須野

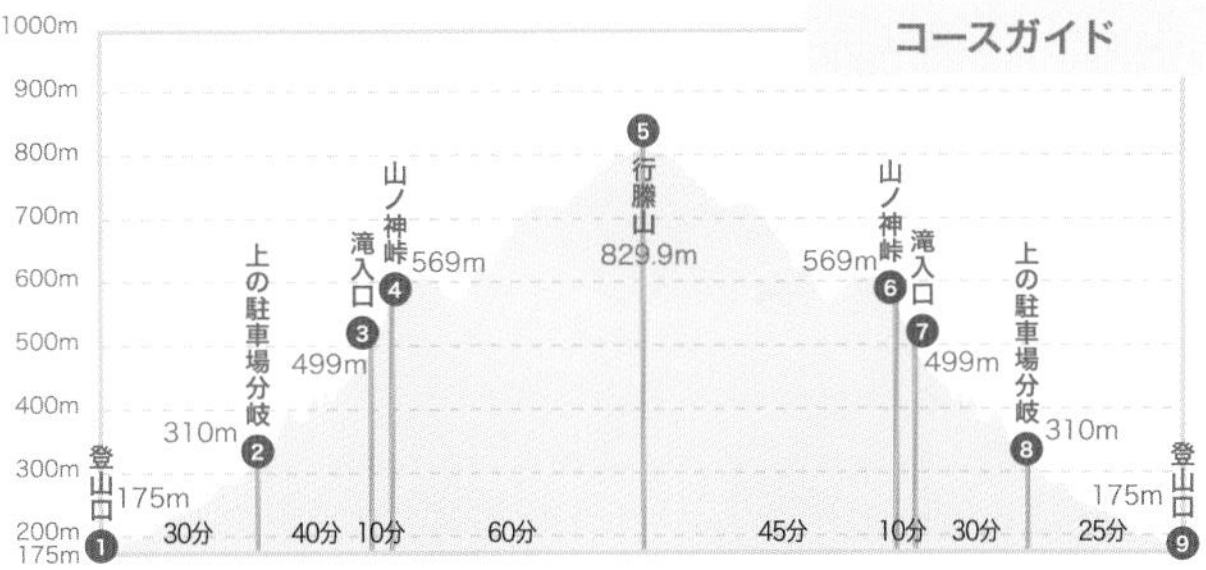
コースガイド
1000m
900m
800m
700m
600m
500m
400m
300m
200m
175m
1 登山口 175m
2 上の駐車場分岐 310m
3 滝入口 499m
4 山ノ神峠 569m
5 行縢山 829.9m
6 山ノ神峠 569m
7 滝入口 499m
8 上の駐車場分岐 310m
9 登山口 175m
30分
40分
10分
60分
45分
10分
30分
25分

立ち寄りスポット

▼宮崎県むかばき青少年自然の家。登山やトレッキング、沢遊びなどの野外活動やカセグレン式反射望遠鏡を備えた天体ドームでの星の観察など様々な体験ができる県の研修施設。利用申込は団体になる。
問／宮崎県延岡市行縢町760-3
TEL0982-38-0272

四季の魅力

▲行縢の滝には、水量にもよるが滝壺まで行くことが出来る。5月中旬頃には絶壁にササユリの花が咲く

行縢山DATA

●おすすめ登山シーズン
1月～12月
●トイレ
登山口駐車場
●駐車場
登山口に駐車スペース有
●アクセス
延岡駅前バスセンターより宮崎交通行縢線約30分、行縢山登山口バス停下車。車の場合、延岡南道路・高千穂方面（北方延岡道路）舞野ICで国道218号線に降りた後、右折。その後、約500m先を左折し直進。舞野ICより20分

●お問合せ　延岡市商工観光部観光戦略課 TEL0982-34-7833

▲崩れたように見える風化した花崗岩が名の由来。山頂近くからはくじゅう、阿蘇、祖母山、傾山、由布岳、霧島山などを望む

岩峰そそり立つ山に挑戦

大崩山《おおくえやま》

体力度
★★★★★

日程
日帰り

歩行時間
9時間

歩行距離
10km

累計標高差
1100m

標高
1643.3m

深い原生林と、花崗岩の岩峰がそそり立つ雄大な姿が九州の岳人を魅了してやまない大崩山。

登山口❶からいきなり急な斜面が始まるが、程なく緩やかに。大崩山荘❷に着いたら川の状況を確認。帰路はここを徒渉しなければならないからだ。

山荘に戻ってから案内板に従ってワク塚へと進み、分岐❸から左折し岩伝いに渡渉する。

巨岩が姿を見せ、いよいよ岩峰への挑戦だ。ガレ場を登ると袖ダキ展望所❹。岩場ならではの景色が広がる。

さらに西へ進み急登のハシゴを何度も登っていく。上ワク塚基部❺から先、坊主尾根分岐❻まで行くとスズタケの中の道となる。三差路❼から左へ進むとほどなく大崩山山頂❽だ。

帰路は坊主尾根分岐❿から右へルートをとる。途中、小積ダキ⓫からは絶景が広がる。その先の坊主尾根は林道分岐⓬までハシゴ場が連続する。

下り続け林道分岐から林道を進み、大崩山荘⓭手前を徒渉する。

ワンポイントアドバイス

▲入山前にインターネットなどで川の状況を確認しておくこと。合わせて気象状況も。岩場を含め過去重大事故も起きており、この山に関しては他山にも増して、十分なトレーニングと準備をもって臨みたい

▲岩場を歩いたりハシゴを登ったりと注意が必要だが眼前に広がる絶景は美しい

▲川の増水には細心の注意が必要となる

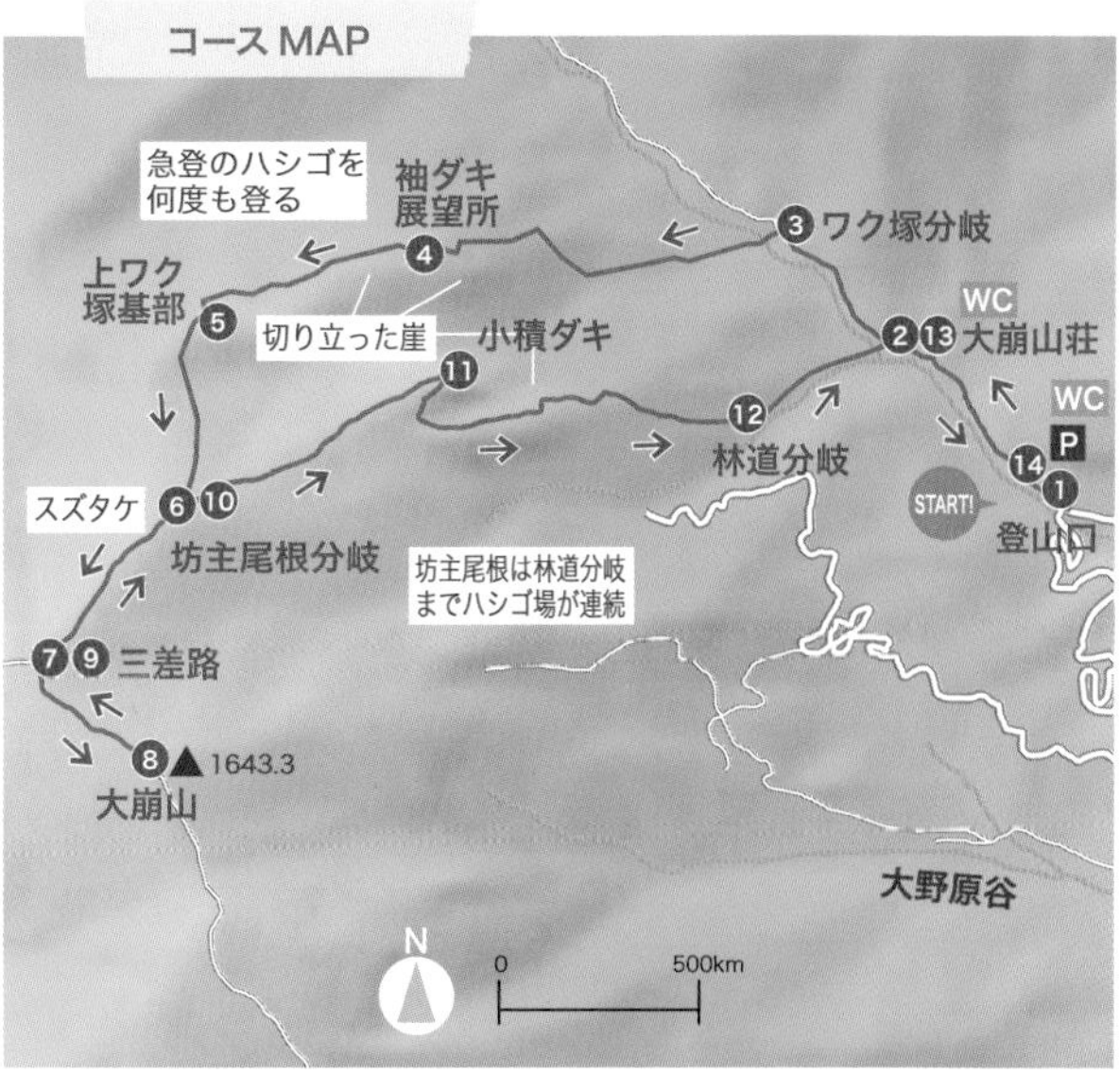
コース MAP
急登のハシゴを何度も登る
袖ダキ展望所
4
3 ワク塚分岐
上ワク塚基部
5
切り立った崖
小積ダキ
11
WC
2 13 大崩山荘
WC
P
12
林道分岐
14
START!
1
登山口
スズタケ
6 10
坊主尾根分岐
坊主尾根は林道分岐までハシゴ場が連続
7 9 三差路
8 ▲1643.3
大崩山
大野原谷
N
0
500km

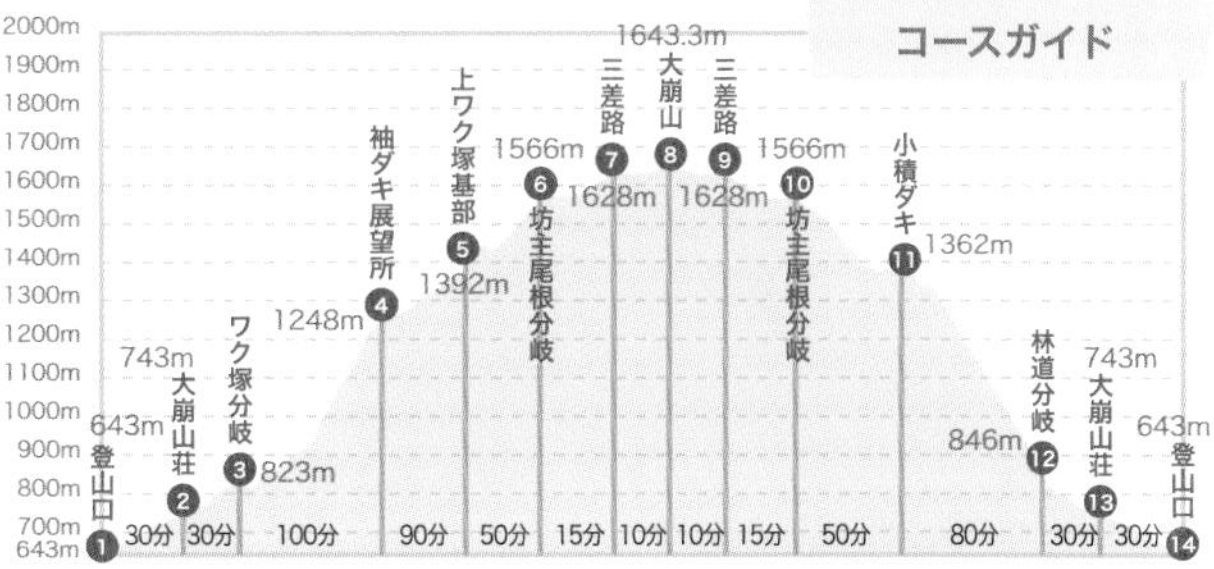
コースガイド
2000m
1900m
1800m
1700m
1600m
1500m
1400m
1300m
1200m
1100m
1000m
900m
800m
700m
643m
1 登山口 643m
2 大崩山荘 743m
3 ワク塚分岐 823m
4 袖ダキ展望所 1248m
5 上ワク塚基部 1392m
6 坊主尾根分岐 1566m
7 三差路 1628m
8 大崩山 1643.3m
9 三差路 1628m
10 坊主尾根分岐 1566m
11 小積ダキ 1362m
12 林道分岐 846m
13 大崩山荘 743m
14 登山口 643m
30分
30分
100分
90分
50分
15分
10分
10分
15分
50分
80分
30分
30分

立ち寄りスポット

▼アプローチの途中にある祝子川（ほうりがわ）温泉美人の湯。温泉自体も良い湯だが、支配人さんのブログやFacebookではその日の大崩山の状況がアップされており貴重な情報となる。

問／宮崎県延岡市北川町川内名10358-10
TEL0982-23-3080

四季の魅力

▲アケボノツツジの咲く時期や紅葉期は入山者も多く、ハシゴ場では待ち時間が発生することも。時間の余裕と見通しが大切。山頂まで行かず上ワク塚の少し先からりんどうの丘を経由して戻っても良い

●お問合せ 延岡市商工観光部観光戦略課 TEL0982-34-7833

大崩山DATA

●おすすめ登山シーズン
3月〜5月、9月〜11月

●トイレ
「祝子川温泉美人の湯」の駐車場トイレ、大崩山荘

●駐車場
登山口に駐車スペース有

●アクセス
ＪＲ延岡駅前より県道16号線、県道207号線を経由。上祝子を通り登山口まで約60分

▲大パノラマが広がる扇山山頂。シャクナゲが開花する５月の山開きには多くの人で賑わう

椎葉村民に一番親しまれている山

扇山《おうぎやま》

体力度
★★☆☆☆

日程
日帰り

歩行時間
2時間15分

歩行距離
5.8km

累計標高差
335m

標高
1661.3m

奥九州、平家落人伝説の里・椎葉村。九州脊梁山地で熊本との境をなし、豊かで厳しい山々に包まれている。

そんな椎葉村の地元で一番親しまれているのがこの扇山だ。シャクナゲが開花する5月の山開きには多くの人が参加して登山シーズンを祝う。

登山口からの行程はそう厳しいものではないが、登山口までのアプローチが大変かもしれない。上椎葉から車で40分ほどの場所にある松木登山口❶は、広々とした駐車場とバイオマストイレがある。

この駐車場そのものがすでにビューポイント。しばし展望を楽しもう。

登山口からは整備された登山道を登って行く。まずは樹林の中の急坂を登る。やがて道は平坦になりいったん下ってから、また登る。

扇山山小屋❷があり、その下には簡易トイレがある。

道標にしたがって右へ急勾配を登り、傾斜が緩んだら大岩がある。

横を通りしばらく進むと扇山山頂❸。

シャクナゲと露岩、そして枯木の山頂からは、大パノラマが。帰りは往路を戻る。

ワンポイントアドバイス

▲反対側の内の八重登山口からは登り1時間半、下り1時間ほどの行程。登山口へのアプローチの林道は、大雨などにより通行止めとなることもあるので事前に確認した方が良い。

▲扇山登山口からの風景

▲シャクナゲの密生で知られている

コースMAP

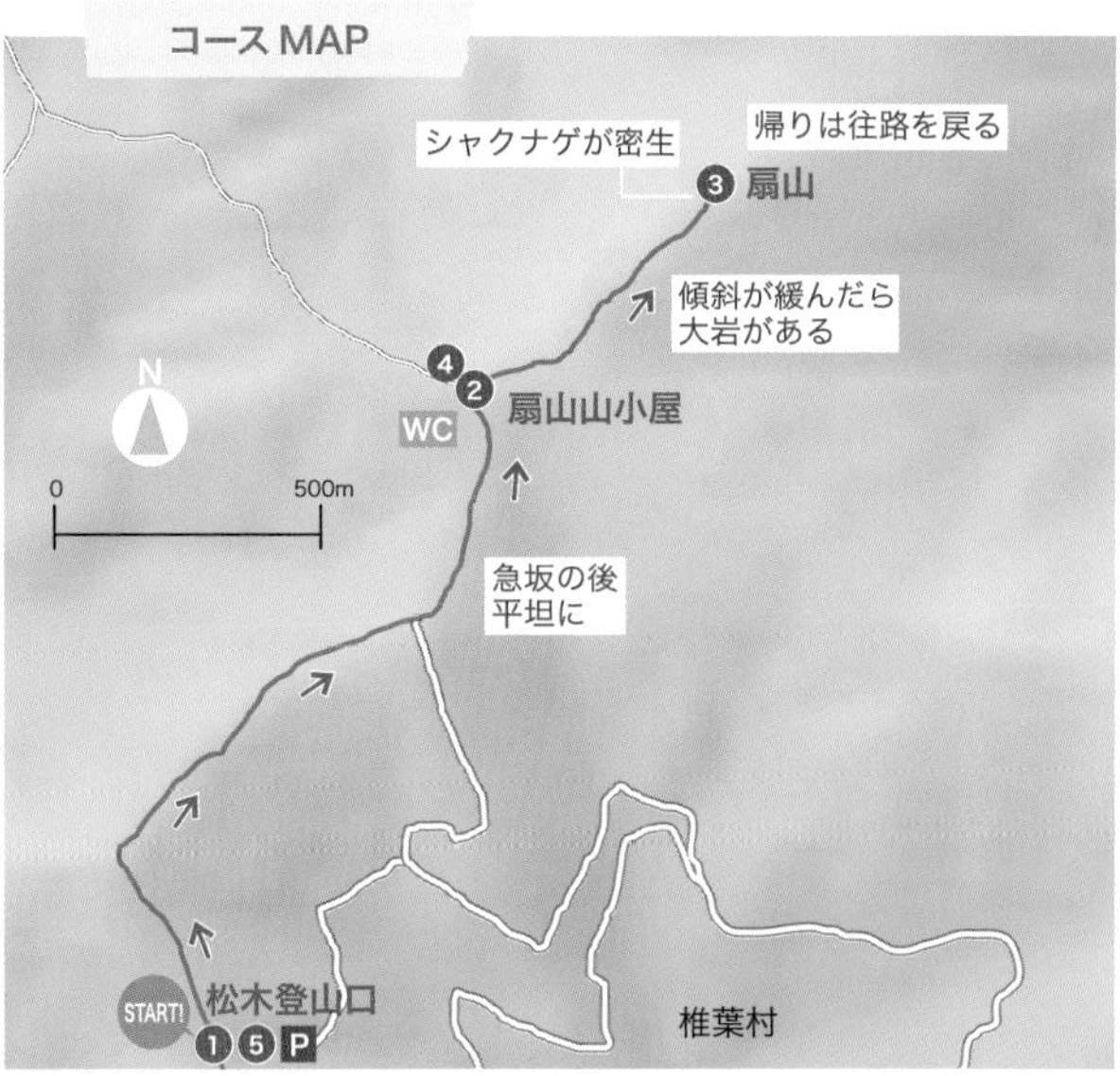
帰りは往路を戻る
シャクナゲが密生
3 扇山
傾斜が緩んだら
大岩がある
N
4
2 扇山山小屋
WC
0
500m
急坂の後
平坦に
START!
松木登山口
1 5 P
椎葉村

コースガイド

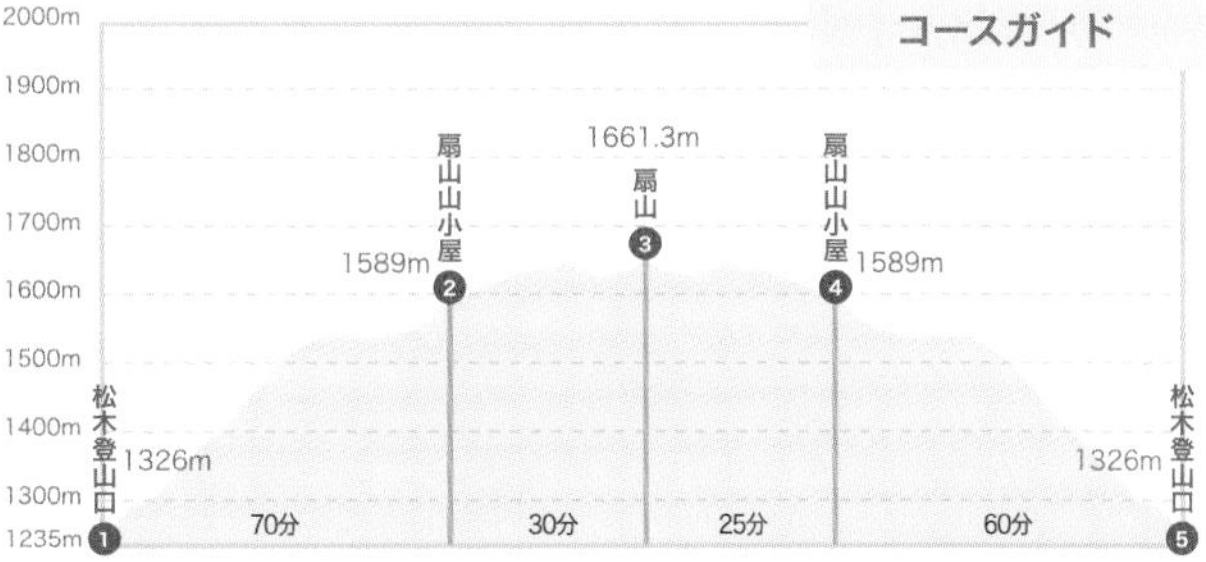
2000m
1900m
1800m
1700m
1600m
1500m
1400m
1300m
1235m
1661.3m
扇山山小屋 1589m 2
扇山 3
扇山山小屋 1589m 4
松木登山口 1326m 1
松木登山口 1326m 5
70分
30分
25分
60分

立ち寄りスポット

▼平家の落人伝説が残る椎葉村。鶴富屋敷(那須家住宅)や十根川重要伝統的建造物群保存地区、八村杉、大久保のヒノキなど、山深い里の暮らしに触れることができるスポットが多くある

四季の魅力

▲密生するシャクナゲがなんと言っても魅力。毎年5月第2日曜日に山開きが開催される。夏の炎天下を除き年間を通して楽しむことが出来る

●お問合せ 椎葉村 地域振興課 商工観光グループ
TEL0982-67-3203

扇山DATA

●おすすめ登山シーズン
1月〜6月、9月〜12月
●トイレ
扇山山小屋、松木登山口
●駐車場
登山口に駐車スペース有り
●アクセス
椎葉村までは山都中島西ICより約1時間30分。県道142号線上椎葉ダムの東岸を北上し、林道経由で登山口へ。未舗装の箇所有り

▲韓国岳は霧島火山の最高峰で、直径900m、深さ300mに達する大きな火口を持っている。写真は大浪池から

霧島山の最高峰と大浪池を巡る

韓国岳《からくにだけ》

体力度
★★☆☆☆

日程
日帰り

歩行時間
3時間55分

歩行距離
6km

累計標高差
464m

標高
1700m

宮崎県えびの市、小林市、鹿児島県霧島市、湧水町など7市町にまたがる霧島山の最高峰が韓国岳だ。一説によると「山頂から韓の国まで見渡せる」のが山名の由来といわれる。

えびのエコミュージアムセンター❶近くの登山口から登山道へ入っていく。硫黄山展望所❷を過ぎ五合目❸へ。その先は火口縁をたどるように登り韓国岳山頂へ。大浪池方面への道が延びている。

山頂❹からの眺めは、雲や霧が出ていなければさえぎるものはなにもない。

大浪池や、獅子戸岳、新燃岳、さらには高千穂峰という霧島の山々が一望だ。

大浪池へ向かい50分ほどで避難小屋❺がある。その手前を右へ折れ❻、大浪池への火口縁へと上がり周回路を一周しても良いが、約2時間の行程となる。ちなみに、池の標高は1239mで日本屈指の高所に位置している。

案内板に従ってえびの高原へと下る。アカマツの多い林を抜け県道へ。えびのエコミュージアムセンター❼へと至る。登山中に出会った生き物や植物についてセンターで調べるのも楽しい。

ワンポイントアドバイス

▲本来、新燃岳を経ての霧島連山縦走ルートの起点となるが、執筆時では新燃岳の火山活動の影響により入山禁止となっているため縦走はできない。火山活動による入山規制などの情報には細心の注意と遵守を

▲大浪池は周囲1.9km水深11m。「お浪伝説」が語られる神秘的な火口湖として知られる

コースMAP

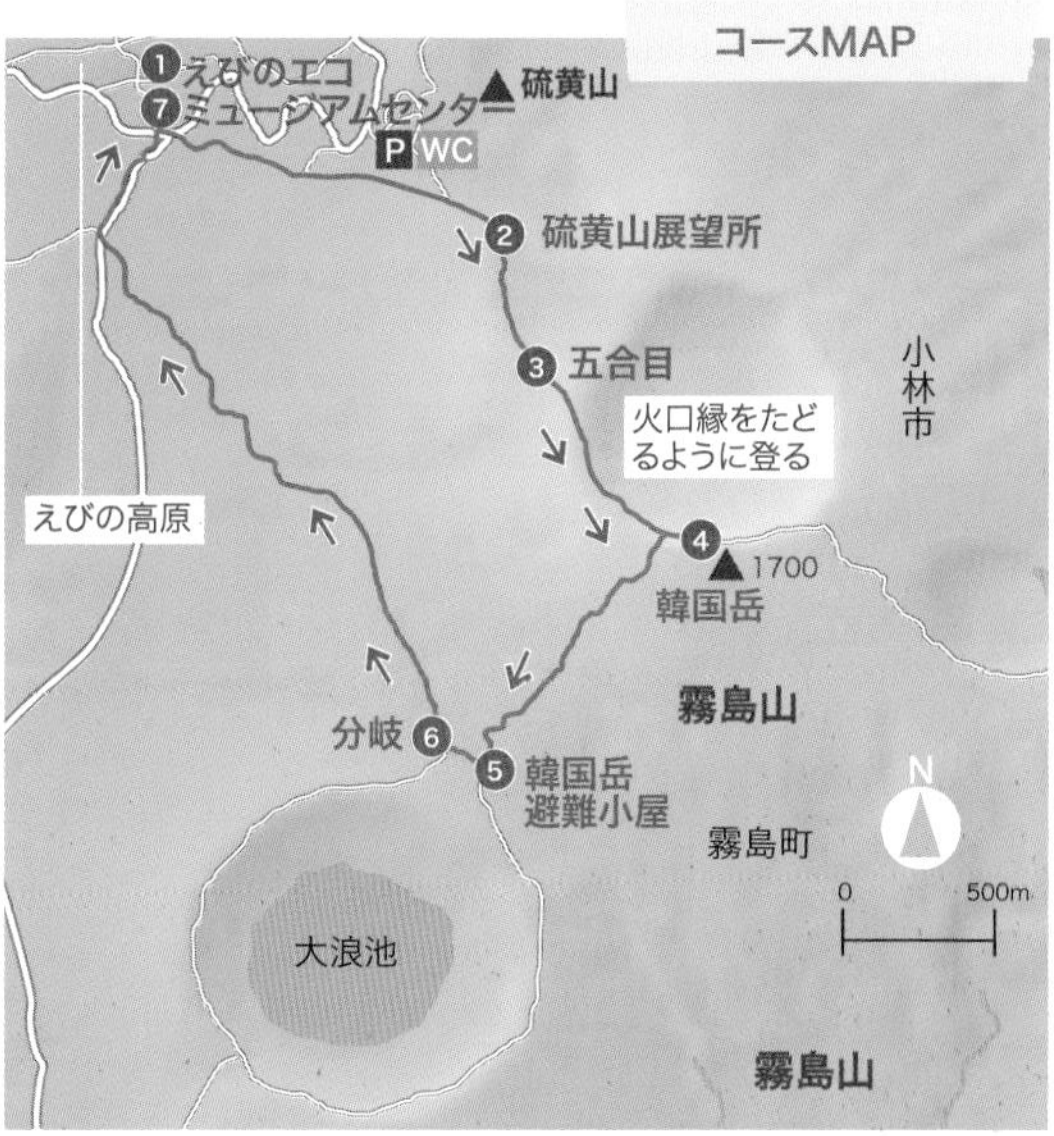
コースMAP
1 えびのエコ
7 ミュージアムセンター
硫黄山
P WC
2 硫黄山展望所
3 五合目
火口縁をたどるように登る
小林市
えびの高原
4 1700
韓国岳
霧島山
分岐 6
5 韓国岳避難小屋
霧島町
N
0 500m
大浪池
霧島山

コースガイド

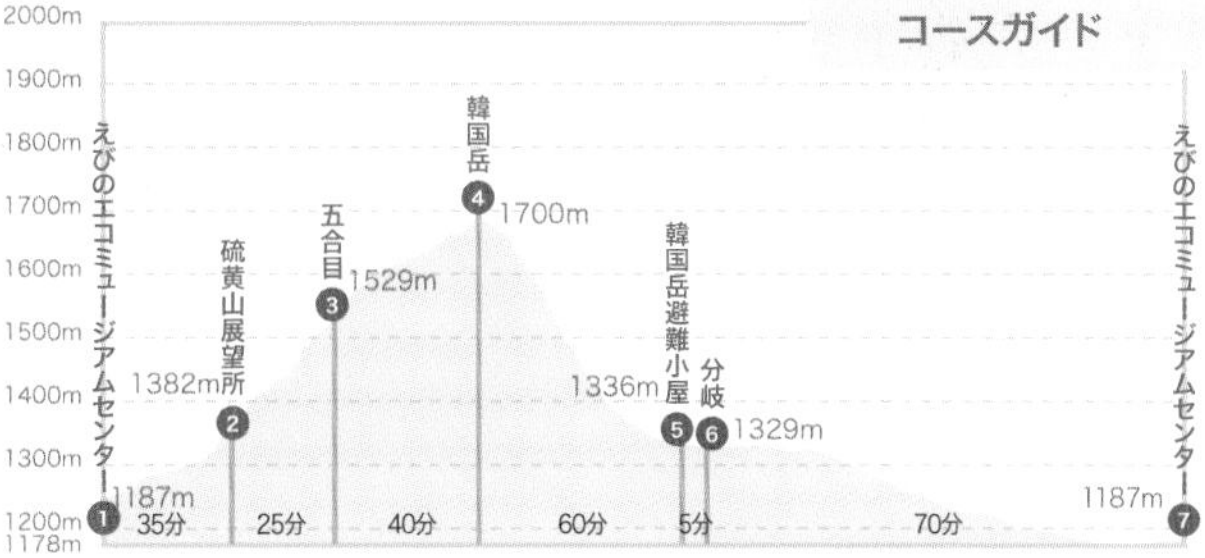
コースガイド
2000m
1900m
1800m
1700m
1600m
1500m
1400m
1300m
1200m
1178m
えびのエコミュージアムセンター
1187m
硫黄山展望所
1382m
五合目
1529m
韓国岳
1700m
韓国岳避難小屋
1336m
分岐
1329m
えびのエコミュージアムセンター
1187m
35分
25分
40分
60分
5分
70分

立ち寄りスポット

▼えびの周辺をはじめ霧島には多くの温泉がある。また登山口のえびのエコミュージアムセンターでは霧島の自然についての展示やイベントの開催も。
問／宮崎県えびの市末永1495-5
TEL0984-33-3002
（自然公園財団えびの支部）

四季の魅力

▲春のミヤマキリシマ、秋の紅葉、あるいは冬の樹氷と四季折々の美しさを持つ霧島の山々。また大浪池周辺には春先、マンサクの花が咲き乱れる

韓国岳DATA

●おすすめ登山シーズン
3月～11月
●トイレ
えびのエコミュージアムセンター
●駐車場
えびのエコミュージアムセンター他
●アクセス
九州自動車道えびのICより約30分

●お問合せ　えびの市役所 TEL0984-35-1111
霧島市役所 TEL0995-45-5111

▲降灰のため山全体が灰色に染まった感はあるが、展望は変わらず素晴らしい。登山同様、一歩一歩復興と整備が進んでいく

天孫降臨・天の逆鉾の山頂へ

高千穂峰《たかちほのみね》

体力度
★★★☆☆

日程
日帰り

歩行時間
3時間30分

歩行距離
5.3km

累計標高差
600m

標高
1573m

高千穂河原ビジターセンター❶から霧島神宮古宮址❷までは広くなだらかな参道を歩く。古宮址から右に折れ、石畳の登山道がしばらく続く。アカマツ、ノリウツギ、ヤシャブシ、ムラサキシキブなどの木々の林の中を歩く。

やがて赤茶けた火山礫の登山道に変わり、樹木がなくなり視界が開ける。

北西の中岳、新燃岳などを臨むことができる。

ここからは足場が岩のガレ場となり、傾斜も増す。足下に注意しながら一歩一歩進もう。直径約５００ｍの御鉢火口縁は、北側が急斜面、南側は火口壁（深さ約２００ｍ）のやせ尾根を歩く。馬の背付近では幅が狭くなっている所や、砂礫が続く。

登山ルートは御鉢火口縁の北側で、南側は立入禁止区域となっている。

御鉢と山頂との鞍部にあたる背門丘（せとお）には元宮址❹がある。

ここから山頂に向けては見通しの良い山肌をほぼ直登となる。山頂❺には天孫降臨伝説に基づく青銅製の天の逆鉾が。往路を戻り下山する。

ワンポイントアドバイス

▲韓国岳同様噴火の影響により入山規制エリアが有り、情報には細心の注意を。また新燃岳噴火の影響で登山道は降灰の影響を大きく受けており、砂場を歩く感じになる。滑らないよう注意を

▲霧島神宮古宮址

▲脊門丘(せとお)の元宮址

コースMAP

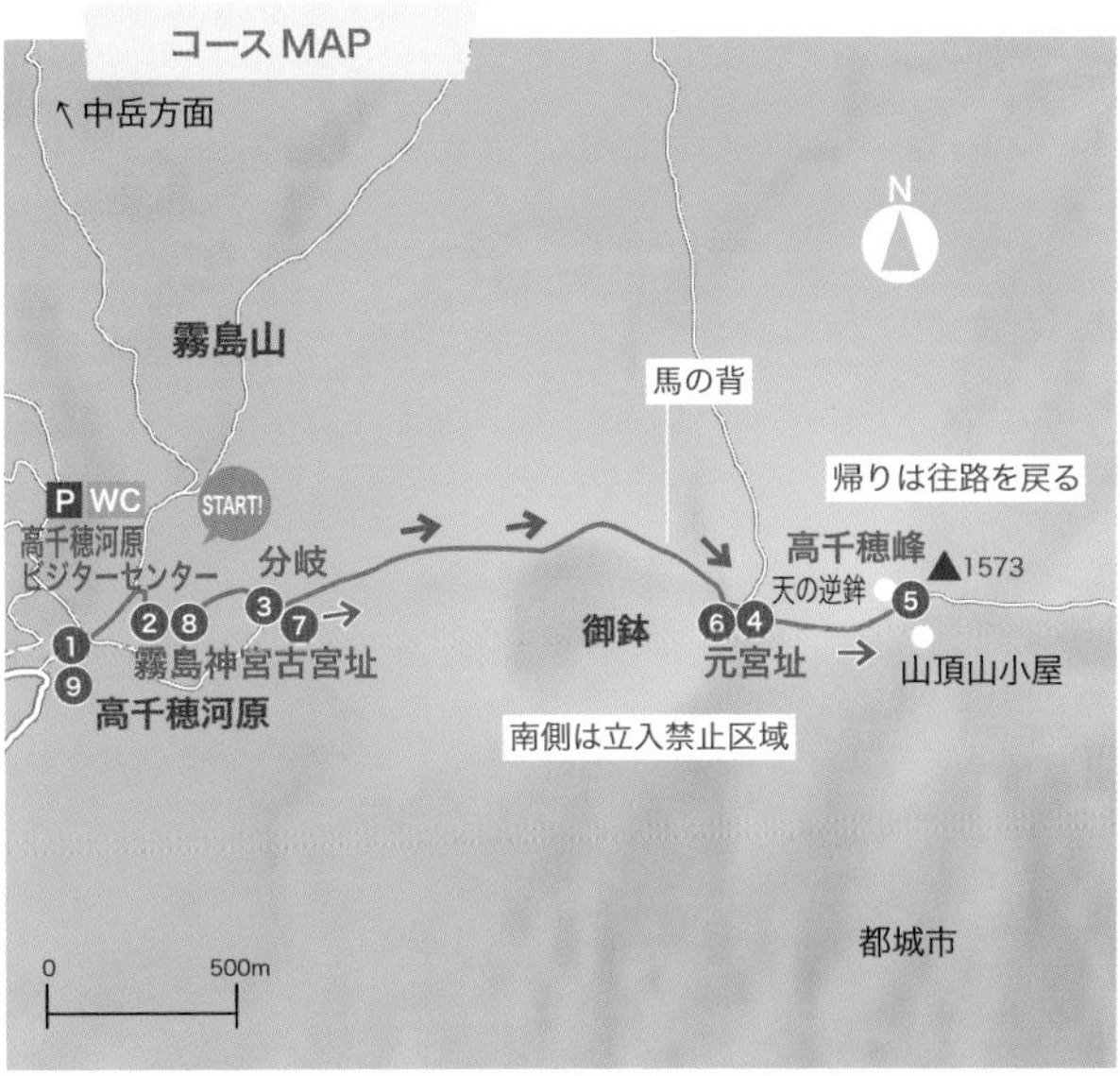
↖中岳方面
N
霧島山
馬の背
帰りは往路を戻る
P WC
START!
高千穂河原ビジターセンター
分岐
高千穂峰
▲1573
天の逆鉾
1 9 2 8 3 7 6 4 5
霧島神宮古宮址
高千穂河原
御鉢
元宮址
山頂山小屋
南側は立入禁止区域
都城市
0
500m

コースガイド

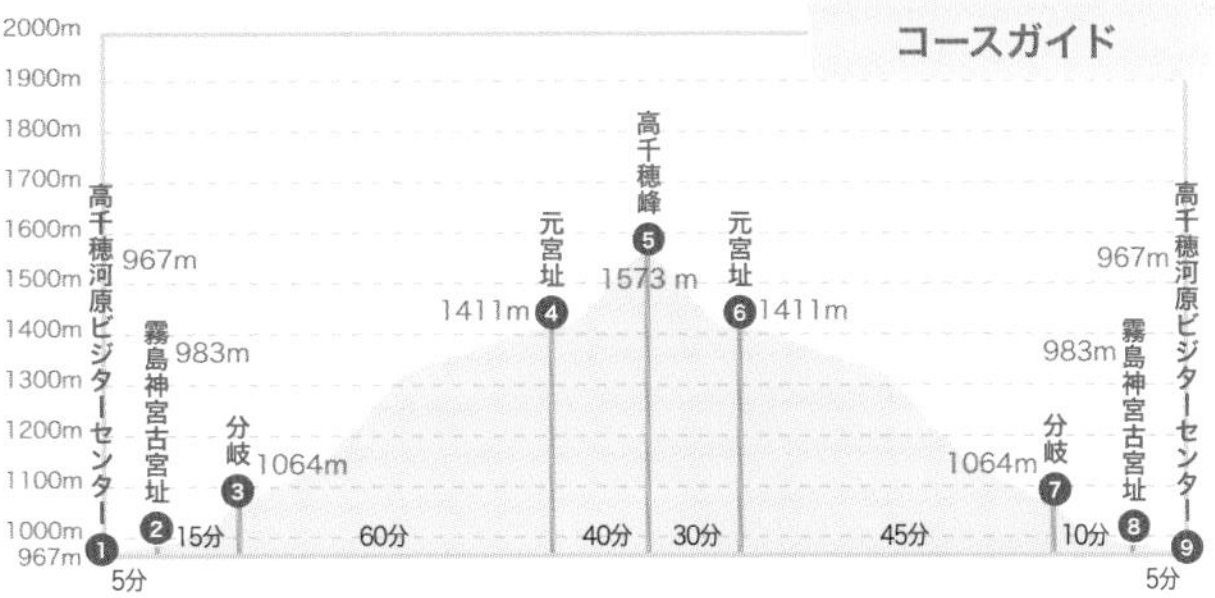
2000m
1900m
1800m
1700m
1600m
1500m
1400m
1300m
1200m
1100m
1000m
967m
高千穂河原ビジターセンター 967m
霧島神宮古宮址 983m
分岐 1064m
元宮址 1411m
高千穂峰 1573 m
元宮址 1411m
1064m 分岐
983m 霧島神宮古宮址
967m 高千穂河原ビジターセンター
5分
15分
60分
40分
30分
45分
10分
5分

立ち寄りスポット

▼高千穂峰は、坂本龍馬が寺田屋で受けた傷の療養を兼ねて、妻おりょうと霧島温泉へ新婚旅行に訪れた際に登ったところ。霧島温泉には多くの宿がある

四季の魅力

▲火山灰の中でもミヤマキリシマはたくましく生き残っている。ピンクに染まる季節の美しさもひとしお

●お問合せ 霧島市 観光課 TEL0995-45-5111
高千穂河原ビジターセンター TEL0995-57-3224
※リニューアル中のため高千穂河原パークサービスセンターに転送(2022年4月頃オープン予定)

高千穂峰DATA

●おすすめ登山シーズン
3月～11月
●トイレ
高千穂河原ビジターセンター
●駐車場
駐車スペース有り(有料)
●アクセス
JR日豊本線・霧島神宮駅より車で約25分。マイカーの場合九州自動車道・溝辺鹿児島空港ICより県道60号線線経由約50分

▲かいもん山麓ふれあい公園から見る開聞岳。山頂は360度の大展望

薩摩富士山頂から東シナ海を見下ろす

開聞岳《かいもんだけ》

体力度
★★★☆☆

日程
日帰り

歩行時間
6時間

歩行距離
7.7km

累計標高差
804m

標高
924m

かいもん山麓ふれあい公園❶が登山の基地としても整備されている。二合目登山道入口から最初はゆっくりペースでウォーミングアップ。15分ほど行けばベンチがある。開聞山麓自然公園からの遊歩道と合流するので登山道と間違えないよう。

五合目❷からは池田湖・桜島・長崎鼻・佐多岬を望むことが出来る。

七合目の標識を過ぎると視界が開け、眼下に美しい東シナ海・竹島・黒島・硫黄島が望める。天気が良く空気が澄んでいれば種子島・屋久島が見えることも。ほどなく火口跡(通称「仙人堂」)が現れる。この付近から岩場になるので注意して歩こう。

九合目には約5mのハシゴがあり、山頂までは岩場になる。杖に頼らず両手を使って注意しながら登って行こう。

開聞岳山頂❹からは360度の大展望。宮之浦岳、霧島山、桜島・池田湖・開聞岳がほぼ一直線に見渡せる。

下りは往路を戻る。

ワンポイントアドバイス

▲登山道は東斜面にあり、ほぼ樹林帯を歩くことになる。夕方近くには薄暗くなる。早目の下山を心がけよう。また六合目より下は火山砂利で足を取られやすい。下山時の転倒に注意

▲開聞岳海側の眺め

▲登山途中の眺め

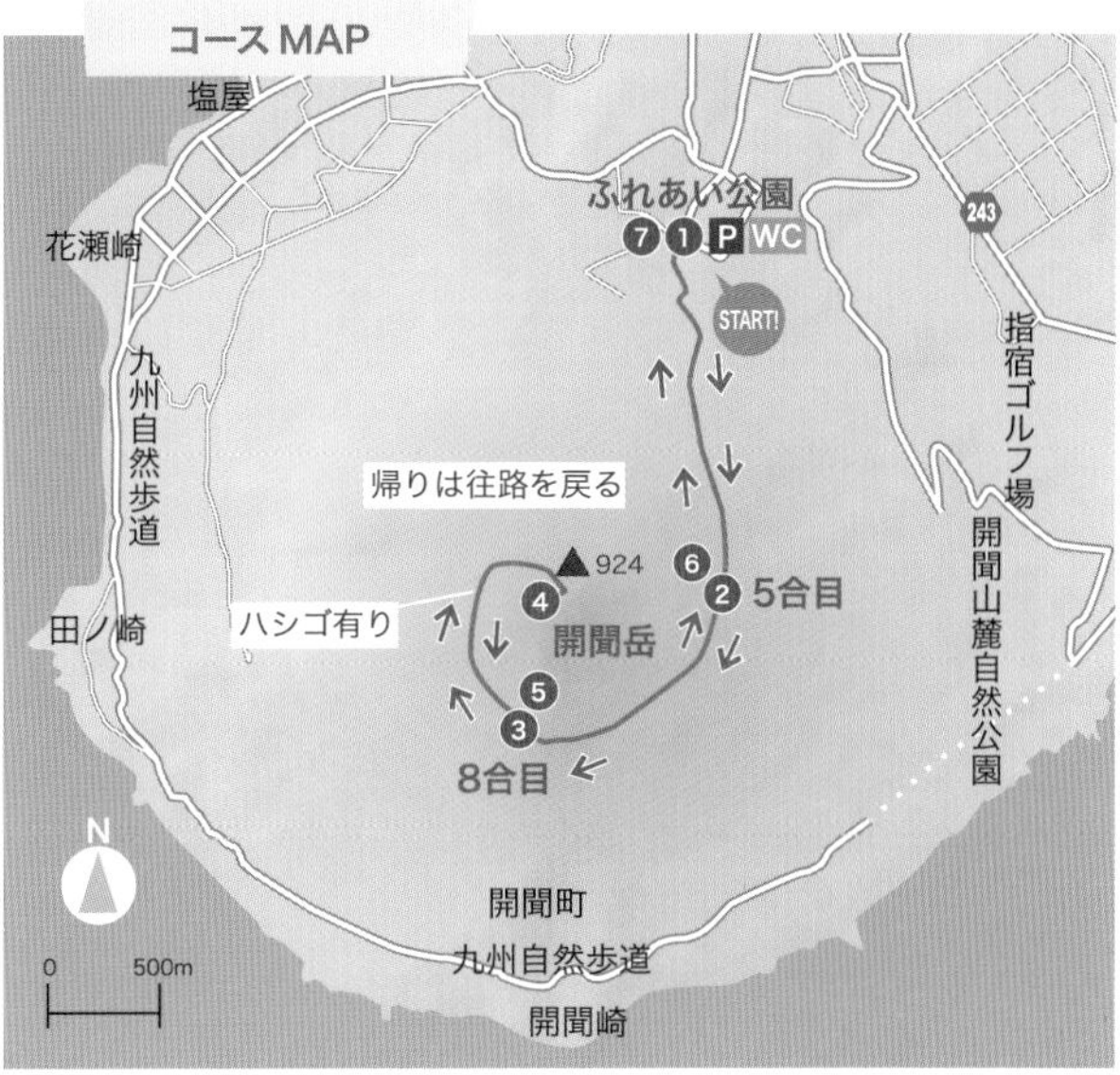
コースMAP
塩屋
花瀬崎
ふれあい公園
7
1
P
WC
START!
243
指宿ゴルフ場
九州自然歩道
帰りは往路を戻る
924
6
2
5合目
4
ハシゴ有り
開聞岳
田ノ崎
5
3
8合目
開聞山麓自然公園
N
開聞町
九州自然歩道
0
500m
開聞崎

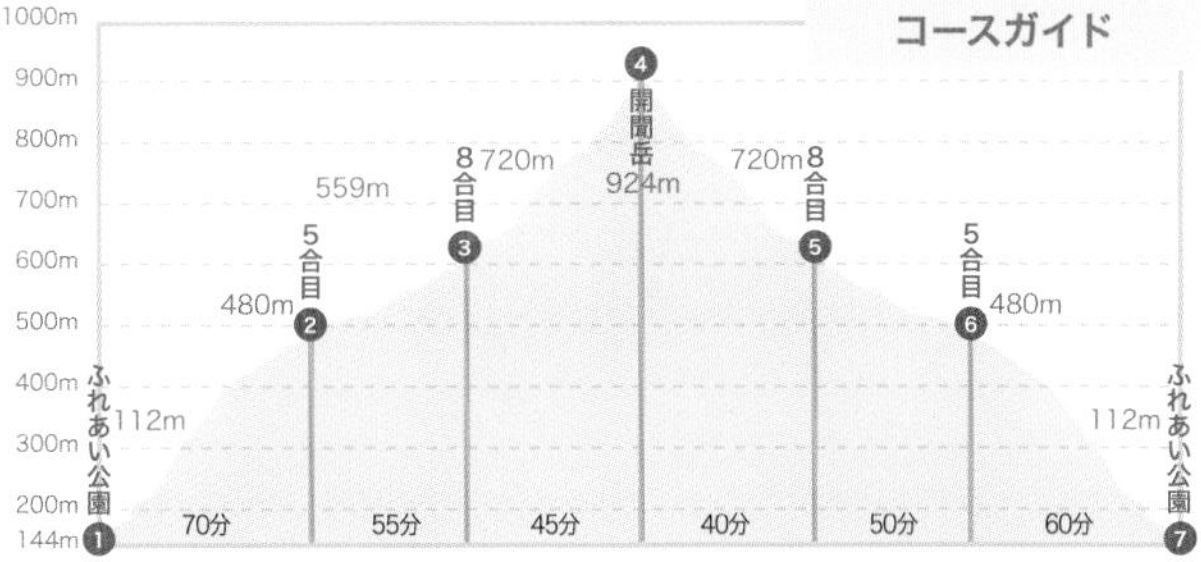
コースガイド
1000m
900m
800m
700m
600m
500m
400m
300m
200m
144m
ふれあい公園
112m
1
70分
480m
5合目
2
559m
55分
8合目
720m
3
45分
4
開聞岳
924m
40分
720m
8合目
5
50分
5合目
480m
6
60分
112m
ふれあい公園
7

立ち寄りスポット

▼総合温泉ランド「ヘルシーランド」は、温泉保養館、レストラン、クラブハウス、多目的広場、子供広場などがある。中でも海を望む露天風呂は高い人気。問／鹿児島県指宿市山川福元3292 TEL0993-35-3577（露天風呂）

四季の魅力

▲南国の春の訪れは早い。周囲は1月には菜の花、2月下旬から河津桜が見ごろを迎え、順にソメイヨシノなどの桜が4月上旬頃まで楽しめる

開聞岳DATA

●おすすめ登山シーズン
1月～12月
●トイレ
かいもん山麓ふれあい公園（登山口）
●駐車場
かいもん山麓ふれあい公園内登山者用駐車場
問／鹿児島県指宿市開聞十町2626
TEL0993-32-5566（公園管理棟）
●アクセス
JR開聞駅より登山口まで約2km

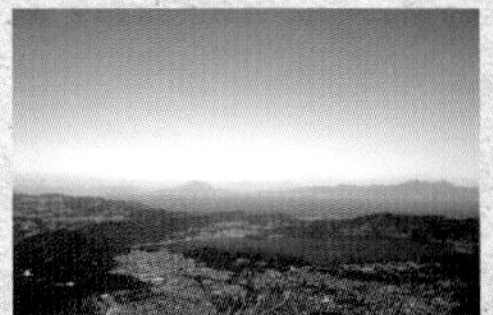

●お問合せ　指宿市 TEL0993-22-2111

屋久島の山

受け継がれる命
それを実感させてくれるのが
屋久島の山と木々だ
悠久の森との出会い

屋久島・洋上アルプス大縦走

宮之浦岳《みやのうらだけ》

標高
1936m

世界遺産屋久島。九州のみならず、日本、いや世界中の登山愛好家が一度は訪れてみたいあこがれの山と言って過言ではないだろう。その代表的な縦走ルートを紹介する。

淀川登山口から新高塚小屋へ

縦走ルートの出発点としては淀川登山口❶が一般的だ。安房港などの宿からタクシー利用で料金6500円くらい。あるいは初日に紀元杉行バスを利用し淀川小屋❷まで行き宿泊する方法も。

淀川源流の小花ノ江河湿原から花ノ江河❸へ。山上の桃源郷を思わせる光景だ。

▲花之江川

その先、黒味岳分れ❹から黒味岳山頂❺へ往復するが、体力に自信が無ければそのまま縦走ルートを進む。

黒味岳山上からは屋久島の山々を眺めることができる。黒味岳の東を巻くように進み、やがて投石平のあたりで宮之浦岳が姿を表す。

栗生岳・翁岳鞍部から栗生岳❼を経てヤクザサ帯を進み、九州最高峰・宮之浦岳山頂❽となる。天気が良ければ、さえぎるものは何も無い、まさに大パノラマが広がる。

木道、階段のルートを進み焼野三叉路へ。ヤクザサの中を緩やかにアップダウンしながら平石岩屋❾に着く。歩いてきた宮之浦岳を始めとする山々を眺める。

広い花崗岩のスラブではルートからはずれないよう注意。左手に坊主岩❿を見ながら小高塚第二展望台、第一展望台と過ぎ、宿泊地新高塚小屋⓫へ。

屋久杉の巨木を見ながら白谷雲水峡へ

	1日目	2日目
体力度	★★★★★	★★★★★
日程	1泊2日	1泊2日
歩行時間	8時間30分	6時間25分
歩行距離	11km	11km
累計標高差	942m	1362m (登は513m)

▲ヤクシマシャクナゲと宮之浦岳

早朝新高塚小屋❶を発つ。避難小屋泊は早寝早立ちが鉄則だ。屋久杉の他に、モミやツガ、ヒメシャラなどの中、高塚小屋へ。

縄文杉❷は推定樹齢7200年。展望所から下に降りないよう。夫婦杉❸、大王杉などを見ながらウィルソン株❹へ。大株歩道❺を下ると入口の先にトロッコ道が。バイオトイレもある。

楠川分れ❻より左へと折れ、白谷小屋❽へと進んで行く。登山道の石は苔で覆われ、うっそうとした雰囲気に包まれる。白谷川に沿いながら下り、白谷雲水峡❾へ。

駐車場からは宮之浦方面へバス便がある。またはタクシー利用となる。

ワンポイントアドバイス

▲黒味岳もだが、永田岳へも山頂往復が可能だ。その場合、負荷の軽減と、木の枝などに引っかからないよう、メインのザックを置いて、サブザックだけで行くと良い。もちろん貴重品は携行するように

▲亜熱帯に属する屋久島だが、九州最高峰の宮之浦岳を頂に、冷温帯までの多様な植生の垂直分布を有する。これが世界自然遺産に登録された理由のひとつだ

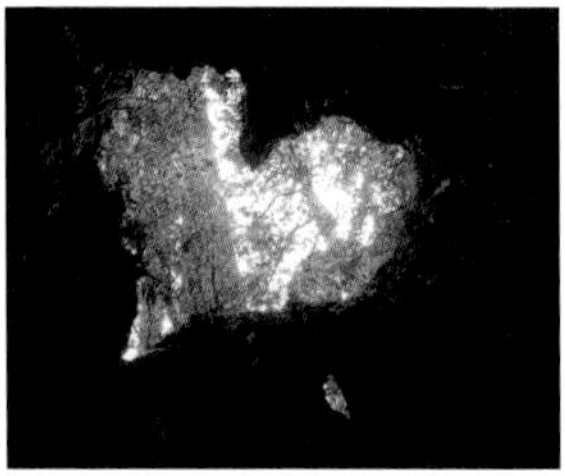

▲ウィルソン株の上には登れないが、内部には入ることができ、空を見上げるとハート型に見えるポイントがある

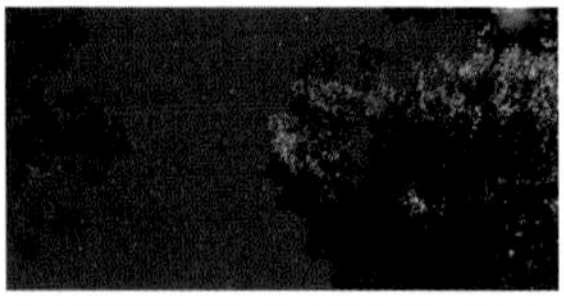

▲小屋泊まりやテント泊には、美しい星空を見るという楽しみも。昼間とは違う魅力に満ちている。ただし、日が落ちてからの移動は危険

コースMAP
羽神岳
東峰
9 白谷雲水峡
宮之浦川
ヨウジガ高岳
8 白谷小屋
高塚山
縄文杉
1 高塚小屋
2
3 夫婦杉
7 辻峠
11
4 ウィルソン株
新高塚小屋
6 楠川分れ
5 大株歩道
10 坊主岩
屋久島町
屋久島スギ原始林
9 平石岩屋
N
焼野三叉路
0
1km
8 宮之浦岳
7 栗生岳
翁岳
南沢
安房岳
石塚山
投石岳
太忠岳
黒味岳
5
6
4 黒味岳分れ
3
花ノ江河
高盤岳
荒川
ヤクスギランド
荒川
淀川
2
1 淀川登山口
淀川小屋
START!
ノンキ岳
屋久島スギ原始林

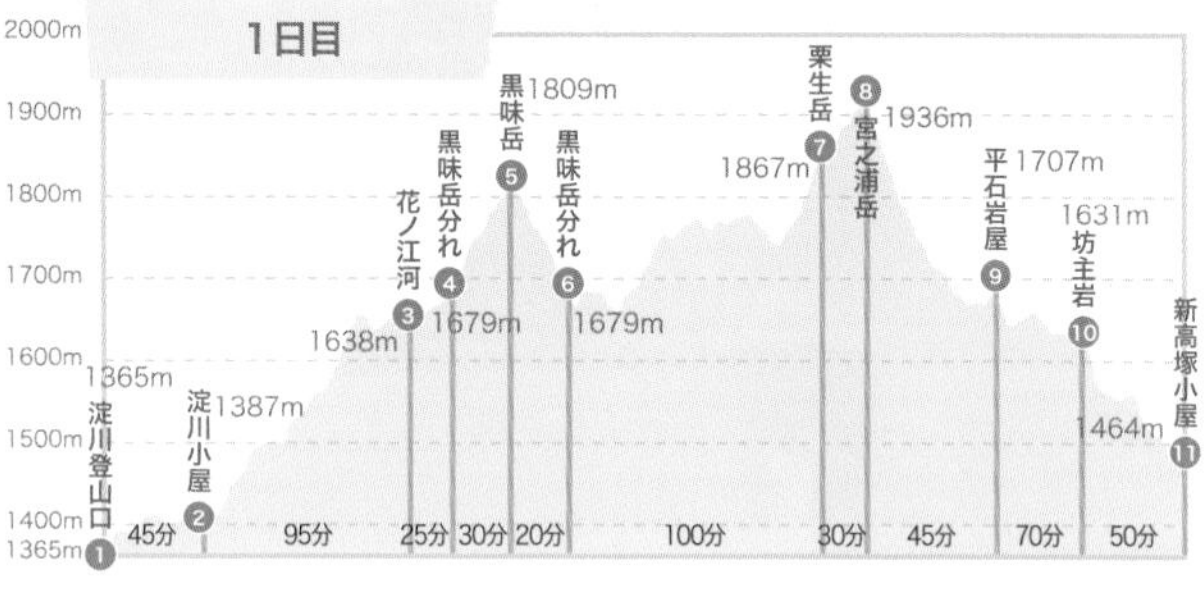

1日目
2000m
1900m
1800m
1700m
1600m
1500m
1400m
1365m
1 淀川登山口 1365m
2 淀川小屋 1387m
3 花ノ江河 1638m
4 黒味岳分れ 1679m
5 黒味岳 1809m
6 黒味岳分れ 1679m
7 栗生岳 1867m
8 宮之浦岳 1936m
9 平石岩屋 1707m
10 坊主岩 1631m
11 新高塚小屋 1464m
45分 95分 25分 30分 20分 100分 30分 45分 70分 50分

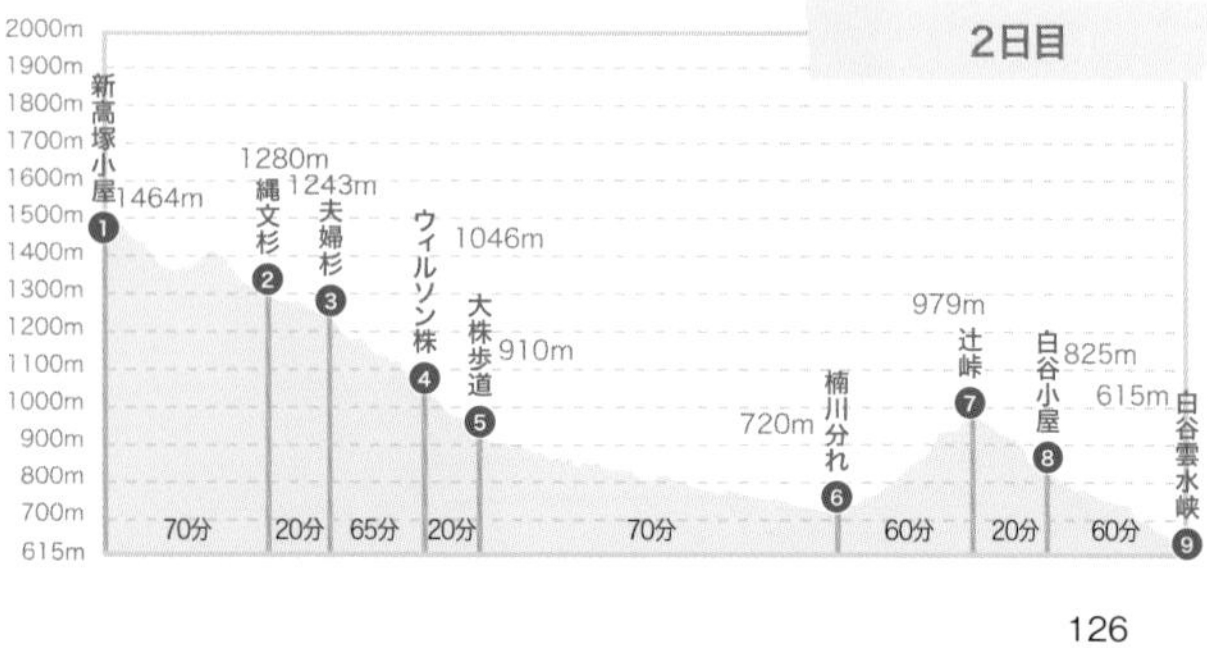

2日目
2000m
1900m
1800m
1700m
1600m
1500m
1400m
1300m
1200m
1100m
1000m
900m
800m
700m
615m
1 新高塚小屋 1464m
2 縄文杉 1280m
3 夫婦杉 1243m
4 ウィルソン株 1046m
5 大株歩道 910m
6 楠川分れ 720m
7 辻峠 979m
8 白谷小屋 825m
9 白谷雲水峡 615m
70分 20分 65分 20分 70分 60分 20分 60分

▲小花之江河。水と緑が織りなす風景に思わずうっとりとなる

四季の魅力

亜熱帯から冷温帯までの多様な植物分布

屋久島に咲くシャクナゲはヤクシマシャクナゲといい、ここでしか見られない固有変種だ。南国ではあるが、山上の気温は低くなる。シーズンごとに事前の調べと衣類の準備を怠りなく。

▶シャクナゲは北半球に広く分布しているが、様々な変種を持つ。ヤクシマシャクナゲもそのひとつ

▼白谷雲水峡付近

立ち寄りスポット

千尋の滝

千尋の滝は落差約60メートル。滝の左側に巨大な花崗岩の一枚岩がある。
展望所は標高270メートルにあり、滝の反対側では原集落と太平洋が一望できる。
駐車場も広く、トイレはバリアフリーとなっている。モッチョム岳への登山口となる。
宮之浦港から45分、空港から30分、安房から20分

宮之浦岳DATA

●おすすめ登山シーズン
3～11月
●トイレ
山中各ポイント、避難小屋にトイレや携帯トイレ専用ブース有り
●駐車場
有り
●アクセス
安房より紀元杉路線バスあり。
タクシー・レンタカーで約60分
山岳部環境保全協力金・日帰り1,000円、山中泊2,000円

●お問合せ 屋久島観光協会 TEL0997-46-2333

▲知名度の向上とともに多くの人が縄文杉を訪れるようになったが、自然保護とのバランスも求められている

世界遺産の森と悠久の巨木に出会う

縄文杉《じょうもんすぎ》

体力度
★★★☆☆

日程
日帰り往復

歩行時間
9時間20分

歩行距離
21km

累計標高差
1300m

標高
1280m

世界自然遺産に登録された屋久島を象徴する縄文杉。当初7000年とされた樹齢についてはその後の研究で諸説有り確定されていないが、少なくとも2000年以上は生き続けていると推定されている。

ツアーも多く実施されており、この杉との出会いを目的に屋久島を訪れる人も多いが、10時間以上の行程が求められるので、それなりのトレーニングの上出かけたい。

荒川登山口❶から比較的整備されたトロッコ軌道を進む。楠川分れから先は縦走ルートの下山路を逆に進む形となる（124～127P参照）

荒川登山口までは登山バスが運行されていて、トイレや水場がある。トロッコ道を進み、かつては集落があった小杉谷に設けられている休憩所を経て、楠川分れ❸へと進む。三代杉、ウィルソン株❺、夫婦杉❻、大王杉などを見ながら縄文杉❼へ。

現在杉の周囲には保護などの観点から展望デッキが設けられている。

往復ルートなので歩行時間を計算しながら、無理と判断すれば途中で引き返す。

ワンポイントアドバイス

▲2012年11月に縄文杉のデッキ正面から見える大枝の基部に約3m程度の長さの空洞を含む腐朽部分が見つかり、執筆時では対応工事や規制を実施中。混雑する日もある。屋久島世界遺産センターHP内の「縄文杉快適登山カレンダー」などを参考に、可能ならなるべく人の少ない日を狙うのがおすすめ

コースMAP

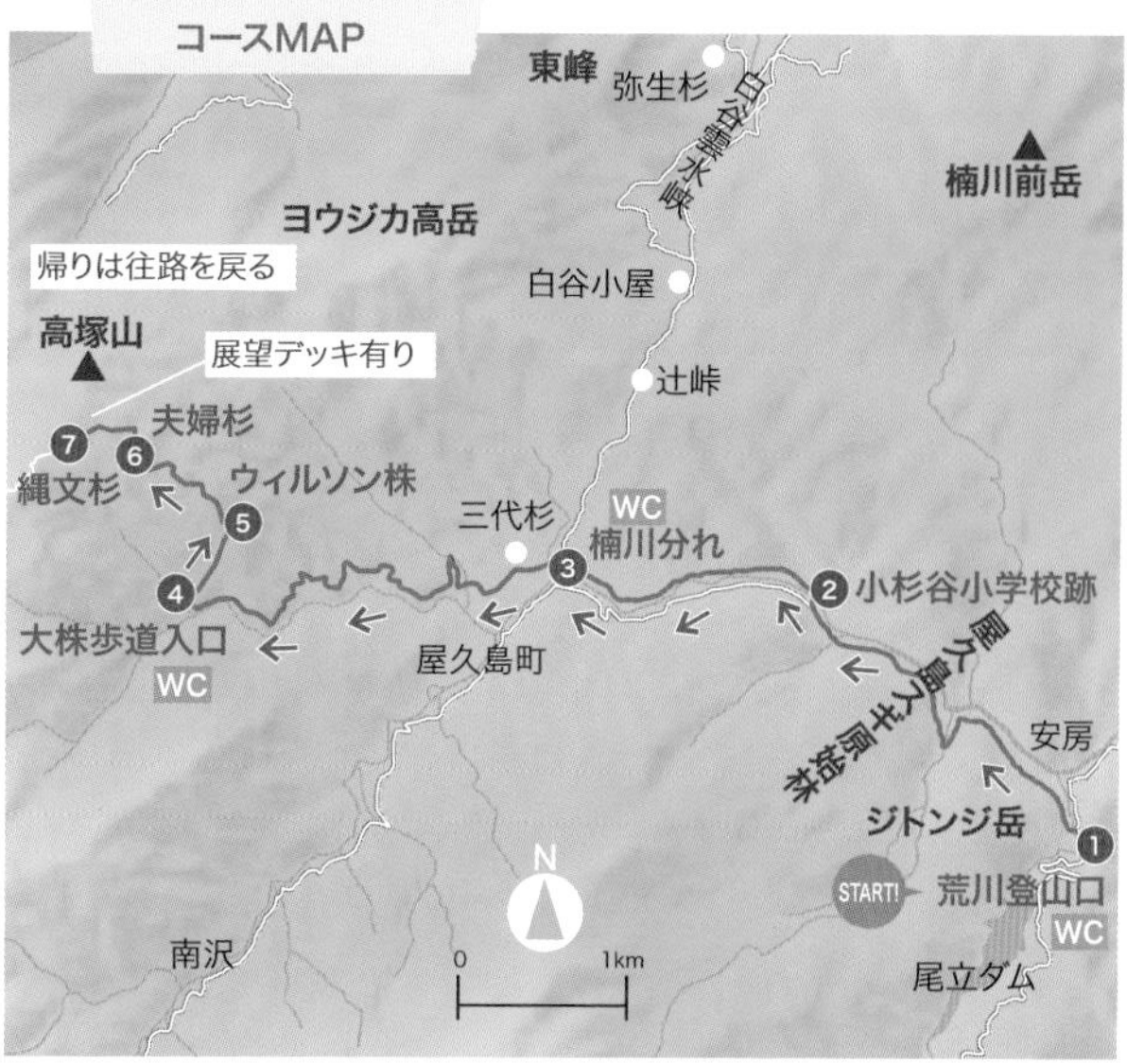
東峰
弥生杉
白谷雲水峡
楠川前岳
ヨウジカ高岳
帰りは往路を戻る
白谷小屋
高塚山
展望デッキ有り
辻峠
夫婦杉
縄文杉
ウィルソン株
三代杉
WC
楠川分れ
小杉谷小学校跡
大株歩道入口
WC
屋久島町
屋久島スギ原始林
安房
ジトンジ岳
START!
荒川登山口
WC
南沢
尾立ダム
N
0
1km

▲ウィルソン株

コースガイド

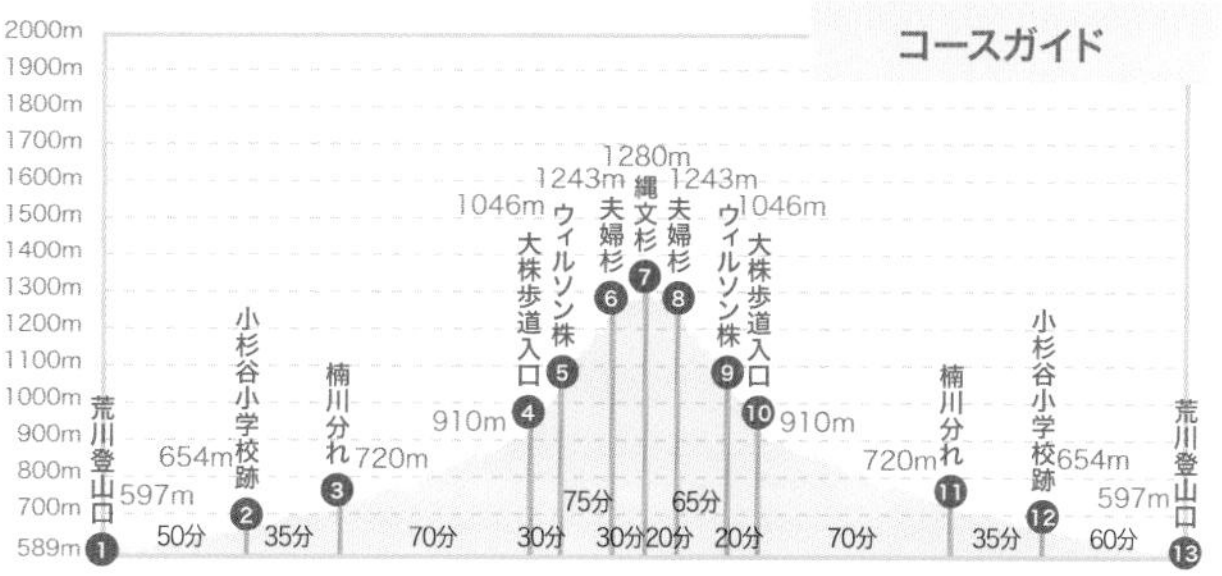
2000m
1900m
1800m
1700m
1600m
1500m
1400m
1300m
1200m
1100m
1000m
900m
800m
700m
589m
1 荒川登山口 597m
2 小杉谷小学校跡 654m
3 楠川分れ 720m
4 大株歩道入口 910m
5 ウィルソン株 1046m
6 夫婦杉 1243m
7 縄文杉 1280m
8 夫婦杉 1243m
9 ウィルソン株 1046m
10 大株歩道入口 910m
11 楠川分れ 720m
12 小杉谷小学校跡 654m
13 荒川登山口 597m
50分
35分
70分
30分
75分
30分
20分
65分
20分
70分
35分
60分

立ち寄りスポット

▼紀元杉。縄文杉と並ぶ代表的な屋久杉の巨木。推定樹齢3000年。樹高19.5m、胸高周囲8.1m。車で行くことが出来る最も大きな屋久杉だ。ヤクスギランドより車で20分

四季の魅力

▲春・秋は天候によって気温がかなり異なる。服装、装備については充分な準備が必要。 冬は、寒波が来ると雪が降り、積雪する。積雪時は冬山登山経験がなければ危険なので入山には注意が必要

縄文杉DATA

●おすすめ登山シーズン
3〜11月
●トイレ
荒川登山口、楠川分れ、大株歩道入口、高塚小屋
●アクセス
荒川登山口へは一般車両の乗り入れは規制されている。屋久杉自然館前より荒川登山バスを利用。
中学生以上片道700円、往復1,400円
山岳部環境保全協会金・日帰り1,000円、山中泊2,000円

●お問合せ 屋久島観光協会 TEL0997-46-2333

九州オルレ

オルレとは、もともと韓国、済州島の言葉で「通りから家に通じる狭い路地」という意味。

自然豊かな済州島で豊かな自然の中をトレッキングする人が増え、オルレはトレッキングコースとして命名され、今では韓国のトレッキングの代名詞となった。その姉妹版として制定されたのが「九州オルレ」だ。

海岸や山などを五感で感じ、自分なりにゆっくりと歩くのがオルレのだいご味。代表的なものからいくつかを紹介する。

九州オルレのルール！

●コース内の要所には青と赤を結んだリボンの目印がある

●馬を形どった「カンセ」。頭が進行方向になる

●石にペイントされた矢印や木製の札も。基本的に「青色」が進行方向となる

●コースには町中が含まれている場合もあるので、民家の庭にみだりに入らない、大声を出さない、そしてゴミは持ち帰るなどのマナーに気をつけよう

楽しいトレッキングに出発！

武雄コース

天草・維和島コース

奥豊後コース

指宿・開聞コース

島原コース

天草・松島コース

嬉野コース

霧島・妙見コース

唐津コース

宗像・大島コース

山岳の生命力に癒される

武雄コース

JR 武雄温泉駅がスタート。街を横切り武雄川河畔を抜けると竹林が美しい小道となり、その先には貴明寺が建つ。春先には桜が美しい池ノ内湖を臨む佐賀県立宇宙科学館の現代的な建物が目を引く。

山頂からの眺めが楽しめる山岳遊歩道の次は、書店とカフェを併設する武雄市図書館で一休み。歴史ある武雄神社とパワースポットとして有名な二本の大楠を見学して、武雄温泉のランドマークである楼門が終点。

佐賀県

歩行時間
4〜4.5 時間

歩行距離
12.1km

●お問合せ
武雄市商工観光課 TEL0954-23-9237
一般財団法人 武雄市観光協会 TEL0954-23-7766

武雄コースDATA

●おすすめシーズン
3月〜4月 、11月頃

●トイレ
JR武雄温泉駅、白岩運動公園相撲場、保養村、県立宇宙科学館、武雄神社、武雄市文化会館、武雄温泉楼門ほか

●駐車場
JR武雄温泉駅駐車場他

●アクセス
JR博多駅より特急みどり・ハウステンボスで約1時間。長崎自動車道武雄北方ICより約10分

貴明寺

▲空を覆うほど生い茂った竹林の道と約 1500 年前の矢ノ浦古墳を過ぎると、約 500 年前に建立された貴明寺が現れる。秋には美しい紅葉が楽しめる。本堂の前ではお茶のおもてなしがあり、境内には美しい日本庭園を見ることができる。さらに進むと、かわいらしい「ほほえみ地蔵」が訪れる人を迎える。

桜山公園と武雄温泉楼門

▲桜山公園は、春には桜、秋には紅葉が楽しめるオプションコース。終点の楼門は、国の重要文化財に指定されている。歴史ある武雄温泉で疲れた体を癒すことができる。

天草四郎生誕の島を巡る 天草・維和島コース

天草・維和島コースDATA

●おすすめシーズン
1月〜12月
●トイレ
千崎古墳群、西蓮寺、維和桜・花公園
●駐車場
維和桜・花公園駐車場
●アクセス
JR熊本駅より快速バス「あまくさ号」さんぱーるバス停下車

▲外浦自然海岸は8500年前の地層がむき出しになっており、ダイナミックな自然の造形に心奪われる

天草諸島の一つである維和島をほぼ一周するオルレ。海の上を歩くような感じの東大維橋を渡って島に入ると、古墳時代の遺跡である千崎古墳群が出迎える。小高い丘に登れば、方々に石棺の古墳が見られ、天草五橋を一望できる景色に出会う。

天草四郎はこの島の蔵々漁港に生まれたと伝えられる。その漁村から高山を経て草木の生い茂る山道を下っていき、長い洞窟のような竹林の道を通り抜けると八代海が広がる。

維和桜・花公園

▲桜や水仙など、四季折々の花が咲き維和島に彩りを添える美しい公園。展望台からは天草・松島の風景を見晴らすことができる。隣接して、天草陶石を使って作陶する窯々がある。

高山

▲標高166.9mの維和島で一番高い山。「日の出・朝日が微笑む」と言われるほど美しい日の出が望める場所。天草諸島だけでなく、天気の良い日には遠く阿蘇や雲仙普賢岳を見渡すことができる。

千崎古墳群
千崎バス停
START!
蔵々漁港
十九社宮
東大維橋
維和島
みかん畑
FINISH!
千東天満宮
維和桜・花公園
高山
外浦自然海岸
千東バス停
海岸コース
八代海
下山

●お問合せ
一般社団法人天草四郎観光協会 TEL0964-56-5602

熊本県

歩行時間
4〜5時間

歩行距離
12.3km

奥豊後コースDATA

●おすすめシーズン
3月～11月
●トイレ
JR朝地駅、用作公園、普光寺、岡城跡、瀧廉太郎記念館
●駐車場
JR豊後竹田駅駐車場、朝地駅駐車場
●アクセス
JR大分駅より豊肥本線普通列車乗車JR朝地駅。九州新幹線JR熊本駅より九州横断特急でJR豊後竹田駅

奥豊後コース

山里をめぐり、歴史を偲ぶ

大分県豊後大野市のJR朝地駅から竹田市の城下町まで歩くコース。小さくて素朴な無人のJR朝地駅には可愛らしい二両編成の列車が通る。

用作公園と全国最大級の磨崖仏がある普光寺を過ぎ、柱状節理が美しい清流を通って国指定史跡の岡城跡に至る。かつて難攻不落の山城であったが今は石垣だけが残る。

遠くにくじゅう連山と祖母山、阿蘇山を望み、山城跡から降りると古の面影を残す小さな城下町竹田へ。終点の竹田温泉花水月で温泉に浸かり、オルレ後の疲れを癒やすことができる。※岡城跡は入場料300円が必要（スタート時に朝地観光案内所で受付可能）

用作公園《ゆうじゃくこうえん》

▲岡藩の筆頭家老中川平右衛門の別荘跡。岡城の表玄関として南画家・田能村竹田（たのむらちくでん）や儒学者・頼山陽（らいさんよう）など文人墨客も多く訪れた。建物は残っていないが、心字池と丹字池が当時を偲ぶ。秋は紅葉の名所として知られる。

十川《そうがわ》の柱状節理

▲9万年前に起こった阿蘇の大噴火で十川には大量の火砕流が流れ込み、それが冷え固まって柱状に亀裂が入った。十川の柱状節理と呼ばれ、荒々しい自然の一端を感じさせてくれる。

大分県

歩行時間
4～5時間

歩行距離
12km

●お問合せ
公益社団法人ツーリズムおおいた　TEL097-536-6250
特定非営利法人竹田市観光ツーリズム協会　TEL0974-63-0585
朝地駅観光案内所　TEL0974-72-0510

海辺のオルレで潮風を感じる

指宿・開聞コース

鹿児島県

歩行時間
3〜4時間

歩行距離
12.9km

九州本土で一番早く春が訪れる地、指宿。スタートするJR西大山駅はJRの駅の中では日本最南端。12月下旬から1月下旬にかけて黄色い菜の花が市内に咲き乱れる。

薩摩富士と呼ばれる開聞岳を間近に歩き川尻海岸に到着。間もなく数万坪のハーブ農園がある。

広さ約8haの丸い鏡のような形をした鏡池は、条件がよければ「逆さ富士」と称賛される湖面に映った開聞岳を見ることができる。

薩摩一の宮、枚聞神社で手を合わせよう。

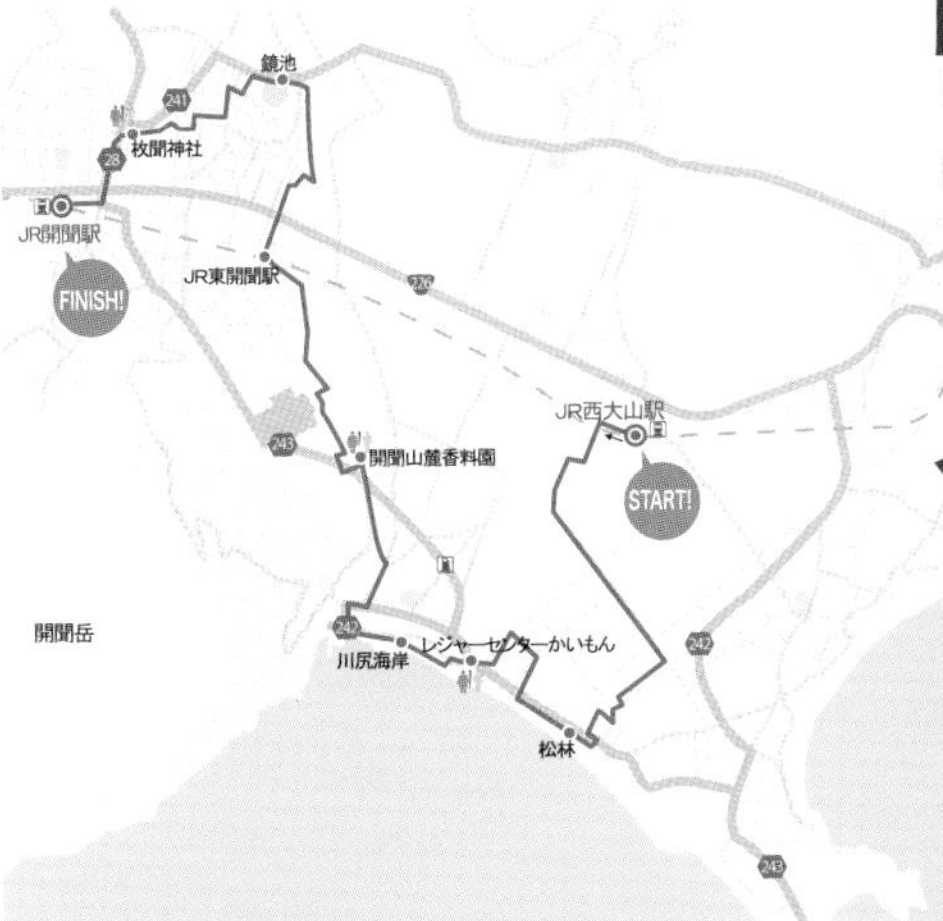

指宿・開聞コースDATA

●**おすすめシーズン**
11月〜2月

●**トイレ**
JR西大山駅、レジャーセンターかいもん、開聞山麓香料園、枚聞神社、JR開聞駅

●**駐車場**
JR西大山駅、指宿市役所開聞支所

●**アクセス**
九州新幹線JR鹿児島中央駅より指宿枕崎線でJR西大山駅。九州道谷山ICより産業道路、国道226号経由1時間10分

川尻海岸

▲開聞岳から噴出した火山の宝石・オリビン（カンラン石）を含んだ黒い砂浜が特徴の海岸。

枚聞神社

▲古くから交通・航海の安全や漁業守護の神として人々の厚い信仰を集めてきた。本殿は県指定有形文化財。別名「玉手箱」と呼ばれる「松梅蒔絵櫛笥付属品竝目録共 一合」は国重要文化財に指定。

●お問合せ
指宿市観光課 TEL0993-22-2111
指宿観光&体験の会 TEL0993-23-8800

島原半島ユネスコ世界ジオパークを感じる

島原コース

日本で最も新しい山「平成新山」を眺めながら歩く、「火山」をテーマとしたコース。島原港ターミナルをスタートすると、1792（寛政４）年の火山活動によって形成された島々が目に入る。その時の火山活動で生まれた湧水スポット「われん川」を見ながら歩を進めると、さくらパーク・火砕流最長到達地点に到着。1993（平成5）年に発生した大火砕流は山頂から約5.6km流下し、ここまで達した。

吉祥白天橋からの眺望を楽しんだあとは、仁田第一公園から九十九島等を一望しながら、ひょうたん池公園でゴール。

長崎県

歩行時間
3.5〜4時間

歩行距離
10.5km

●お問合せ
島原市しまばら観光おもてなし課 TEL0957-63-1111

島原コースDATA

●**おすすめシーズン**
1月〜12月

●**トイレ**
島原港ターミナル、秩父が浦公園、さくらパーク、仁田第一公園、ひょうたん池公園ほか

●**駐車場**
島原港ターミナル駐車場（有料）、ひょうたん池公園駐車場（無料）ほか

●**アクセス**
熊本港・三池港から船で島原港へ。下船すぐ

秩父が浦公園

▲1792（寛政4）年雲仙岳の活発な火山活動によって、眉山が大崩壊し、大量の土砂が城下町を埋め、海中になだれこみ空前の大惨事をおこした。公園の前に見える島々（流れ山）がその時の名残の九十九島（つくもじま）。秩父が浦は海の公園として親しまれ、1970（昭和45）年に島原半島県立公園に指定されている。

ひょうたん池公園

▲眉山が大崩壊した際の土石流でできた小山に作られた公園。園内にはひょうたんの形をした池があり、池の周りには芝生が植えられ、遊具なども置かれている。

三大松島の絶景に言葉をなくす

天草・松島コース

天草の松島（多くの島々が群舞を踊る様に散らばる姿を称する）は東北・宮城、長崎・九十九島と並ぶ「日本三大松島」のひとつ。五橋でつながれた天草の玄関口だ。地域住民に愛されてきた知十観音様をはじめ、川と海が交差するところでコースは始まる。

大きな田んぼの間から山が目の前に近づいてくる。一休み後登る山道は激しくはないが、息が徐々に上がる登り道。頂上からは 360度の展望を楽しむことができる。五橋のひとつひとつを見つけることができるだろう。

天草四郎が祝宴を開いたと伝わる千巌山へ。巨大な石の間をやっとのことで通過し、日差しも少ない深い森の道を歩くと、道は小さな漁村につながり、やがて終点の足湯に到着。

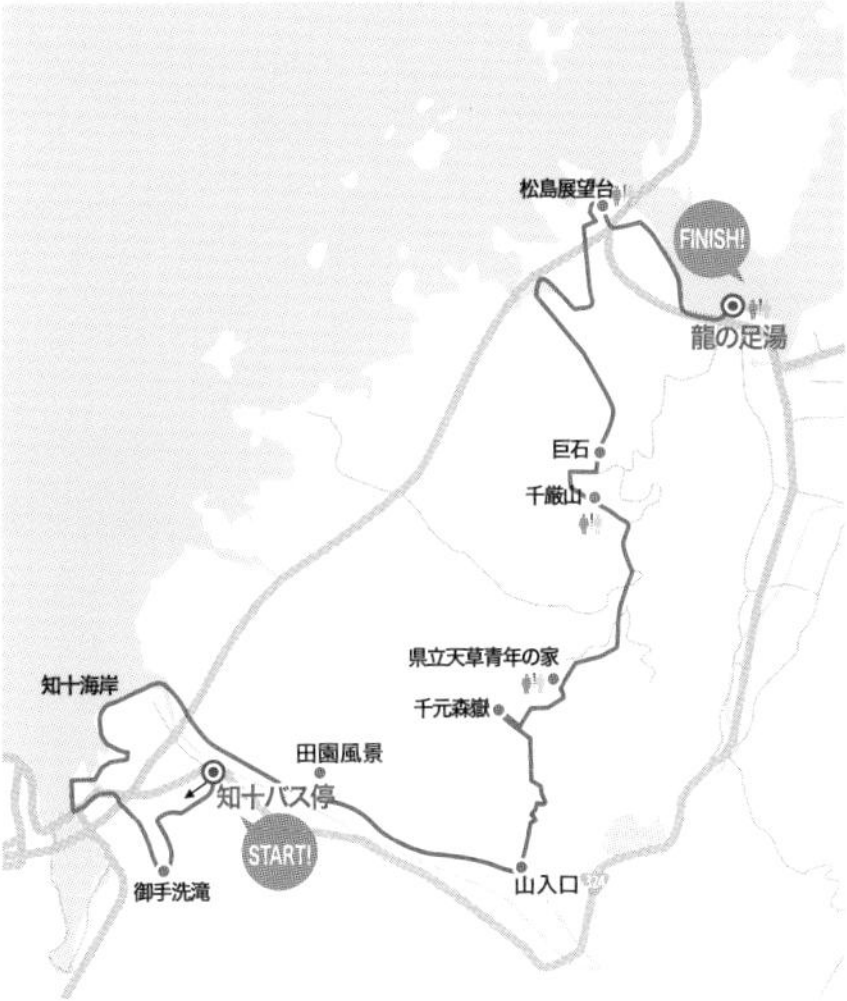

●お問合せ
一般社団法人 天草四郎観光協会
TEL0964-56-5602

熊本県

歩行時間
4〜5時間

歩行距離
11.1km

天草・松島コースDATA

●おすすめシーズン
1月〜12月

●トイレ
県立天草青年の家、千巌山、松島展望台、龍の足湯

●駐車場
松島会津港ほか

●アクセス
JR熊本駅より「快速あまくさ号」知十バス停下車。JR三角駅より路線バスさんぱーる経由知十バス停下車

九州オルレ

千巌山

▲千巌山は、1637年の農民反乱のとき、反乱軍の指揮者だった16歳の少年、天草四郎時貞が山頂で宴を開き、仲間たちと杓子で酒を掬い飲んだと伝えられる。名前の通り奇岩、怪岩が並ぶ岩の間には老松とつつじ木が群落を成している。

龍の足湯

▲松島地域に伝わる「池島の龍伝説」を彷彿させる龍をイメージして造られた足湯で天草5号橋を眺めながら疲れを癒すことができる。コース終点にあり、お湯はナトリウム塩化物泉の松島温泉。

嬉野コースDATA

●おすすめシーズン
1月～12月
●トイレ
肥前吉田焼窯元会館、大定寺、権現さんと十三仏、上平の茶園ほか
●駐車場
シーボルトの湯駐車場（有料）ほか
●アクセス
JR肥前鹿島駅または嬉野温泉バスセンターより祐徳バス「上皿屋」バス停下車

豊かな自然と人の営みをたどる 嬉野コース

　肥前吉田焼窯元会館からスタート。陶器のオルレマークを眺めながら大定寺へ。境内では色鮮やかな風車を持つお地蔵さんが出迎えてくれる。比較的急な山林道をしっかりと登ったら、茶畑が広がる。さらに切り立った岩場を登った先には重なった巨石がそびえ、その先には神秘的な権現さんと十三仏が。22世紀アジアの森を経て、川のせせらぎが聞こえてきたら轟の滝に到着。最後は温泉の町らしく、シーボルトのあし湯で疲れた足を労ろう。

権現さんと十三仏

▲昔からこの地の五穀豊穣を祈願して'水の神'として祀られた権現さん。隣りには、13体の仏像が鎮座している。嬉野にある88ヶ所の巡礼地の一つで、奇岩絶壁の前にひっそりたたずむ地蔵菩薩は神秘的な雰囲気を醸し出している。

杖の貸し出し

▲コース内の数か所で杖の貸し出しをしているのがこのコースの特徴。無料で自由に利用することができる。使用後はコース途中に設置している専用かごに返却しよう。

●お問合せ
嬉野市観光商工課 TEL0954-42-3310

佐賀県

歩行時間
4～5時間

歩行距離
12.5km

龍馬が愛した名湯をゆく
霧島・妙見コース

坂本龍馬が妻のお龍と日本最初の新婚旅行をした霧島市。

川沿いを歩き、山を分け入って龍馬ゆかりの地をめざす。出発点の妙見温泉は深い谷の間に位置する有名な温泉地帯。天降川を渡ると、いよいよ本格的なトレッキングコースとなる。渓谷や田園地帯の眺めに加え、春先には和気公園の藤、秋には落ち葉を踏みながら、空に向かって伸びて育つまっすぐな杉が印象的な深い森を歩く。

森の中で出会う犬飼滝と和気神社は、すべての心を清めてくれるところである。到着地点には無料足湯があり、疲れた足を癒すことができる。

●お問合せ
霧島市観光課 TEL0995-45-5111

鹿児島県

歩行時間
4～5時間

歩行距離
11km

霧島・妙見コースDATA

●おすすめシーズン
1月～12月

●トイレ
和気公園、塩浸温泉、龍馬公園

●駐車場
妙見温泉足湯駐車場(20台)他

●アクセス
鹿児島空港より鹿児島交通バス「妙見温泉バス停」下車
九州新幹線JR鹿児島中央駅より肥薩線でJR嘉例川駅及びJR隼人駅。鹿児島交通バス「妙見温泉バス停」下車。九州自動車道・溝辺鹿児島空港ICより20分

犬飼滝
▲高さ36m、幅22mの豪快に水が流れ落ちる様子が壮観。また、天候や時間帯によって異なるが、春と秋の午後には、滝に架かる虹が見られることもある。

和気湯
▲奈良時代からあったといわれ、流罪に処された和気清麻呂公が滞在中に頻繁に入ったと伝えられることから、和気湯と呼ばれる。

唐津コース

歴史と海沿いの絶景を楽しむ

名護屋城跡を中心とした桃山文化をたどる「歴史・文化」、波戸岬から眺める玄界灘の「風景」、サザエのつぼ焼きや一口アワビなどの「味覚」を楽しむことができるコース。波戸岬キャンプ場内の波戸岬遊歩道は、未舗装の道や下り坂の先にある海に吸い込まれそうなポイント、済州島でも見られる柱状節理の絶壁、玄界灘が一望できるビューポイントなど見どころが満載。シーズンを通し美しい海を眺められるが、名護屋城跡の桜が満開になる3～4月が特におすすめ。

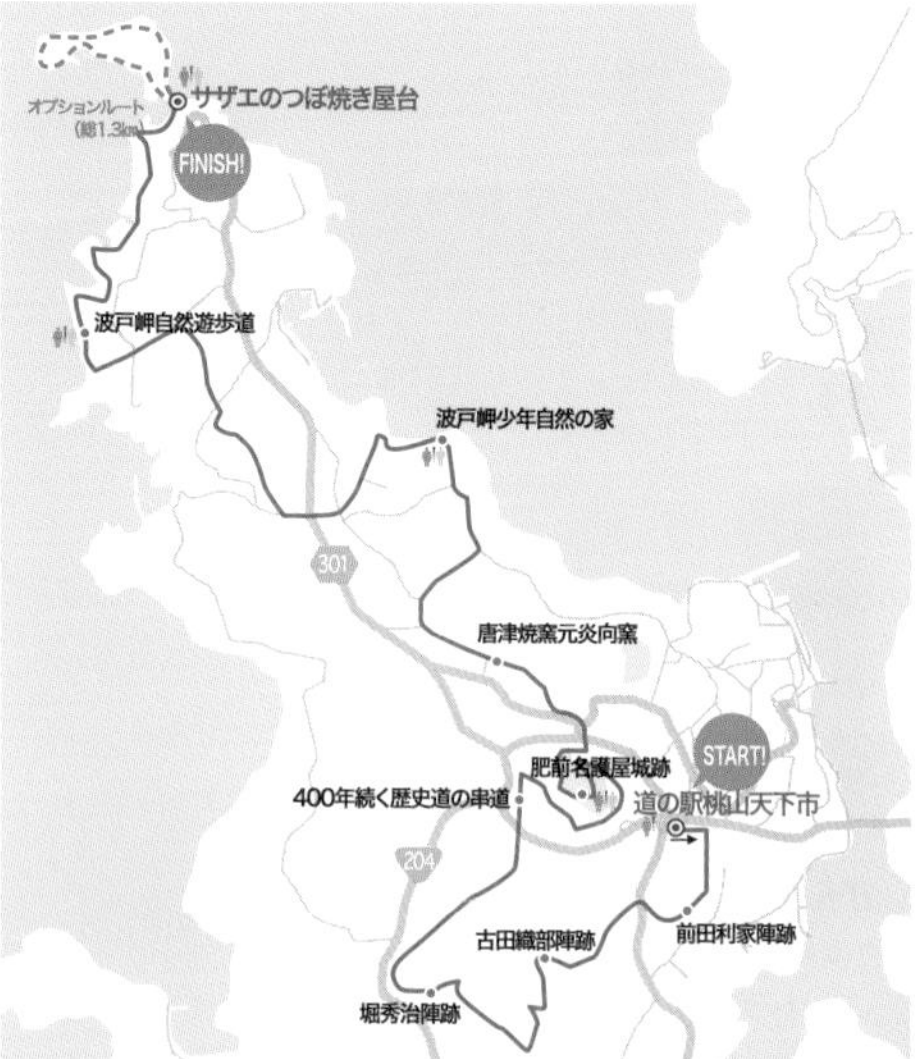

オプションルート
(総1.3km)
サザエのつぼ焼き屋台
FINISH!
波戸岬自然遊歩道
波戸岬少年自然の家
301
唐津焼窯元炎向窯
START!
肥前名護屋城跡
400年続く歴史道の串道
道の駅桃山天下市
204
古田織部陣跡
前田利家陣跡
堀秀治陣跡

佐賀県

歩行時間
4～5時間

歩行距離
11.2km

●お問合せ

鎮西町観光案内所　TEL0955-51-1052

唐津駅総合観光案内所　TEL0955-72-4963

唐津市観光課　TEL0955-72-9127

唐津コースDATA

●おすすめシーズン

1月～12月

●トイレ

肥前名護屋城跡、波戸岬少年自然の家、波戸岬キャンプ場

●駐車場

波戸岬第1駐車場

●アクセス

JR唐津駅より徒歩5分の唐津大手口バスセンターから値賀・名護屋循環線か呼子線(※呼子で乗換)に乗車後、名護屋城博物館入口バス停下車

名護屋城跡

▲大小11の曲輪からなる平山城でその勇壮な美観は大坂城に並び賞されたといわれている。全長88.8m、城の総面積は17万㎡。春は桜のスポットとして多くの観光客が訪れる。

串道

▲名護屋から串浦に至る道。大手口～陣跡を抜けるルートは大名たちが在陣した約400年前から利用されていたそう。

▲ゴールでサザエのつぼ焼きをいただこう。

フェリーで渡り、世界遺産を訪ねる
宗像・大島コース

「神宿る島」宗像・沖ノ島と関連遺産群が 2017 年に世界文化遺産に登録された。宗像・大島コースでは、その 8 つの構成資産のうち 2 つを巡ることができる。神湊港より約 25 分の船旅を経て大島に上陸。スタートしてすぐの場所に、世界遺産の構成資産である宗像大社中津宮がある。御嶽山展望台を目指す道は上り坂だが、その後は山林や原野に囲まれたゆるやかな道が続く。島内で一番の絶景スポットといわれる風車展望所・砲台跡から、2 つ目の世界遺産構成資産、沖津宮遙拝所へ。昼食休憩をとり、ゴールへと向かう。フェリーが 1 日 7 往復と少ないため、事前にある程度計画を立てておくのがベター。

宗像・大島コースDATA

●おすすめシーズン
1月～12月

●トイレ
大島港ターミナル、宗像大社中津宮、砲台跡、沖津宮遙拝所、夢の小夜島

●駐車場
大島港渡船ターミナル

●アクセス
ＪＲ東郷駅より西鉄バス神湊波止場行に乗車後、神湊波止場バス停下車。または九州自動車道古賀ICから車で40分。神湊港からはフェリーで約25分。

沖津宮遙拝所

▲「神宿る島」沖ノ島を大島から遥拝するための場所。49㎞沖合にある沖ノ島は一般の人の立ち入りができず、島自体を遠く（大島）から拝むという信仰を今に伝えている。天気が良く空気の澄んだ日には沖ノ島を望むことができる。

夢の小夜島（かんす海水浴場）

▲海中に立つ朱色の鳥居と島を覆う松の緑が美しいコントラストを見せる。干潮時は歩いて渡ることもでき、小魚やヤドカリもいるので磯遊びも楽しい。

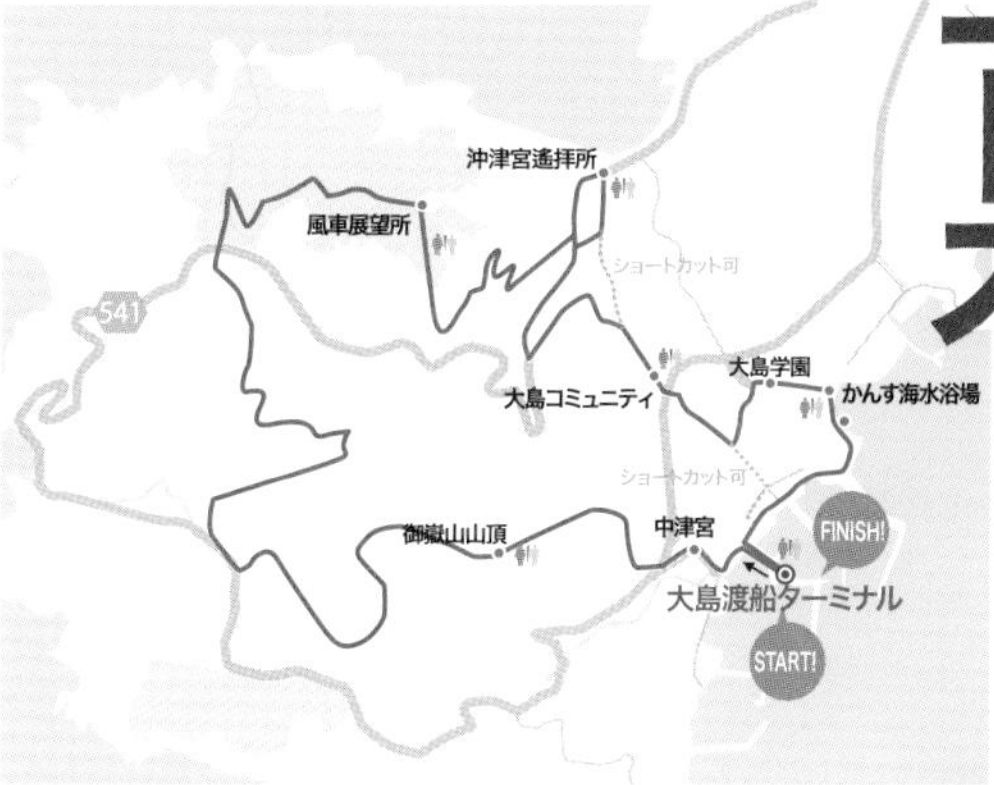

福岡県

歩行時間
4～5時間

歩行距離
11.4km

●お問合せ
宗像市商工観光課　TEL0940-36-0037
宗像観光情報コーナー　TEL0940-62-3811

さくいん

取材協力・写真提供

環境省 くじゅう自然保護官事務所
環境省　長者原ビジターセンター

福岡県
福岡市
北九州市
太宰府市
宗像市
朝倉市
直方市
豊前市
八女市
篠栗町
添田町
福智町
皿倉山ビジターセンター
英彦山花公園
福岡市立背振少年自然の家

佐賀県
小城市
鹿島市
武雄市
鳥栖市
唐津市
佐賀県観光連盟
太良町観光協会
（一社）武雄市観光協会

長崎県
平戸市
対馬市
雲仙観光協会
（公財）佐世保観光コンベンション協会
（一社）対馬観光物産協会

大分県
竹田市
九重町
豊後大野市
別府市
由布市
（公社）ツーリズムおおいた
特定非営利活動法人竹田市観光ツーリズム協会
豊後大野市歴史民俗資料館　高野弘之
赤川荘

熊本県
熊本県
阿蘇市
国東市
あさぎり町
高森町
泉・五家荘登山道整備プロジェクト
五家荘地域振興会
水上村観光協会

阿蘇火山博物館
一般社団法人みなみあそ村観光協会

宮崎県
えびの市
都農町
延岡市
椎葉村
えびのエコミュージアムセンター

鹿児島県
指宿市
霧島市
鹿児島観光連盟
（公社）屋久島観光協会
指宿市観光協会

九州観光推進機構

（個人）
伊藤　健一
神田 美津夫
清原　翔太
辻　英信
林田　正道
藤元　孝宣
山浦　浩
（順不同）

コラム執筆（P8～10）
赤津孝夫（アウトドア用品輸入販売会社 A＆F会長）

九州　山歩きガイド　改訂版　ゆったり楽しむ

2021年　8月20日　第1版・第1刷発行

著　者　「月刊九州王国」編集部（げっかんきゅうしゅうおうこくへんしゅうぶ）
発行者　株式会社メイツユニバーサルコンテンツ
代表者　三渡 治
〒102-0093 東京都千代田区平河町一丁目1-8
印　刷　株式会社厚徳社

© エー・アール・ティ, 2018,2021.ISBN978-4-7804-2516-1 C2026 Printed in Japan.

ご意見・ご感想はホームページから承っております。
ウェブサイト https://www.mates-publishing.co.jp/

編集長：堀明研斗　企画担当：千代寧

※本書は 2018 年発行の『九州　山歩きガイド　ゆったり楽しむ』を元に情報更新・一部必要な修正を行い、「改訂版」として新たに発売したものです。